U0544497

# 撕裂的艺术

## 海德格尔《艺术作品的本源》研究

罗益民／著

教育部人文社会科学研究青年基金项目「海德格尔《艺术作品的本源》研究」（16YJCZH068）结题成果

知识产权出版社
全国百佳图书出版单位
——北京——

图书在版编目（CIP）数据

撕裂的艺术：海德格尔《艺术作品的本源》研究/罗益民著. —北京：知识产权出版社，2022.12
ISBN 978-7-5130-8666-0

Ⅰ.①撕… Ⅱ.①罗… Ⅲ.①海德格尔（Heidegger, Martin 1889—1976）—艺术哲学 Ⅳ.①B516.54②J0-02

中国国家版本馆CIP数据核字（2023）第005257号

责任编辑：刘 江　　　　　　　　　　责任校对：王 岩
封面设计：杨杨工作室·张冀　　　　　责任印制：刘译文

## 撕裂的艺术
### ——海德格尔《艺术作品的本源》研究

罗益民　著

| | | | |
|---|---|---|---|
| 出版发行： | 知识产权出版社有限责任公司 | 网　址： | http://www.ipph.cn |
| 社　址： | 北京市海淀区气象路50号院 | 邮　编： | 100081 |
| 责编电话： | 010-82000860转8344 | 责编邮箱： | liujiang@cnipr.com |
| 发行电话： | 010-82000860转8101/8102 | 发行传真： | 010-82000893/82005070/82000270 |
| 印　刷： | 三河市国英印务有限公司 | 经　销： | 新华书店、各大网上书店及相关专业书店 |
| 开　本： | 720mm×1000mm 1/16 | 印　张： | 13.75 |
| 版　次： | 2022年12月第1版 | 印　次： | 2022年12月第1次印刷 |
| 字　数： | 202千字 | 定　价： | 72.00元 |
| ISBN 978-7-5130-8666-0 | | | |

出版权专有　侵权必究
如有印装质量问题，本社负责调换。

献给我的父亲母亲

# 导　　言

　　《艺术作品的本源》是海德格尔艺术理论的代表作，也是 20 世纪最重要的美学与诗学经典之一。本书是对《艺术作品的本源》的专门研究。"撕裂的艺术"这个书名化用画家丢勒所言的"从自然中撕裂出艺术"。本书主体部分共四章，内容概述如下。

　　第一章"裂隙与艺术作品"。从裂隙来探讨艺术作品，首先要赢得对裂隙本身的某种经验，海德格尔晚年在"讨论班"中也强调这种经验与现象学训练的重要性。这里借用海德格尔探讨撕裂与裂隙而举的"撕裂的袜子"的例子。"袜子"的例子一方面与裂隙相关，另一方面也与凡·高的油画《农鞋》相关联，毕竟，袜子与鞋子是配套的。由此，"撕裂的袜子"便构成了"裂隙与艺术作品"的纽带。《艺术作品的本源》主要从存在者真理的维度揭示了作品中的裂隙，体现在对凡·高的油画《农鞋》、迈耶尔的诗歌《罗马喷泉》与古希腊神庙的阐发中。而存在本身或存有的裂隙，在《艺术作品的本源》中亦被描述为澄明与遮蔽之间的原始争执。海德格尔后来揭示出了存有的裂隙在艺术作品中的显现，这里依次选取俄狄浦斯悲剧、荷尔德林的神圣者之诗、雕塑作品与音乐作品来探讨，尤其是后两类作品分析的补入，使海德格尔艺术理论在较大程度上具有了一种全面性与系统性。

　　第二章"艺术创作与撕裂"。海德格尔不但在作品存在中揭示出了存在者的裂隙与存在本身的裂隙，而且把艺术创作描述为一种撕裂，作为创作的撕裂也在存在者之存在与存在本身这两个层次上得以展开。艺术的撕裂在《艺术作品的本源》中也通过真理的设置得以体现，世界与大地之间的裂隙作为存在者之真理，以及澄明与遮蔽之间的裂隙作为存在之真理，都通过设置而发生亦即创作出来，故而需要探讨《艺术作品的本源》中的"设置"问题。海德格尔一方面把艺术视为真理设置入作品中，另一方面，艺术作品也离不开艺术家的创作，尽管艺术家只是无关紧要的"通道"，但也参与了艺术作品的生成，由此，海德格尔的艺术创作论具有双重性，是对裂隙的一种接缝。

第三章"裂隙与艺术接受"。对读者而言，要澄清《艺术作品的本源》中的艺术接受问题，首先面临的是如何进入《艺术作品的本源》的问题，这并非轻而易举的事情。海德格尔在《艺术作品的本源》"附录"的结尾提到了读者进入这个文本的"困境"，这个困境实质上乃是艺术接受者的本源性困境（Notstand），即在急难（Not－）中站立（－stand），也是对存有历史之裂隙的一个接缝。在本源性困境之经验的基础上，《艺术作品的本源》中的艺术接受显示出三个层次：基于现成存在者的艺术体验、基于存在者之存在的艺术保存与基于存在本身的本有之用（Brauch）。这三个层次也分别对应符合论真理、存在者真理与存在真理，并构成一条通向存有之遮蔽的下行道路，从而区别于西方传统中艺术接受或审美的上升之路。此外，就通常的艺术类型来说，海德格尔以语言艺术即传统意义上的文学为阐释重点。而就文学体裁来说，西方通常把文学分为诗歌、戏剧与小说，前面已经论述了海德格尔对诗歌与戏剧的阐释，这里补充海德格尔对史蒂夫特尔的小说《冰雪故事》的阐释，既使其对语言艺术的阐释形成系统，也能探讨其存在论的文学作用论或效果论，彰显其文学接受思想的独特性，即让读者嵌入文学作品中发生的真理及其裂隙中。

第四章"美学之克服"。海德格尔在《哲学论稿》中指出，《艺术作品的本源》关涉克服形而上学的思想任务，这在艺术上体现为"美学之克服"。海德格尔把近代才出现的作为学科的美学置于形而上学的历史性中，在此意义上，美学之克服也归属于形而上学之克服的领域。故而要真正厘清"美学之克服"的问题，需要对"形而上学之克服"的先行揭示。为此，本章梳理出海德格尔克服形而上学的四个向度：以问题为导向的克服、以词源为关联的克服、以壶为例的物之经验的克服、美学之克服。前三个向度通过不同的角度揭示出存在的裂隙，为基于存在裂隙的美学之克服提供了参照。

结语"撕裂的艺术与裂隙的美学"。艺术领域的撕裂及裂隙现象的揭示，为打破形而上学的终结阶段中存在者处在裂隙之外而存在本身之裂隙被掩盖的这种境况提供了艺术上的感性经验。这种面向存在之裂隙的感知与观看，不同于胡塞尔的直观，而是融合存在理解的观入，是本有之眼，能看破存有自身中澄明与遮蔽的裂隙，洞察正在来临中的存有之遮蔽者。这种看破与感性经验共同塑造的新感性学（Ästhetik），可以名之为裂隙的美学。这也是一种面向未来的美学。

# 目　　录

## 第一章　裂隙与艺术作品 … 1

### 第一节　撕裂之经验：海德格尔的"袜子"与凡·高的《农鞋》… 3
### 第二节　存在者之存在的裂隙与艺术作品 … 12
一、凡·高的《农鞋》与裂隙 … 12
二、《罗马喷泉》与裂隙 … 18
三、古希腊神庙与裂隙 … 24

### 第三节　存在本身的裂隙与艺术作品 … 29
一、存有真理的原始争执与"最内在的裂隙" … 29
二、俄狄浦斯的存有之痛与裂隙 … 33
三、荷尔德林的神圣者之诗与裂隙 … 40
四、雕塑作品中的裂隙 … 43
五、音乐作品中的裂隙 … 48

## 第二章　艺术创作与撕裂 … 55

### 第一节　裂隙与作为撕裂的创作 … 57
### 第二节　艺术的设置与形而上学的后置 … 62
一、设置与Φύσις[自然、涌现] … 64
二、世界和大地的争执与艺术之设置 … 67
三、形而上学的后置与传统的创作论 … 71
四、艺术之设置与历史性 … 74
五、艺术之设置与解构 … 77

第三节　双重创作论：裂隙与接缝 …………………………… 79

## 第三章　裂隙与艺术接受 ……………………………………………… 85
第一节　艺术接受的困境与存有的裂隙 ………………………… 87
　　一、"林中路"与"困境" ………………………………… 89
　　二、"自然方式"与作为常人的读者 …………………… 90
　　三、"从外部"与作为主体的读者 ……………………… 92
　　四、"首先且长此以往地" ………………………………… 94
　　五、"表象与解说" ………………………………………… 95
　　六、"不"与"源泉领域"和"实事" …………………… 100
　　七、"有待思想者的缄默无声的源泉领域" …………… 102
　　八、一个不可避免的困境 ………………………………… 107

第二节　通向本有的裂隙：艺术接受的三个层次 …………… 110
　　一、艺术接受问题的提出 ………………………………… 110
　　二、体验论的艺术接受与符合论的真理 ……………… 112
　　三、艺术之保存与世地争执的裂隙 ……………………… 114
　　四、本有之用与二重性的裂隙 …………………………… 117
　　五、艺术接受的下行之路 ………………………………… 121

第三节　裂隙与文学作用论 ……………………………………… 126
　　一、解释学循环与现实性：从《艺术作品的本源》到
　　　　《冰雪故事》………………………………………… 127
　　二、作为起作用者的物与作为被作用者的此在 ……… 130
　　三、呼唤与聆听：作为起作用方式的语言与一个转折 … 132
　　四、"不显眼儿的一步"："从深处"与解释学循环 …… 135
　　五、史蒂夫特尔的"必然"与海德格尔的存在历史 …… 139
　　六、存在论视野中的文学作用论 ………………………… 142

## 第四章　美学之克服 ……………………………………………… 147
第一节　形而上学之克服与基础问题 …………………………… 149

  一、存在问题与形而上学之克服 …………………………… 149

  二、《存在与时间》的存在问题与形而上学中的

    存在之被遗忘状态 ………………………………………… 150

  三、《哲学论稿》中的主导问题与基础问题 ………………… 152

 第二节　以词源为关联的克服:"形而上学之克服"的三环节 … 156

  一、形而上学之克服的三环节及其整体关联 ………………… 156

  二、剥夺与挣脱 ………………………………………………… 158

  三、经　　受 …………………………………………………… 159

  四、克　　服 …………………………………………………… 161

  五、三环节的回旋与本有中的转向 …………………………… 162

 第三节　思想之物与形而上学之克服:以壶的四次阐释为例 …… 163

  一、《哲学论稿》对壶的阐释 ………………………………… 164

  二、《乡间小路上的谈话》对壶的阐释 ……………………… 165

  三、《注释Ⅰ-Ⅴ（黑色笔记 1942—1948）》对壶的阐释 …… 166

  四、《物》对壶的阐释 ………………………………………… 167

 第四节　《艺术作品的本源》与"美学之克服" ………………… 169

  一、"美学之克服"的提出 …………………………………… 169

  二、美学之克服的三环节 ……………………………………… 171

结　　语　撕裂的艺术与裂隙的美学 ………………………………… 177

参考文献 ……………………………………………………………… 186

索　　引 ……………………………………………………………… 194

第一章
# 裂隙与艺术作品

以裂隙来探讨艺术作品，首先要赢得对裂隙本身的某种经验，海德格尔晚年在"讨论班"中也强调这种经验与现象学训练的重要性。这里借用海德格尔探讨撕裂与裂隙而举的"撕裂的袜子"的例子。"袜子"的例子一方面与裂隙相关，另一方面也与凡·高的油画《农鞋》相关联，毕竟，袜子与鞋子是配套的。由此，"撕裂的袜子"便构成进入这一章标题"裂隙与艺术作品"的纽带。

《艺术作品的本源》主要在存在者真理的维度揭示了作品中的裂隙，体现在对凡·高的油画《农鞋》、迈耶尔的诗歌《罗马喷泉》与古希腊神庙的阐发中。这构成了本章第二节"存在者之存在的裂隙与艺术作品"的内容。

存在本身或存有（Seyn）的裂隙，在《艺术作品的本源》中亦被描述为澄明与遮蔽之间的原始争执。海德格尔后来揭示出了存有的裂隙在艺术作品中的显现，这里依次选取俄狄浦斯悲剧、荷尔德林的神圣者之诗、雕塑作品与音乐作品进行探讨，尤其是后两类作品分析的补入，使海德格尔艺术理论在较大程度上具有了一种全面性与系统性。这构成本章第三节"存在本身的裂隙与艺术作品"的内容。

## 第一节　撕裂之经验：海德格尔的"袜子"与凡·高的《农鞋》

1968年，在法国勒·托尔举行的讨论班上，海德格尔专门以"一只被撕裂的袜子要好过一只修补过的袜子"❶为例，对学生进行现象学训

---

❶ ［德］海德格尔. 讨论班［M］. 王志宏，石磊，译. 孙周兴，杨光，校译. 北京：商务印书馆，2018：348，531.

练。海德格尔讲这个例子时招致了哄笑，不得不耐心地提醒听众注意"被撕裂的袜子"与"修补过的袜子"这个问题所蕴含的"跨度"。"我不知道您们为什么要笑。您们必须学着去忍受这样的句子——比如我的这个句子——所具有的跨度（Spannweite）。"❶ 海德格尔的话并未被认真对待，因为再次引起了哈哈大笑。对难登大雅之堂的袜子进行现象学分析，让人意外，也不由得让人联想起他在《艺术作品的本源》中对凡·高"农鞋"的著名阐释。两者的关联不仅在于袜子与鞋子的相互搭配，也在于海德格尔的"袜子"现象所要还原到的东西，恰恰也与凡·高的"农鞋"相对接，均见证了存在者的自身存在及其统一性，而撕裂后再修补的袜子则代表形而上学中存在者的现成状态与存在状态。"袜子"现象所包含的"跨度"贯通在形而上学与存在论之间。海德格尔举这个例子，是为了让学生能从现象学去看，能让学生"跳入事情本身之中"，能够"去遭遇事情本身并且为事情本身所触及"。❷ 这个例子实际上也是对撕裂及其裂隙的一种现象学经验，可以作为进入《艺术作品的本源》的一个出发点。

"被撕裂的袜子"与"修补过的袜子"哪一种更好？黑格尔认为，"修补过的袜子"要好过"被撕裂的袜子"，海德格尔则针锋相对地提出："一只被撕裂的袜子要好过一只修补过的袜子。"❸ 在日常经验中，一只修补过的袜子要好过一只被撕裂的袜子，修补过的袜子还能用。海

---

❶ ［德］海德格尔. 讨论班［M］. 王志宏，石磊，译. 孙周兴，杨光，校译. 北京：商务印书馆，2018：533. 德语单词 Spannweite 指跨度、距离，中译本为"广度"。这个词恰恰是海德格尔所重视而听众当时未认真对待的，表示形而上学向存在领域的跨越，这两者之间有距离，没有直接联通的路径，故要跨越，这里译为"跨度"。简言之，袜子的例子所包含的形而上学向存在领域的跨度体现在两方面，即从形而上学跨入存有历史的两端：一方面从形而上学跨回存有历史的第一开端，另一方面从形而上学的终结阶段跨向存有历史的另一开端。HEIDEGGER. Seminare［M］. Hrsg.：OCHWADT C. Frankfurt am Main：Vittorio Klostermann, 2005：4.

❷ ［德］海德格尔. 讨论班［M］. 王志宏，石磊，译. 孙周兴，杨光，校译. 北京：商务印书馆，2018：348, 346.

❸ ［德］海德格尔. 讨论班［M］. 王志宏，石磊，译. 孙周兴，杨光，校译. 北京：商务印书馆，2018：348.

德格尔的看法相反，被撕裂的袜子不再是现成的，却恰恰让袜子本身得到揭示。"如果一只袜子被撕裂了，那么这种袜子就不再是现成的（vorhanden）了，——但是请注意：现成的袜子恰恰不作为袜子而出现。事实上，当我把袜子穿在脚上时，我并未将这只'完好的'袜子当作为袜子。相反，如果袜子被撕裂了，那么袜子本身（Der Strumpf）恰恰更加有力地随着'已变成破布块的袜子'显现出来。"❶袜子本身的这种显现也是其统一性的显现，是其统一性以缺乏样式的在场。"被撕裂的袜子缺乏的是袜子的统一性（EINHEIT des Strumpfs）。然而，吊诡的是，这种缺乏又是最积极正面的，因为这种统一性在撕裂之中作为已经失去了的统一性而是当下的。"❷重点号所强调的是袜子那已经失去的统一性在当下被经验到。因此，就袜子本身及其统一性的现象学经验来说，被撕裂的袜子要好于修补过的袜子。这实际上也是对撕裂与统一性之关联的现象学经验，由此也揭示出撕裂或从撕裂而来的分裂在哲学上的独特意义。

海德格尔以此切入黑格尔哲学。黑格尔哲学中的分裂包括种种对立，如精神与物质、灵魂与身体等，而根本的对立则是在"绝对主体性与绝对客体性"之间。❸黑格尔虽然认为修补过的袜子要好于被撕裂的袜子，但承认，对自我意识而言，被撕裂的袜子要好于修补过的袜子。因为自我意识具有分裂特征：一方面处于与事物的关联之中，另一方面涉及我思（ego cogito）。❹

这种分裂状况导致了"哲学的需要"。海德格尔指出，在黑格尔那

---

❶ ［德］海德格尔. 讨论班［M］. 王志宏，石磊，译. 孙周兴，杨光，校译. 北京：商务印书馆，2018：348-349.

❷ ［德］海德格尔. 讨论班［M］. 王志宏，石磊，译. 孙周兴，杨光，校译. 北京：商务印书馆，2018：349.

❸ ［德］海德格尔. 讨论班［M］. 王志宏，石磊，译. 孙周兴，杨光，校译. 北京：商务印书馆，2018：349.

❹ ［德］海德格尔. 讨论班［M］. 王志宏，石磊，译. 孙周兴，杨光，校译. 北京：商务印书馆，2018：352.

里，"分裂"是"哲学的需要"之源泉。这里的"哲学的需要"在德语中用的是宾语第二格，即作为第二格的"哲学"成为"需要"一词的宾语，因此可解释为"需要哲学"——分裂的这种破碎状态需要哲学。海德格尔以此提出第一个问题："分裂的驱动力是什么？"[1] 答案是对绝对确定性的寻求。这种寻求可以追溯到笛卡儿在怀疑的基调中以"我思"作为确定性的做法。当"我思"意义上的人进入主体位置，自然便沦为客体，形成主体与客体的关系，但主体-客体的区分运行于主体性维度中，这个维度在黑格尔那里被称作意识。黑格尔式的哲学为此种分裂所需要，对黑格尔的自我意识问题而言，被撕裂的袜子要好于修补过的袜子。

而就被撕裂的袜子所揭示的统一性而言，形成了主语第二格意义上的"哲学的需要"。虽然分裂状态也能揭示出统一性，但黑格尔认为，当统一的力量弱化甚至消失到使诸种对立失去其关联并走向独立时，就产生了"哲学的需要"。[2] 这也是对统一性的需要。所以，黑格尔的撕裂与裂隙的经验，在向统一性的回溯中才成为可能。"我们回到撕裂状态（Zerrissenheit），从撕-裂者（Zerrissenen）和裂隙（Riß）为出发点来理解；对这种状态的经验唯有在一种特定的'向着'统一性的'回溯'中才是可能的：在黑格尔那里，这样的情况也必定发生了。"[3] 海德格尔从主语第二格意义上来理解这种"哲学的需要"，指的是哲学需要什么东西。进一步说，哲学的需要也就是哲学需要统一性或统一的力量，同时也是使哲学成之为哲学而需要的东西。

这里出现了从"需要哲学"到"哲学需要"的转折，一方面，从撕

---

[1] ［德］海德格尔. 讨论班［M］. 王志宏，石磊，译. 孙周兴，杨光，校译. 北京：商务印书馆，2018：352.
[2] ［德］海德格尔. 讨论班［M］. 王志宏，石磊，译. 孙周兴，杨光，校译. 北京：商务印书馆，2018：355.
[3] ［德］海德格尔. 讨论班［M］. 王志宏，石磊，译. 孙周兴，杨光，校译. 北京：商务印书馆，2018：365.

裂而来的分裂"需要哲学",另一方面,"哲学需要"统一性。海德格尔也相应地从第一个问题转入第二问题:"在撕裂状态之前能够谈论统一性吗?"❶ 黑格尔认为未分裂的阶段是古希腊。在海德格尔看来,早期古希腊中的ἕν[一]与οὐσία[在场]等不同表述实际上都是对于存在的言说。于是,哲学需要统一性,也就成了哲学需要存在,存在也是使哲学成为哲学而需要的东西,这种哲学也就是存在哲学。分裂所需要的哲学与需要统一性的哲学是不同的,前者是在主客体框架中的,后者是面向存在的。海德格尔不经意间就从黑格尔哲学跨入自己的存在哲学问题域了,这种跨入便是"修补过的袜子"与"被撕裂的袜子"之间的跨度之跨越。

由此,"跨度"的含义初步揭示为从黑格尔的形而上学跨入存在领域。这种"跨度"就海德格尔的存有历史思想来说,又依据存有历史的第一开端与另一开端而分成两个方面:一是往回跨,溯源到存有历史的第一开端即早期古希腊;二是向未来跨,从形而上学的终结阶段跨入存有历史的另一开端。

就跨回存有历史的第一开端来说,早期古希腊中的φύσις[自然、涌现]及其裂隙能得以经验。在统一性的经验出现于古希腊这一点上,海德格尔与黑格尔大致相似,但海德格尔也指出了统一性中本源性的裂隙。统一性不能直接被给予,否则便像谢林所言的,"黑夜中,所有牛都是黑的"。❷ 海德格尔在20世纪30年代对古希腊的在场与φύσις[自然、涌现]等进行阐发时,便细致地展示了其间的裂隙及其接缝的动态关联。这在艺术的经验中尤为明显,海德格尔在《艺术作品的本源》中指出,"在自然中隐藏着裂隙(Riß)",如画家丢勒所言的,"艺术存

---

❶ [德]海德格尔. 讨论班[M]. 王志宏,石磊,译. 孙周兴,杨光,校译. 北京:商务印书馆,2018:363.

❷ [德]海德格尔. 讨论班[M]. 王志宏,石磊,译. 孙周兴,杨光,校译. 北京:商务印书馆,2018:356.

于自然中，因此谁能把它从中撕裂出来，谁就拥有了艺术。在这里，'撕裂'意味着取出（Herausholen）裂隙，用画笔（Reißfeder）在绘画板（Reißbrett）上把裂隙（Riß）撕裂出来（reißen）"❶。从这种艺术经验而来，凡·高的作品《农鞋》以世界与大地的争执重演并保持了 φύσις［自然、涌现］的裂隙，海德格尔把这种争执的裂隙视为一种"基本裂隙图"（Grundriß）❷。

"农鞋"的这种裂隙既是农鞋自身的显现，也是一种统一的力量之发生，就存在者自身及其统一性的揭示来说，这与袜子在被撕裂样式中以缺席方式所揭示的袜子自身及其统一性有着一致性，或者说，袜子以缺席方式所揭示的东西在"农鞋"中得以明见了。故而，被撕裂的袜子在本源意义上与凡·高的"农鞋"相契合，如同袜子对鞋子的一种合适搭配。

凡·高的"农鞋"体现了一种艺术上的经验，而海德格尔的"袜子"例子的出发点则在形而上学中，两者之间显示出其艺术问题与形而上学的关联。海德格尔在《哲学论稿》中专门对此进行了总结性的阐述，结合这里的"袜子"与"农鞋"之搭配，可以清楚地看到：一方面，海德格尔视形而上学为西方思想第一开端的脱落之产物，认为克服形而上学要跃入形而上学的起源即第一开端之中，要开启第一开端与作为其后果的形而上学之间的距离与孤立，这一点在同"农鞋"相匹配的"被撕裂的袜子"与"修补过的袜子"之间的"跨度"中得到了揭示。而就形而上学的终结阶段与存有历史另一开端的关联来说，凡·高的"农鞋"所蕴含的争执与裂隙作为存在者真理源自存在的真理之发生，

---

❶ 转引自：[德] 海德格尔. 林中路 [M]. 孙周兴，译. 上海：上海译文出版社，2004：58. 本书的题目即来自这句话。reißen 在德语中有撕开、撕裂、描绘、描述等意思，考虑到该词与其名词 Riß（裂隙、裂纹、裂口）之间的关联，这里改译为"撕裂"。HEIDEGGER. Holzwege [M]. Hrsg.：HERRMANN F W v. Frankfurt am Main：Vittorio Klostermann，2003：58.

❷ HEIDEGGER. Holzwege [M]. Hrsg.：HERRMANN F W v. Frankfurt am Main：Vittorio Klostermann，2003：51.

后者作为澄明与遮蔽的原始争执，是存在自身的裂隙。在《哲学论稿》中，澄明与遮蔽的争执也被描述为存有的"开裂"，以及"最内在的裂隙"❶。存有的开裂也是存有真理的发生，指向了存有历史的另一开端。

存有真理中的澄明与遮蔽之间的"最内在裂隙"构成的原始争执，在第一开端闪现过，但在另一开端才能真正建基。这种原始争执也构成作为存在者真理的争执之来源，并与后者构成一种本源性的拒予关系。海德格尔在《艺术作品的本源》中强调："这种拒予（Verweigern）以双重遮蔽方式属于作为无蔽的真理之本质。"❷在德语中，"拒予"一词，相当于旧体 weigern（拒予、拒绝）❸，来自中高地德语形容词 weiger，指反抗的、抗拒的，演化成中高地德语动词 wigen，指斗争、争执，与拉丁语的 vincere［战胜、克服］有关联。❹"拒予"词源包含的争执与斗争的含义也表明，存在的真理自身便隐含原始争执。在无蔽的真理中，拒予的双重遮蔽方式指的是伪装与拒绝，伪装对应于形而上学对无蔽的否定，而拒绝则是存有之遮蔽的发生，"作为拒绝的遮蔽不只是知识的一向的界限，而是光亮领域之澄明的开端"❺。简言之，就"拒予"的词源义来说，拒绝是拒予之本现，为存有之遮蔽战胜与主宰澄明提供了可能性，而伪装是通过形而上学的遗忘而战胜了存有之遮蔽。两者均是拒予之发生的两种方式，也构成存有历史过渡时代的双重性。"被撕裂的袜子"与"修补过的袜子"之间的跨度要从存有之本现来得

---

❶ ［德］海德格尔. 哲学论稿（从本有而来）［M］. 孙周兴，译. 北京：商务印书馆，2012：539.

❷ ［德］海德格尔. 林中路［M］. 孙周兴，译. 上海：上海译文出版社，2004：41. 有改动. HEIDEGGER. Holzwege［M］. Hrsg.：HERRMANN F W v. Frankfurt am Main：Vittorio Klostermann，2003：41.

❸ 海德格尔也将两词并举. HEIDEGGER. Beiträge zur Philosophie（Vom Ereignis）［M］. Hrsg.：HERRMANN F W v. Frankfurt am Main：Vittorio Klostermann，1989：8.

❹ DUDENREDAKTION. Duden – Das Herkunftswörterbuch：Etymologe der deutschen Sprache［Z］. Band 7. Berlin・Mannheim・Zürich：Dudenverlag，2014：919.

❺ ［德］海德格尔. 林中路［M］. 孙周兴，译. 上海：上海译文出版社，2004：40.

到重审。

形而上学的伪装在根本上指向了存有维度，这在《哲学论稿》也被海德格尔描述为存有的增补。"存有已然离弃存在者，而 άλήθεια [无蔽、真理] 变成自行隐匿的存在者之基本特征，因而为关于作为 ίδέα [相、理念] 的存在状态的规定做了准备。现在，存在者只把存在状态承认为一种增补（Nachtrag），而在以存在者之为存在者为定向的层面上，这种增补必定会成为 πρότερον [第一性] 和 a priori [先天性]。"❶ 存有的离弃也是存有从遮蔽到拒绝的发生，与之相应，形而上学中的存在状态作为存有之增补而出现，并伪装与掩盖了存有。"存在之离弃状态乃是存有的第一次破晓，作为从形而上学之黑夜而来的自行遮蔽；而通过形而上学，存在者突现入显现之中，因而突现入对象性之中，存有成了以先天性为形态的增补。"❷ 形而上学的伪装与增补构成了形而上学的历史，海德格尔在"秘密手稿"——《存有之历史》中把形而上学历史描述为三个阶段："形而上学作为西方历史的本质基础。开始（柏拉图-亚里士多德），转变（笛卡儿-莱布尼兹）与完成（黑格尔-尼采）。"❸ 在袜子例子中得到重点阐发的黑格尔与尼采一起构成形而上学的完成阶段。

从形而上学作为增补来说，袜子的例子也仍有相似性。形而上学是对存有之"最内在裂隙"的掩盖与伪装，如同对被撕裂的袜子 flicken（打补丁、修补），就打补丁的方式而言，是用补丁把裂隙遮盖住，并作为增补而替代了有裂隙的那个地方。而作为形而上学完成阶段的"黑格尔-尼采"哲学则相当于为形而上学这个补丁缝上了最后一针。在这个

---

❶ [德] 海德格尔. 哲学论稿（从本有而来）[M]. 孙周兴, 译. 北京：商务印书馆, 2012：118.

❷ [德] 海德格尔. 哲学论稿（从本有而来）[M]. 孙周兴, 译. 北京：商务印书馆, 2012：308-309.

❸ HEIDEGGER. Die Geschichte des Seyns [M]. Hrsg.：TRAWNY P. Frankfurt am Main：Vittorio Klostermann, 1998：131-132.

完成阶段，被打上补丁的存有之"最内在裂隙"及其统一性也在形而上学的黑夜中作为拒绝而显示为急需（Not）。海德格尔指明了"需要"所具有的否定含义，所需要的东西既是必要的也是不在场的，是"处于与某个急需之物（etwas in Not）"的关联中。❶ 这种需要的否定形式在最本源意义上，可以指前面提到的海德格尔所强调的那句话，即拒予之"双重遮蔽方式"中的"拒绝"，海德格尔在《哲学论稿》中指出了这里的急需（Not）也就是一种存有之拒绝的经验，也是存有历史的过渡时代对存有之遮蔽的一种经验，并通向了从形而上学的终结阶段向存有历史另一开端的过渡。

至此，海德格尔在"讨论班"中抱怨袜子例子所蕴含却未被听众认真对待的"跨度"，便从存有历史得到理解了。海德格尔讲到袜子的例子时，听众哈哈大笑。海德格尔开始还有耐心规劝听众要学会忍受其引用的这种句子所具有的跨度，结果却再一次招致笑声，海德格尔终于忍不住"愤怒"而又"失望"地抱怨听众都靠"修补好的意识而活着"。❷这里的"修补好的意识"应指作为存有之"增补"的形而上学中的意识，这种意识无法经验到存有的裂隙及其统一性，也理解不了从形而上学到存有历史的"跨度"。

由于作为海德格尔第二部主要作品的《哲学论稿》在海德格尔死后才出版，其晚年的"四个讨论班"并未直接展开该书中的思想，而只是略微涉及其中的相关内容，但在今天，可以通过这些后来出版的作品对相关问题进行补充与重审。透过"农鞋"之存在的经验，海德格尔所描述的袜子经验便在存有历史中获得其意义，修补好的袜子，其现成状态对应于形而上学对存在者的把握，其事后的修补也可指代形而上学对存

---

❶ ［德］海德格尔. 讨论班［M］. 王志宏，石磊，译. 孙周兴，杨光，校译. 北京：商务印书馆，2018：355.
❷ ［德］海德格尔. 讨论班［M］. 王志宏，石磊，译. 孙周兴，杨光，校译. 北京：商务印书馆，2018：533.

有的一种代替性的增补。而被撕裂的袜子，指向了存有❶之裂隙及其统一性的经验，跨向了存有历史的第一开端，并且在黑格尔-尼采所代表的形而上学之终结阶段显示为一种缺乏性的急需（Not），而这种急需一旦得到经验，就开启了向另一开端的过渡。由此，"修补过的袜子"与"被撕裂的袜子"之间的"跨度"也就成为形而上学终结阶段向另一开端过渡的跨越。

袜子例子中所蕴含的撕裂及其裂隙的经验，在海德格尔对艺术作品的阐发中也可以得到见证。

## 第二节 存在者之存在的裂隙与艺术作品

海德格尔在《艺术作品的本源》中具体举了三个艺术作品的例子，揭示出存在者的真理之设置入作品中。这三个例子分别是凡·高的油画《农鞋》、迈耶尔的诗歌《罗马喷泉》与古希腊神庙，三者分别代表了绘画作品、语言作品与建筑作品。三个作品中的存在者真理基本上可以从世界与大地的争执来展开，这种争执也构成了三个作品自身的裂隙。

### 一、凡·高的《农鞋》与裂隙

《艺术作品的本源》对本源的追问依照现象学的路径展开，在艺术作品、艺术家与艺术之间，最终依据艺术作品来展开，从现象学的经验来说，艺术作品更可得到直观确认。而艺术作品，在人们日常的打交道中首先作为物出现，这就需要对物之概念进行把握。西方传统形成了三种主导性的物之概念："特征的载体、感觉多样性的统一体和具有形式

---

❶ 这里的"存有"就其历史来把握："存有（涌现——本有）。" HEIDEGGER. Besinnung [M]. Hrsg.：HERRMANN F W v. Frankfurt am Main：Vittorio Klostermann, 1997：16.

的质料。"❶ 海德格尔对这三种物的概念都进行了解构，以便还原出艺术作品中的本源性的物因素，尤其是作为第三种物之概念的质料－形式结构，不但规定了用具的存在，而且成为"所有艺术理论与美学的概念图式"❷，海德格尔对其解构也最为详细。问题是，在第三种物之概念被解构后，似乎这条物之追问与解构的道路已经走到尽头，而尽头并不直接就是作品存在，那么，如何从用具存在进入作品存在？两者之间需要一个跳跃，海德格尔巧妙地推出了凡·高的油画《农鞋》，一方面，农鞋是器具；另一方面，农鞋是画中的农鞋，也是艺术作品。这样，凡·高的"农鞋"实际上包含了从器具到艺术作品的跨越，海德格尔对"农鞋"器具的描述不经意间就变成了对艺术作品的揭示，从而在物之概念解构的尽头实现"柳暗花明又一村"。

海德格尔对"农鞋"进行了富有诗意的描述："从鞋具磨损的内部那黑洞洞的敞口中，凝聚着劳动步履的艰辛。这硬邦邦、沉甸甸的破旧农鞋里，聚积着那寒风料峭中迈动在一望无际的永远单调的田垄上的步履的坚韧和滞缓。鞋皮上粘着湿润而肥沃的泥土。暮色降临，这双鞋底在田野小径踽踽而行。在这鞋具里，回响着大地无声的召唤，显示着大地对成熟谷物的宁静馈赠，表征着大地在冬闲的荒芜田野里朦胧的冬眠。这器具浸透着对面包的稳靠性无怨无艾的焦虑，以及那战胜了贫困的无言喜悦，隐含着分娩阵痛时的哆嗦，死亡逼近时的战栗。这器具归属于大地（*Erde*），它在农妇的世界（*Welt*）里得以保存。正是由于这

---

❶ ［德］海德格尔. 林中路［M］. 孙周兴，译. 上海：上海译文出版社，2004：15.
❷ ［德］海德格尔. 林中路［M］. 孙周兴，译. 上海：上海译文出版社，2004：12.

种保存的归属关系，器具本身才得以出现而得以自持。"❶ 从农鞋所展示的大地与世界的关系中，器具本身才得到奠基，获得了其自身存在的根基，这里出现了一种倒转，原本的道路是试图通过用具存在的结构来进入作品存在，而事实上，恰恰通过作品存在，用具存在"才得以出现而得以自持"。而世界与大地及其关系也构成了作品存在。这是海德格尔对艺术作品进行的一种新的阐发。

从世界与大地的关系出发，作品存在显示出其可靠性，而器具之可用性便是建立在可靠性的基础之上的。海德格尔通过描述农妇与农鞋的打交道而揭示出这种可靠性。"暮色黄昏，农妇在一种滞重而健康的疲惫中脱下鞋子；晨曦初露，农妇又把手伸向它们；或者在节日里，农妇把它们弃于一旁。每当此时，未经观察和打量，农妇就知道那一切。"❷ 农妇与农鞋打交道是自然而然的，无论是伸手拿农鞋还是把农鞋脱下放于一旁，都是不假思量的，"未经观察与打量"，没有对农鞋的理论认识的态度，对这一切却也是"知道"的。这种"知道"以《存在与时间》中的术语来说，是"前存在论的存在理解"。❸

农妇的这种存在理解显示出一种放心的姿态，从而揭示出农鞋存在的可靠性。"虽然器具的器具存在就在其有用性中，但这种有用性本身又植根于器具的一种本质性存在的丰富性中。我们称之为可靠性

---

❶ ［德］海德格尔. 林中路［M］. 孙周兴，译. 上海：上海译文出版社，2004：18–19. 值得注意的是，关于海德格尔所看到的凡·高《农鞋》到底是哪一幅，在学界引发了争论。夏皮罗指出，对于凡·高所画的鞋子，海德格尔"没有指出它所说的究竟是哪一幅"，故而，夏皮罗通过比较认为，凡·高的画作中"有三幅显示了'磨损的内部那黑洞洞的敞口'"，并进一步认定海德格尔所论的油画应该为编号 255 的那幅。参见：［美］迈耶·夏皮罗. 艺术的理论与哲学［M］. 沈语冰，译. 南京：江苏凤凰美术出版社，2016：134. 但在夏皮罗所指认的编号为 255 的那幅油画之外，也有研究者认为海德格尔看到的应该是被私人收藏的编号为 332a 的那幅油画，参见：宋聪聪. 凡高的第九双鞋——走出农鞋阐释罗生门的一个尝试［J］. 文艺研究，2020（3）：152–154.

❷ ［德］海德格尔. 林中路［M］. 孙周兴，译. 上海：上海译文出版社，2004：16.

❸ HERRMANN F W v. Heideggers Philosophie der Kunst：Eine systematische Interpretation der Holzwege–Abhandlung "Der Ursprung des Kunstwerkes"［M］. Frankfurt am Main：Vittorio Klostermann，1994：123.

(Verlässigkeit)。借助于这种可靠性,农妇通过这个器具而被置入大地的无声召唤之中;借助于器具的可靠性,农妇才对自己的世界有了把握。"❶ 一方面,可靠性是有用性的基础,这表明,《艺术作品的本源》已经比《存在与时间》中的用具之手前状态与上手状态的分析更彻底;另一方面,从农鞋形象来描述的世界与大地也以此能从可靠性得到重新把握,农妇通过器具的可靠性而建立起与大地和世界的关联。按照《林中路》的编者亦即德文版《海德格尔全集》主编冯·海尔曼的说法,依据可靠性,世界乃是用具-物的聚集,而大地乃是自然物的聚集。"只要可靠性在其统一关联中只是从作为意义关联整体的世界之展开状态出发的,它便把所有用具-物聚集于自身中。只要在可靠性中大地涌迫并且非用具的物以一种突出的发生归属于大地自身,可靠性就以另样的发生把所有自然物聚集在自身中。"❷

可靠性使世界与大地建立起一种整体的关联,这种整体关联又被海德格尔阐发为两者之间的一种争执。"建立一个世界和制造大地,乃是作品之为作品存在的两个基本特征。"❸ 作品存在中的世界与大地并非如同两个存在者的关系,也不同于两个静止的方面,而是两者的动态发生与互动,海德格尔把这两方面的运动命名为争执。"在争执中,一方超出自身包含着另一方。争执于是总是愈演愈烈,愈来愈成为争执本身。"❹ 争执的两方面也有着亲密性,在争执中成为统一体。作品存在中的世界与大地的争执,就近处来说,是对前面提到的可靠性的一种深

---

❶ [德] 海德格尔. 林中路 [M]. 孙周兴, 译. 上海:上海译文出版社,2004:19.
❷ HERRMANN F W v. Heideggers Philosophie der Kunst: Eine systematische Interpretation der Holzwege - Abhandlung "Der Ursprung des Kunstwerkes" [M]. Frankfurt am Main: Vittorio Klostermann,1994:125.
❸ [德] 海德格尔. 林中路 [M]. 孙周兴, 译. 上海:上海译文出版社,2004:34.
❹ [德] 海德格尔. 林中路 [M]. 孙周兴, 译. 上海:上海译文出版社,2004:35.

化，从远处来说，是对古希腊赫拉克利特的 πόλεμος［斗争］的回应。❶

争执作为一种既斗争又亲密的统一体，是存在者整体的显现，也涉及敞开与无蔽的发生。"在存在者整体中间有一个敞开的处所。"❷ 世界与大地在敞开领域有区别，各自起着不一样的作用。"世界和大地属于敞开领域，但是世界并非直接就是与澄明相应的敞开领域，大地也不是与遮蔽相应的锁闭。而毋宁说，世界是所有决断与之相顺应的基本指引的道路的澄明。……大地并非直接就是锁闭，而是作为自行锁闭者而展开出来。"❸ 世界作为决断及相应道路的澄明，其开显的作用很明显，而大地作为自行锁闭者，也在"展开"之中，也是作为自行锁闭者而入于无蔽中，由此，世界与大地的争执共同构建了一种无蔽状态的发生。"在凡·高的油画中发生着真理。这并不是说，在此画中某种现存之物被正确地临摹出来了，而是说，在鞋具的器具存在的敞开中，存在者整体，亦即在冲突中的世界与大地，进入无蔽状态之中。"❹

这种无蔽可以溯源到早期古希腊的真理。❺ 由此，世界与大地的争执也就是作为无蔽的真理之发生。真理在艺术作品中的发生，亦被海德格尔描述为"设置"入作品中。"在艺术作品中，存在者之真理已经自行设置入作品中了。在这里，'设置'（Setzen）说的是：带向持立。一个存在者，一双农鞋，在作品中走进了它的存在的光亮中。存在者之存在进入其闪耀的恒定中了。"❻ 农鞋在作品中走进其存在的光亮中，说的

---

❶ 《艺术作品的本源》引用了赫拉克利特对 πόλεμος［斗争］的解释："什么是神圣，什么是凡俗；什么是伟大，什么是渺小；什么是勇敢，什么是怯懦；什么是高贵，什么是粗俗；什么是主人，什么是奴隶（参看赫拉克利特，残篇第52）。"［德］海德格尔. 林中路［M］. 孙周兴，译. 上海：上海译文出版社，2004：29.

❷ ［德］海德格尔. 林中路［M］. 孙周兴，译. 上海：上海译文出版社，2004：39.

❸ ［德］海德格尔. 林中路［M］. 孙周兴，译. 上海：上海译文出版社，2004：42.

❹ ［德］海德格尔. 林中路［M］. 孙周兴，译. 上海：上海译文出版社，2004：42；HEIDEGGER. Holzwege［M］. Hrsg.：HERRMANN F W v. Frankfurt am Main：Vittorio Klostermann，2003：51.

❺ 对古希腊 άλήθεια［无蔽、真理］的分析，可以参见本节对古希腊神庙的阐述。

❻ ［德］海德格尔. 林中路［M］. 孙周兴，译. 上海：上海译文出版社，2004：21.

是农鞋进入无蔽之真理中,而这种光亮"闪耀的恒定"即是作为无蔽的美之发生。❶ 由此,《艺术作品的本源》对艺术的本质所作的界定即"存在者的真理自行设置入作品中"便得到了澄清。

这个过程也是作品存在中的裂隙之生成,世界与大地的争执在作品中形成裂隙。"争执并非作为一纯然裂缝之撕裂的裂隙(Riß),而是争执者相互归属的亲密性。这种裂隙把对抗者一道撕扯到它们出自统一基础的统一体的渊源之中。争执之裂隙乃是基本裂隙图样,是描绘存在者之澄明的涌现的基本特征的裂面图(Auf-riß)。这种裂隙并不是让对抗者相互破裂开来,它把尺度和界限的对抗带入共同的轮廓(Umriss)之中。"❷ 这段以 Riß(裂隙)为词根关联的话几乎不可翻译,它描述了世界与大地的争执作为裂隙在作品中的发生,也是存在者真理在作品中通过裂隙而呈现,即作为裂面图(Auf-riß)。而不同形式的裂隙作为对存在者的真理或存在者的存在之"描绘",实际上便是 Riß(裂隙)的动词形式 reißen 的运作,reißen 在德语中表示撕裂、描述、描绘(zeichnen)。为了照应 Riß(裂隙)与 reißen(撕裂、描绘)这两个不同词性的词之间的关联,作品中的裂隙对存在者真理的描绘亦可称为一种撕裂,即从存在者之澄明的涌现中撕裂出裂隙,呈之于作品中,形成作品中各种形态的裂隙。

---

❶ 美与 άλήθεια [无蔽、真理] 在本源意义上的关联可以参见本书第四章第四节《艺术作品的本源》与'美学之克服'"的相关内容。

❷ [德] 海德格尔. 林中路[M]. 孙周兴,译. 上海:上海译文出版社,2004:50-51. 译文略异。HEIDEGGER. Holzwege[M]. Hrsg.:HERRMANN F W v. Frankfurt am Main:Vittorio Klostermann, 2003:51.

至此，存在者的真理与作品中的裂隙之关联得到了基本的澄清。❶而作为绘画艺术的《农鞋》作品中发生的存在者真理及其裂隙，在语言作品中也会以相似的方式发生出来。

## 二、《罗马喷泉》与裂隙

迈耶尔的诗歌《罗马喷泉》作为《艺术作品的本源》中具体展开的

---

❶ 值得一提的是，海德格尔对凡·高的《农鞋》之阐释，受到了夏皮罗的批判，后者认为海德格尔所描述的凡·高油画《农鞋》实际上不是农妇的鞋子，而是凡·高自己的鞋子。按夏皮罗的理解，海德格尔对农鞋那富有诗情画意的描述因之便成为无根据的想象。这大概是对《艺术作品的本源》最有名的批判了。海德格尔其实在《艺术作品的本源》已经与夏皮罗的这种批判所属的理论范式拉开了距离，海德格尔对西方主流的摹仿论与体验论都进行了批判。艺术家的作用在海德格尔的艺术理论中已经淡化，仅仅是伟大的艺术作品之完成的"通道"，在艺术史或文学史上确实也有这样的例子，如《金瓶梅》，人们至今对作者兰陵笑笑生到底是谁都无法确定，但并不影响该书的伟大，作者在这里真的成为完成作品的"通道"了。

夏皮罗对海德格尔的批判，从大的范围来说，属于艺术理论的不同范式之争，而从小处着眼，其把海德格尔的阐释归为一种想象，是"异想天开的描述"（［美］迈耶·夏皮罗. 艺术的理论与哲学［M］. 沈语冰，王玉冬，译. 南京：江苏凤凰美术出版社，2016：136）。这实质上也是由关于想象的基本观念的差异造成的。海德格尔对"农鞋"的阐释确实包含想象，海德格尔应该不会否定这一点，而且会承认其间的想象，但这种想象是海德格尔自己所定义的想象，并非在主客体关系中的康德式的想象。这里简单就海德格尔的想象问题来回应一下夏皮罗的这个批判。

夏皮罗把想象视为一种主体性的想象，与海德格尔所言的想象是格格不入的。"作为自行遮蔽的敞开状态之建基，此－在向针对'存在者'的通常目光显现为不存在的和虚构的。实际上：作为开抛着－被抛的建基，此在乃是想象领域的最高现实性——假如我们以此并不只是把想象理解为一种心灵能力，也不只是把它理解为一种先验的能力（参看康德书），而是把它理解为一切美化回荡于其中的本有本身。"（［德］海德格尔. 哲学论稿（从本有而来）［M］. 孙周兴，译. 北京：商务印书馆，2012：330.）海德格尔把此在作为想象领域的最高现实性，对夏皮罗从作为现成存在者的现实之物出发寻找依据的做法而言，此－在是不存在的与虚构的，是非现实的想象。而海德格尔式的想象恰恰是针对此－在的，关注的是艺术中发生的"此－在之建基"。这也是海德格尔追问艺术作品之本源的主要意义之一。"我们对作品的追问不是追问对主体来说的客体，而是追问真理之发生事件，通过这种追问，我们自己（主体）被转变了。此－在之建基。"（HEIDEGGER. Zu eigenen Veröffentlichungen［M］. Frankfurt am Main：Vittorio Klostermann，2017：536.）海德格尔的想象基于并顺应了存在自身的经验。并非作为主体的海德格尔对不在场的存在者进行想象。海德格尔多次提到，思想家在思想时实际上处于思意的此－在之中，是与自行遮蔽的澄明相关联的，而并非在主体状态中，所以，海德格尔对想象做了独特的界定："'想象'乃是澄明本身之生发。"［德］海德格尔. 哲学论稿（从本有而来）［M］. 孙周兴，译. 北京：商务印书馆，2012：330.）在此意义上，才可以说海德格尔对凡·高的《农鞋》的分析包含想象。

第二个艺术的例子，海德格尔通过这个例子试图表明，语言作品或诗歌，也是存在者的真理设置入作品中，而此种设置不同于传统的摹仿论。《罗马喷泉》如下：

> 罗马喷泉
> 水柱升腾又倾注
> 盈盈充满大理石圆盘，
> 渐渐消隐又流溢
> 落入第二层圆盘，
> 第二层充盈而给予，
> 更有第三层沸扬涌流，
> 层层圆盘，同时接纳又奉献
> 激流不止又泰然伫息❶

这首诗展示了喷泉从其自身涌现而来又回到其自身的运动，这种从其自身而来的发生，并非摹仿与再现。"这首诗既不是对实际现存的喷泉的诗意描画，也不是对罗马喷泉的普遍再现。但真理却已经设置入作品中了。"❷ 对《罗马喷泉》的分析在《艺术作品的本源》中并没有细致展开，反而在海德格尔1936—1937年冬季学期课程"席勒《美育书简》"中被详细阐释了。

在"席勒《美育书简》"课程中，海德格尔对该诗的来源说得更清楚。"在诗中没有对象被描绘出来，没有存在者被刻画出来，然而也没有状态被表达出来。"❸ 这首诗既不是描绘对象，也不是刻画存在者，表

---

❶ [德] 海德格尔. 林中路 [M]. 孙周兴，译. 上海：上海译文出版社，2004：22–23.
❷ [德] 海德格尔. 林中路 [M]. 孙周兴，译. 上海：上海译文出版社，2004：23.
❸ HEIDEGGER. Übungen für Anfänger: Schillers Briefe über die ästhetische Erziehung des Menschen [M]. Marbach am Neckar: Deutsche Schillergesellschaft, 2005: 114.

明被写入诗的东西不是一种对象之物，也不是某个现成存在者，这是对摹仿论的否定；"没有状态被表达出来"指的是，诗也并非体验论中的主体状态之表达，这在"席勒讲稿"中也是对席勒的"审美状态"的批评。结合《艺术作品的本源》中对摹仿论的批判，可以说，海德格尔在对《罗马喷泉》的分析中排除了在西方诗学中先后起主导作用的摹仿论与体验论，而为其"存在者之真理设置入作品中"的说法扫清障碍。这也相当于海德格尔在《现象学之基本问题》中提出的现象学三环节❶中的解构，即对关于作品之创作的流俗概念与说法进行解构。

这几种情况都不是，那么接下来自然要问："什么真正在作为作品的诗中被描述出来？"❷问句中的"什么"在原文中用斜体字来强调，意在提醒被追问的"什么"并非一种对象，答案是"喷泉－存在被道说出来"。❸"喷泉－存在"同样用斜体字强调，是对"什么"的回答，被道说的并非作为存在者的喷泉，而是喷泉的存在。这与上面提到的真理之设置的说法有一致性。这里的真理是作为无蔽的真理，并非西方传统中的符合论真理，后者以命题形式来表达，追求超时间的有效性。存在者的无蔽亦是存在者的存在之发生，故而要谈论存在者的真理设置入作品中，要切入存在者的存在。《罗马喷泉》道说的便是"喷泉－存在"。这里的操作相当于现象学三环节中的还原，即还原到《罗马喷泉》所道说的存在者之存在及其真理。

"喷泉－存在"在诗中被道说，通过道说而显现出来。"在喷泉存在自身中涌流着的（strömenden）宁静的与宁静着的泉流（Stromes）的存

---

❶ 海德格尔在《存在与时间》中提出现象学三环节：出发点（Ausgang）、贯通（Durchgang）与通达（Zugang）。在《现象学的基本问题》中又把三环节描述为：解构、还原与建构。

❷ HEIDEGGER. Übungen für Anfänger：Schillers Briefe über die ästhetische Erziehung des Menschen [M]. Marbach am Neckar：Deutsche Schillergesellschaft, 2005：114.

❸ HEIDEGGER. Übungen für Anfänger：Schillers Briefe über die ästhetische Erziehung des Menschen [M]. Marbach am Neckar：Deutsche Schillergesellschaft, 2005：114.

在被带向显现。"❶ "喷泉－存在"从两方面显现出来，一是作为涌流着的宁静的存在，另一方面是宁静着的泉水的存在，前者突出喷泉之涌流的动态发生，后者是作为名词的泉流，这两方面是名词与动词的结合，统一于存在，在此是宁静中的存在。这里其实已开始进入现象学第三个环节即建构，在还原后，需要对其相关本质结构进行建构，对《罗马喷泉》的分析要从其还原到的"喷泉－存在"建立起其真理的具体发生机制。

"喷泉－存在"的被道说方式也涉及存在如何得以进入作品的问题。"在诗中的言说是从喷泉－存在而来的——也就是说，是从形式而来，是从存在而来的"❷。海德格尔在"席勒讲稿"中把席勒的形式作了存在化的阐释，故而，这里提到从形式而来即是从存在而来的道说。这种从存在或形式而来进入作品并不是简单的事，海德格尔特意以绘画为例点明："存在不可以真正地画出——而是存在着（ist）（不是再次被给予），而是被制成（不是被描绘）。存在之制成（Erstellung）。"❸ 存在不能被画出，画出的是存在之物，凡·高的《农鞋》也已显明这一点，但农鞋可以通过世界与大地之争执及其裂隙而把农鞋的存在带入作品中。海德格尔指出，绘画不能画出存在的一个缘由是存在"存在着"，是在动态发生中，与能画出的存在之物构成了动词与名词的区分。在这个意义上，也与前面提到的"喷泉－存在"在动词与名词两方面的展开相一致。

海德格尔对"罗马喷泉"的存在从"涌流着的宁静"与"宁静着

---

❶ HEIDEGGER. Übungen für Anfänger：Schillers Briefe über die ästhetische Erziehung des Menschen [M]. Marbach am Neckar：Deutsche Schillergesellschaft, 2005：114. Strom 有河流、气流等义，此处指喷泉的水流，译为泉流。strömenden "涌流着的"为 Strom 动词形式的现在分词。

❷ HEIDEGGER. Übungen für Anfänger：Schillers Briefe über die ästhetische Erziehung des Menschen [M]. Marbach am Neckar：Deutsche Schillergesellschaft, 2005：115.

❸ HEIDEGGER. Übungen für Anfänger：Schillers Briefe über die ästhetische Erziehung des Menschen [M]. Marbach am Neckar：Deutsche Schillergesellschaft, 2005：115.

的泉流"两方面展开，也照应了该诗的主旨。该诗以"激流不止又泰然仁息"（Und strömt und ruht）来做结。这两个动词涌流（strömt）与静息（ruht），表示一动一静，显示出了某种争执，并且在诗中也具有形式的意义。涌流是喷泉动态的发生，涌流把泉流与喷泉之圆盘等其他之物统一起来，在宁静中带入显现，宁静贯通涌流与泉流。关于喷泉，不是某种东西被说出来，被刻画出来，而是"在诗意的道说中喷泉－存在的存在被设置，通过道说才被设置，但不是作为自然被把握，而是作为形式被把握"❶。

这种"喷泉－存在"亦是其本质的显现，主要是涌流与静息的形式统一。"喷泉－存在"并非对象，也非现成存在者，而是大地因素在显现中保持遮蔽，即在涌流中归于宁静。但"喷泉－存在"中的大地因素要如此显现，也需要一个世界，这个世界就是喷泉的世界。海德格尔曾提到迈耶尔写的《罗马喷泉》的最初版本，这个版本的第一句便是"在一个罗马的花园里隐藏着一眼喷泉"❷，交代出这个喷泉的周围环境，实际上也是喷泉的周围世界。但海德格尔认为这种描述不是从喷泉自身出发的，完全不同于该诗的最终定稿，也就是说，初稿的描述还是对作为现成对象的罗马喷泉的描述，而非终稿从罗马喷泉自身而来对"喷泉－存在"的道说。海德格尔相当于否定了作者迈耶尔的"纪实"，这个阐释的思路与对凡·高《农鞋》的阐释是一致的。❸

喷泉之大地因素仍然需要某种开显，如同"罗马喷泉的本质被解蔽出来"❹一样，喷泉的本质被解蔽即是一种开显。海德格尔在20世纪40

---

❶ HEIDEGGER. Übungen für Anfänger：Schillers Briefe über die ästhetische Erziehung des Menschen [M]. Marbach am Neckar：Deutsche Schillergesellschaft, 2005：115.

❷ HEIDEGGER. Übungen für Anfänger：Schillers Briefe über die ästhetische Erziehung des Menschen [M]. Marbach am Neckar：Deutsche Schillergesellschaft, 2005：91.

❸ 海德格尔对罗马喷泉的阐释路径也能构成对夏皮罗之批判的反驳，参见本节的"凡·高的《农鞋》与裂隙"。

❹ HEIDEGGER. Seminare（Übungen）1937/38 und 1941/42 [M]. Frankfurt am Main：Vittorio Klostermann, 2008：321.

年代初的"讨论班"上对《罗马喷泉》进行了补充性的阐述，仍然通过世界一维来开显。"如果我们对被言及者是敞开的，而且世界自身在每一被言及者中是一同敞开的，那么，罗马喷泉在这里是世界，世界贯通性地调谐（durchstimmt）并规定一切，世界把每一被言及者发送到其可见状态中，世界使被言及者对我们敞开。每个语词命名这个喷泉的一部分，并且在部分中都已一同命名了这个喷泉。"❶ 这样，喷泉之涌流着的宁静与宁静着的泉流是在世界中发生的，世界的宁静调谐了喷泉的各个环节以及对其各个部分的命名，也使其整体得以显现。"作诗把世界的多样之物（das Viele）接合起来"，而"世界之跳起发生为自行-敞开"。❷ 由此，在喷泉作品中也大致能看出世界与大地的争执及其裂隙。

而世界的开显以及喷泉在开显中的显现也构成了作品中的敞开域，这实际上是作为无蔽的真理之发生，即存在者的真理设置到作品中。在这一点上，能看到海德格尔阐释"罗马喷泉"与"农鞋"的一致之处，故而《艺术作品的本源》也把两者相提并论，油画《农鞋》与诗歌《罗马喷泉》"使得无蔽状态本身在与存在者整体的关涉中发生出来。鞋具愈单朴、愈根本地在其本质中出现，喷泉愈不假修饰、愈纯粹地在其本质中涌现（aufgehen），伴随它们的所有存在者就愈加直接、愈有力地变得更具存在者特性。于是，自行遮蔽着的存在便被澄亮了。如此这般形成的光亮，把它的闪耀嵌入作品之中。这种被嵌入作品之中的闪耀（Scheinen）就是美。美是作为无蔽的真理的一种现身方式"❸。"涌现"即是第一开端中的存在者之存在的经验，喷泉的涌现说的也就是"喷泉-存在"。

---

❶ HEIDEGGER. Seminare（Übungen）1937/38 und 1941/42 [M]. Frankfurt am Main：Vittorio Klostermann，2008：325.

❷ HEIDEGGER. Seminare（Übungen）1937/38 und 1941/42 [M]. Frankfurt am Main：Vittorio Klostermann，2008：325.

❸ [德] 海德格尔. 林中路 [M]. 孙周兴，译. 上海：上海译文出版社，2004：43. 译文有改动. HEIDEGGER. Holzwege [M]. Hrsg.：HERRMANN F W v. Frankfurt am Main：Vittorio Klostermann，2003：43.

而第一开端的涌现在艺术作品中的发生，海德格尔通过古希腊神庙来见证。这构成了《艺术作品的本源》具体展开的第三个也是最后一个艺术的例子。

## 三、古希腊神庙与裂隙

海德格尔对《罗马喷泉》的阐释告别了古希腊的摹仿论，接下来对古希腊神庙这个建筑作品的阐释，则直接回应了在古希腊甚至在西方美学与诗学中处于主导地位的艺术与自然之关系的看法，即由亚里士多德完整表述出来的 ἡτέχνη μιμεῖται τὴν φύσιν［技艺摹仿自然］❶。古希腊没有"艺术"一词，τέχνη［技艺］包含了后世的艺术与技术这两方面的含义，从该词作为艺术的含义来说，这句话也被翻译为"艺术摹仿自然"。海德格尔虽然否定了摹仿论，但仍然要面对古希腊的艺术与 φύσις［自然］的关联。在《艺术作品的本源》中，φύσις［自然］在神庙作品中的涌现也显示为世界与大地之间的裂隙。φύσις［自然］的涌现是作为无蔽的真理之发生，也是真与美的统一，而非近代美学所作的真、善、美之划分。此外，海德格尔对于 φύσις［自然］的关注，在其思想道路上也有独特的意义，意味着其思想发生了一种向 φύσις［自然］的转向。

海德格尔对前苏格拉底思想家的 φύσις［自然、涌现］之经验的接受可追溯到1926年的课程讲稿《古代哲学的基本概念》。❷ 这与海德格尔同年写成的早期代表作《存在与时间》中提出的"存在之被遗忘状态"构成一种呼应，被遗忘的东西要先出现并被经验到，然后才有遗忘的发生，否则便不存在遗忘的问题。借用胡塞尔的术语，被遗忘者要得到某种程度的"明见"（Evidenz），才能确认其后的被遗忘状态。在此

---

❶ FÉDIER F. L'art en liberté［M］. Paris：Agora Pocket，2006：82-83.

❷ BUCHHEIM T. Was interessiert Heidegger an der φύσις?［G］// STEINMANN M. Heidegger und die Grieschen. Frankfurt am Main：Vittorio Klostermann，2007：141.

意义上，古希腊哲学中作为存在的 φύσις［自然、涌现］便是后来形而上学中出现的"存在之被遗忘状态"的见证，但这种关联在《存在与时间》中并没有具体展开❶。而且《存在与时间》对自然（Natur）的描述也远离 φύσις［自然、涌现］的经验：自然（Natur）要么作为科学研究的对象，要么作为可用之物在周围世界中被揭示，要么属于世界－历史。❷ 直到 20 世纪 30 年代，自然问题才成为海德格尔阐释的一个重点论题。这个阶段经历了一个向 φύσις［自然］的转向，也构成了海德格尔自然诗学的正式起点。

海德格尔在 30 年代对 φύσις［自然］进行了集中的阐发，在其 1934—1935 年冬季学期"荷尔德林的赞美诗《日耳曼尼亚》与《莱茵河》"与 1935 年夏季学期"形而上学导论"这两门课程中，以及 1935—1936 年多次举行的公开演讲《艺术作品的本源》中，"自然"成为重点论题。菲加尔（Figal）把海德格尔思想的这种转变描述为"向 φύσις［自然］的转向"，亦即"从存在之实行向存在之发生的转变"。❸ 在《存在与时间》阶段，存在之实行要通过此在来运作，在一定程度上也依赖于此在，从《存在与时间》实际上所完成的内容来说，此在成为存在之实行的依托，这使该书带上主体主义或人类学的色彩，也使其不断遭受批判与非议，尽管海德格尔在不同时期的不同文本中进行了自我辩护。而从存在之实行向存在之发生的转变，是对存在依托于此在这一

---

❶ 海德格尔在《存在与时间》全集版中补注出了这种关联。"哲学历来把存在与真理相提并论。"海德格尔为这句话补了个注释："由于 κρύπτεσθαι φιλεῖ［喜欢遮蔽］，φύσις［自然、涌现］自身已〈乃〉ἀλήθεια［真理、无蔽］。"这一方面意味着存在、φύσις［自然、涌现］与 ἀλήθεια［真理、无蔽］在本源意义上是一体的；另一方面表明该书中的"存在之被遗忘状态"是与 φύσις［自然、涌现］作为存在来经验相辅相成的。HEIDEGGER. Sein und Zeit［M］. Hrsg.：HERRMANN F W v. Frankfurt am Main：Vittorio Klostermann，1977：282.

❷ 赫尔穆特·费特尔（Helmuth Vetter）总结了《存在与时间》中对自然（Natur）的描述。VETTER H. Grundriss Heidegger：Ein Handbuch zu Leben und Werk［M］. Hamburg：Felix Meiner Verlag，2014：314.

❸ FIGAL G. Heidegger Lesebuch［M］. Frankfurt am Main：Vittorio Klostermann，2007：29.

机制所作出的一种超越，转向了从存在的发生来对其自身进行一种把握。这个转变的关键便是古希腊 φύσις［自然］的经验。

　　古希腊人把存在经验为 φύσις［自然］，并在词义上突出从其自身而来的涌现与显现。Φύσις［自然］"说的是从其自身而来涌现着的（例如，一朵玫瑰花的开放），自身开显着的展开"。❶ 这种从其自身而来的涌现与开显，与《存在与时间》对现象学的阐发突出"从其自身而来"是一脉相承的，但后者在实行上依托于此在自身的展开，而在 φύσις［自然］的经验中，则直接从其自身的发生来展开了，如同作为自然物的玫瑰花的生长与开放。❷ 这里确实发生了菲加尔所言的从存在之实行到存在之发生的转变。

　　而从存在的历史来看，φύσις［自然］作为无蔽之真理的经验，发生在存在历史的第一开端中。"在第一开端中，由于 φύσις［涌现、自然］进入 ἀλήθεια［无蔽、真理］之中并且作为这种 ἀλήθεια［无蔽、真理］而闪亮（aufleuchtete），所以惊讶就成了基本情调。"❸ 动词"闪亮"用的是过去式，表示第一开端中 φύσις［涌现、自然］曾在 ἀλήθεια［无蔽、真理］中的闪亮。这种曾让古希腊思想惊讶不已的异乎寻常的东西便是 φύσις［涌现、自然］。这里对 φύσις［涌现、自然］与真理的把握是以思的方式进行的，而在 30 年代，在海德格尔对 φύσις［涌现、自然］的转向中，除思的方式外，也出现了其他面向 φύσις［自然］或存在的方式。"我们从赫拉克利特与巴门尼德那里得知，存在者的无蔽状态并不简单就是现成的。只有当此无蔽状态通过作品而受到吁请，它才发生〈geschehen〉。这里的作品包括：诗中的字辞，神庙和雕像中的

---

❶ HEIDEGGER. Reden und andere Zeugnisse eines Lebensweges [M]. Hrsg.: HEIDEGGER H. Frankfurt am Main: Vittorio Klostermann, 2000: 16.
❷ 海德格尔在 1956—1957 年冬季学期"根据律"课程中对玫瑰花开的详细阐释与此一脉相承。
❸ [德] 海德格尔. 哲学论稿（从本有而来）[M]. 孙周兴, 译. 北京：商务印书馆, 2012: 511.

石头，运思中的言语，还有 πόλις〈城邦〉。"❶ 存在或 φύσις［自然］的这些发生方式可适当进行归类，前三种发生归属于艺术或诗学，"运思中的言语"中指向思想，πόλις［城邦］则表示政治。这里至少提到了三种方式，而其中提到的神庙，也就是《艺术作品的本源》中所阐发的古希腊神庙。在神庙作品的存在中，古希腊的 φύσις［涌现、自然］得以经验。

古希腊神庙揭示出了 Φύσις［自然］的涌现。"希腊人很早就把这种露面与涌现本身以及整体叫作 Φύσις。Φύσις［涌现、自然］同时也照亮了人在其上和其中赖以筑居的东西。我们称之为大地（Erde）。"❷ 这里既有着大地与筑居其上的存在者的区别，也有着涌现与涌现的存在者之区别。冯·海尔曼特意指出了"露面与涌现本身"中的"本身"所显明的这种区别，"'本身'指明露面与涌现同那露面与涌现的东西之间的区别"❸。同时，Φύσις［涌现、自然］"照亮"大地，这也是作为无蔽的真理之发生，"φύσις［自然、涌现］照亮，亦即解蔽（entbirgt）大地"❹。解蔽乃是 ἀλήθεια［真理、无蔽］的动态发生。在古希腊，φύσις［自然］既被经验为存在，也被经验为真理。"存在着的东西，古希腊人名之为 φύσις［自然］，必定立于 ἀλήθεια［真理、无蔽］中。"❺ 而这种无蔽之真理，也即本源意义上的美，"美作为在本源意义（ἀλήθεια［无

---

❶ 海德格尔. 形而上学导论［M］. 王庆节，译. 北京：商务印书馆，2015：220. Tempel，指庙宇、神庙，中译为"庙宇"，这里为了突出与《艺术作品的本源》中神庙的关联，改译为"神庙"。

❷ ［德］海德格尔. 林中路［M］. 孙周兴，译. 上海：上海译文出版社，2004：28.

❸ HERRMANN F W v. Heideggers Philosophie der Kunst：Eine systematische Interpretation der Holzwege – Abhandlung "Der Ursprung des Kunstwerkes"［M］. Frankfurt am Main：Vittorio Klostermann，1994：157.

❹ HERRMANN F W v. Heideggers Philosophie der Kunst：Eine systematische Interpretation der Holzwege – Abhandlung "Der Ursprung des Kunstwerkes"［M］. Frankfurt am Main：Vittorio Klostermann，1994：158.

❺ HEIDEGGER. Grundfragen der Philosophie：Ausgewählte "Probleme" der "Logik"［M］. Hrsg.：HERRMANN F W v. Frankfurt am Main：Vittorio Klostermann，1984：178.

蔽])上的真理之形象"❶。由此，海德格尔通过 φύσις［自然、涌现］在神庙作品中的发生，重新恢复了美与真理的本源性关联。

神庙的这种涌现一方面照亮了大地，另一方面也开启了世界。"神庙作品阒然无声地开启着世界，同时把这世界重又置回到大地之中。如此这般，大地本身才作为家园般的基地而露面。"❷ 与凡·高的《农鞋》一样，神庙作品的存在也是在世界与大地的关联之中，具有世界与大地的争执而形成的裂隙。

但神庙作品更是与神之在场的经验密切相关。"这个建筑作品包含着神的形象，并在这种隐蔽状态中，通过敞开的圆柱式门厅让神的形象进入神圣的领域。贯通这座神庙，神在神庙中在场。神的这种现身在场是在自身中对一个神圣领域的扩展和勾勒。"❸ 人类存在也在神圣领域获得其形态。这样，在神庙作品中便看到了世界、大地、神与人这四元的出场，虽然海德格尔还没有直接概述这四元及其整体性，但其在描述 φύσις［自然］涌现时也包含了"太阳的恩宠"与"大气空间"，以及"白昼的光明、天空的辽阔、夜的幽暗"❹，这也是对天空现象的描述。在此意义上，也可以说，神庙作品中的 φύσις［自然］之涌现也是天地神人四元的发生，尽管海德格尔还未点明这一整体现象。但在《形而上学导论》中，海德格尔认为 φύσις［自然、涌现］的源初含义便包含天地神人四元："φύσις［自然］的源初含义既包含天空又包含大地，包含岩石与植物，动物与人，以及作为人和诸神之作品的人类历史，最后也是最重要的，是处在天命之下的诸神自身。"❺

这已经蕴含了从存有历史第一开端中的 φύσις［自然、涌现］向另

---

❶ HEIDEGGER. Zu eigenen Veröffentlichungen［M］. Frankfurt am Main：Vittorio Klostermann，2017：535.
❷ ［德］海德格尔. 林中路［M］. 孙周兴，译. 上海：上海译文出版社，2004：28.
❸ ［德］海德格尔. 林中路［M］. 孙周兴，译. 上海：上海译文出版社，2004：27.
❹ ［德］海德格尔. 林中路［M］. 孙周兴，译. 上海：上海译文出版社，2004：28.
❺ ［德］海德格尔. 形而上学导论［M］. 王庆节，译. 北京：商务印书馆，2015：17.

一开端过渡的可能，在海德格尔对俄狄浦斯悲剧的阐释中可以发现这种过渡的迹象，并最终在荷尔德林的作为另一开端的自然即神圣者的诗作中，实现了这种过渡，而作品中的裂隙也已深化为存在本身或存有的裂隙。

## 第三节 存在本身的裂隙与艺术作品

前一节对作品中的存在者真理及其裂隙的描述，实际上也触及存在真理以及存在本身的裂隙。这一节首先揭示存有之真理与存有的"最内在的裂隙"，而后对其在艺术作品中的呈现进行阐发，分别补入海德格尔后来对艺术作品的阐释，依次分析俄狄浦斯悲剧、荷尔德林的神圣者之诗、雕塑作品与音乐作品。《艺术作品的本源》，对雕塑作品几乎没有论述，而对音乐作品则没有具体阐发。补出这两类作品的分析，可使海德格尔对艺术作品的阐释较为全面地涵盖各种主要的艺术类型，也使其艺术理论在较大程度上获得一种全面性与系统性。

### 一、存有真理的原始争执与"最内在的裂隙"

《艺术作品的本源》中对《罗马喷泉》、《农鞋》与神庙的分析重在存在者之真理，而《农鞋》与神庙也触及存在的真理，两者各自隐含了通向存在真理的路径。以艺术方式通向存在真理，也与海德格尔以思想方式通向存有真理相呼应。在《艺术作品的本源》定稿的1936年，海德格尔后期思想中的主导词本有（Ereignis）也已形成。"在1936年夏天，我获得了地方性（Ortschaft）的明晰的经验，我的思想必须保持立身于地方性之中。这种地方性是在《存在与时间》中已经预感到的被寻求者。因此在这个夏天，《论稿》诞生了。"[1] 这里的《论稿》指的是作为海德格尔第二部主要作品的《哲学论稿（从本有而来）》，这部"从本有而来"的思想作品，也是从存有之本现即存有之真理而来的。海德格尔在该书中区分了德语 Sein（存在）与其古体字写法 Seyn（存有），强调后者是在非形而上学意义上来使用的。

就《哲学论稿》中的存有之真理作为自行遮蔽的澄明而言，与《艺术作品的本源》中存在之真理作为澄明与遮蔽的原始争执，有着一致性，故而在这里及后文中不再刻意区分存在与存有，两词之取舍以海德格尔在不同文本中的具体使用为准。在《艺术作品的本源》中，世界与大地的争执作为存在者真理的发生，其根本来源指向遮蔽，存在者真理作为无蔽而发生，而无蔽来源于遮蔽。ἀλήθεια［无蔽］在词源上，由表否定的前缀 ἀ - 与词根 Λήθη（遮蔽、遗忘）构成，是对 Λήθη（遮蔽、遗忘）的否定与消除，解蔽也是一种剥夺。[2] 由此，作为自行遮蔽之澄明的存在真理便成为存在者真理的来源与基础。"只要真理作为澄明与遮蔽的原始争执而发生，大地就一味地通过世界而凸现，世界就一味地建基于大地中。"[3] 世界与大地的争执是存在者真理层次上的，澄明与遮蔽之"原始争执"是存在真理层次上的，"真理之本质即是原始争执（Urstreit）"[4]。《艺术作品的本源》中的真理具有鲜明的层次性。

《艺术作品的本源》中另一条通向存有真理的道路是通过神庙作品所带出的世地神人或天地神人四元来贯通的。无论是荷尔德林的作为世地神人四元整体的神圣者之诗，还是海德格尔晚年的天地神人四元整体

---

[1] HEIDEGGER. Anmerkungen Ⅰ- Ⅴ（Schwarze Hefte 1942—1948）[M]. Hrsg.：TRAWNY P. Frankfurt am Main：Vittorio Klostermann, 2015：191. "我获得了"（kam mir）不是由主体获取而得的，而是向"我"走来而遭受到的经验，所以，字面意思似乎可译为"来到我这儿"或"降临我身上"。

[2] ἀλήθεια［无蔽］的词源分析及其与剥夺（Entwindung）的关联，可参见第四章第二节"以词源为关联的克服：'形而上学之克服'的三环节"。

[3] ［德］海德格尔. 林中路［M］. 孙周兴, 译. 上海：上海译文出版社, 2004：42.

[4] ［德］海德格尔. 林中路［M］. 孙周兴, 译. 上海：上海译文出版社, 2004：41.

世界，都是在存在真理的发生中实现的。海德格尔思的道路与荷尔德林诗的道路，殊途同归。"荷尔德林所到达的地方性乃是存在之敞开状态；而这个敞开状态本身属于存在之命运，并且从存在之命运而来才为诗人所思。"❶ 存在之敞开状态也就是存在真理的发生。

通向天地神人四元整体的道路借助"此"（Da）之整体的经验来实现。被荷尔德林经验为自然的神圣者自身便意味着一种整体性。"神圣者"（das Heilige）一词，从其词源来说，指的是整体。❷ 世界与大地的争执，使此（Da）得以敞开。凡·高的油画《农鞋》使世界只为农妇"在此"。❸ 而随着作为澄明与遮蔽之原始争执的存在真理的开启，"此"也显示为"此之澄明"。❹ 就整体性而言，第一开端中的自然也指向存在者整体，自然指的是"存在者整体"在无蔽之中。❺ 这由古希腊的神庙可得以经验。而作为"此之澄明"的"此"也有其自身的整体性，"这个'此'却是存在者之为存在者整体的敞开状态"。❻《艺术作品的本源》通过古希腊的神庙与悲剧揭示出了人与诸神的关系，实际上已经展示了世界、大地、诸神、人这四个元素，但并未明确将这四个元素合成一种整体。而在《哲学论稿》中，海德格尔专门列出世界、大地、诸神、人类这四元的图表❼，这个图表指的是"此"之最广大的显现，也

---

❶ [德]海德格尔. 林中路[M]. 孙周兴, 译. 上海：上海译文出版社, 2004：285. HEIDEGGER. Holzwege[M]. Hrsg.：HERRMANN F W v. Frankfurt am Main：Vittorio Klostermann, 2003：273.

❷ TRAWNY P. Voll Verdienst, doch dichterisch wohnt/Der Mensch auf dieser Erde[G] // Heiddgger und Hölderlin. Frankfurt am Mein：Vittorio Klostermann, 2000：124 - 125.

❸ [德]海德格尔. 林中路[M]. 孙周兴, 译. 上海：上海译文出版社, 2004：19.

❹ [德]海德格尔. 林中路[M]. 孙周兴, 译. 上海：上海译文出版社, 2004：48.

❺ HERRMANN F W v. Heideggers Philosophie der Kunst：Eine systematische Interpretation der Holzwege – Abhandlung "Der Ursprung des Kunstwerkes"[M]. Frankfurt am Main：Vittorio Klostermann, 1994：157.

❻ [德]海德格尔. 哲学论稿（从本有而来）[M]. 孙周兴, 译. 北京：商务印书馆, 2012：312.

❼ [德]海德格尔. 哲学论稿（从本有而来）[M]. 孙周兴, 译. 北京：商务印书馆, 2012：368.

是"此"之整体性的显现。而这一"此",是在《艺术作品的本源》中通过世界与大地的争执而触及的"此之澄明"的整体。由此,在此-在之内立状态对此之整体的经受中,"酝酿着'艺术'的另一个本源的非-同寻常者和非-自然者(das Un-gewöhnliche und Un-natürliche),那就是:一种隐蔽历史的开端,即诸神和人类的一种对峙(一种朝向离基深渊的对峙)的隐瞒之隐蔽历史的开端"❶。由于"此"作为"离基深渊而本现",❷ 这里的诸神与人的对峙恰恰是对由世界与大地之争执敞开的"此"的进入,由此形成世界、大地、诸神与人四元的整体,亦即"此"之整体。这种整体意味着存有历史另一开端中的另一本源,亦即在另一开端中的存有之真理的发生与建基。

这也是存有之真理的开裂与建基,其间有着存在自身的裂隙之发生。海德格尔在《哲学论稿》中也把存有之真理的裂隙命名为"最内在的裂隙":"语言与本有。大地的开幕,世界的反响。争执,对开裂的原始庇护,因为那最内在的裂隙(Riß)。敞开的地方。"❸ 这句话中的大地与世界虽然从语言维度来展开,但仍然如《艺术作品的本源》中那样,是一种争执,而此种争执变成了对开裂的庇护,开裂即存有的开裂,存有开裂为澄明与遮蔽,形成"最内在的裂隙"。这种"最内在的裂隙"在《艺术作品的本源》的附录中被描述为"澄明与遮蔽","'让真理发生'中的'发生'是在澄明与遮蔽中的运动"❹,澄明与遮蔽的"与"被强调,表明两者亲密一体的关系,但澄明与遮蔽又是原始争执,故而两者是包含原始争执与亲密性的统一体,两者之间也构成《哲学论

---

❶ [德]海德格尔. 哲学论稿(从本有而来)[M]. 孙周兴,译. 北京:商务印书馆,2012:534. 译文略异。HEIDEGGER. Beiträge zur Philosophie(Vom Ereignis)[M]. Hrsg.:HERRMANN F W v. Frankfurt am Main:Vittorio Klostermann,1989:506.

❷ [德]海德格尔. 哲学论稿(从本有而来)[M]. 孙周兴,译. 北京:商务印书馆,2012:373.

❸ [德]海德格尔. 哲学论稿(从本有而来)[M]. 孙周兴,译. 北京:商务印书馆,2012:539.

❹ [德]海德格尔. 林中路[M]. 孙周兴,译. 上海:上海译文出版社,2004:72.

稿》描述的"最内在的裂隙",如果说世界与大地之争执形成裂隙,澄明与遮蔽之争执而形成的裂隙可以描述为原始裂隙,那么,存有之最内在的裂隙也可称为原始裂隙。

存有的开裂在《哲学论稿》中通过思想的跳跃来实现,海德格尔所使用的开裂(Erklüftung)与该词在歌德那里的使用有关,指的是大理石的裂缝或纹路,而对其劈开要顺应大理石自身的裂缝。❶ 这个裂缝用于存有可表示存有自身的裂隙(Fuge或Riß),其显现乃是存有之真理的发生,而思想的跳跃是在顺应中打开这个裂隙,即从被抛状态出发,归属于本有过程。艺术或诗意的开抛也能打开存有的裂隙,让艺术作品揭示出这种裂隙。可以说,在存有中隐藏着裂隙,亦即存有的"最内在的裂隙"。这里可以把丢勒阐述艺术与自然关系的话改造为艺术与存有的关系——艺术存在于存有中,因此谁能把它从中撕裂出来,谁就拥有了艺术。❷

《哲学论稿》对存有之真理及其"最内在的裂隙"的揭示,为海德格尔在《艺术作品的本源》之后的艺术作品分析打下了基础,在其阐释的艺术作品中也不同程度地呈现出存在自身的原始裂隙或存有的最内在裂隙。

## 二、俄狄浦斯的存有之痛与裂隙

在西方诗学中,通常意义上的文学大致分为诗歌、戏剧与小说这三种体裁。前面分析过的《罗马喷泉》是诗歌,这里要进入对戏剧的分析,并以海德格尔对俄狄浦斯悲剧的阐释为例。海德格尔在《艺术作品

---

❶ FIGAL G, D'ANGELO D, KEILING T, et al. Paths in Heidegger's Later Thought [G]. Bloomington: Indiana University Press, 2020: 280-294.

❷ 丢勒的话为:"艺术存在于自然中,因此谁能把它从中撕裂出来,谁就拥有了艺术。"[德] 海德格尔. 林中路[M]. 孙周兴,译. 上海:上海译文出版社,2004.58. 译文有改动。HEIDEGGER. Holzwege [M]. Hrsg.: HERRMANN F W v. Frankfurt am Main: Vittorio Klostermann, 2003: 58.

的本源》中，已提及索福克勒斯的悲剧《安提戈涅》，但未展开，而在1935年的《形而上学导论》中也只是简单论述了悲剧《俄狄浦斯王》，但在20世纪40年代初写的"秘密手稿"《本有》中，海德格尔又阐释了其续篇《俄狄浦斯在科罗诺斯》，并聚焦于俄狄浦斯的痛苦问题。俄狄浦斯所经受的存有之痛既为海德格尔独具一格的痛苦问题提供诗意经验的见证，也为海德格尔50年代《在通向语言的途中》对痛苦所作的令人费解的阐发奠定了基础，而且痛苦本身也是一种裂隙的发生，最终在海德格尔晚年的释诗中发展为天地神人四重整体世界与物之间的裂隙。

在西方诗学史中，谈论悲剧无法回避其中的痛苦问题。亚里士多德在《诗学》中便把 πάθος [痛苦、情感] 视为悲剧中复杂情节的三要素之一。

尼采尽管对亚里士多德悲剧理论展开了批判，但也强调痛苦与悲剧的内在关联，把"希腊人与痛苦的关系"作为"基本问题"来探讨❶，而俄狄浦斯也成为"希腊舞台上最痛苦的（leidvollste）形象，不幸的俄狄浦斯"❷。受到尼采影响的苏联理论家巴赫金在论及俄狄浦斯悲剧时也专门探讨了"俄狄浦斯的痛苦"。❸ 海德格尔尽管对亚里士多德诗学有过批判，但也同样延续了对悲剧中痛苦问题的探讨。

海德格尔对古希腊悲剧的阐释与其30年代关注古希腊的 φύσις [自然] 之经验有关，形成了"向 φύσις [自然] 的转向"❹，即从存在之实行转向了存在之发生，并在古希腊的 φύσις [自然、涌现] 经验中看到

---

❶ [德] 尼采. 悲剧的诞生 [M]. 孙周兴, 译. 北京：商务印书馆, 2012：7.

❷ [德] 尼采. 悲剧的诞生 [M]. 孙周兴, 译. 北京：商务印书馆, 2012：69. 德语单词 leidvollste 有最悲惨的、最痛苦的等含义，这里为了照应与痛苦的关联，译为最痛苦的，中译本译为"最悲惨的"。NIETZSCHE. Die Geburt der Tragödie [M]. Hrsg．：COLLI G, MONTINARI M. Berlin · New York：Walter de Gruyter, 1988：65.

❸ [俄] 巴赫金. 巴赫金全集（第一卷）[M]. 晓河, 贾泽林, 张杰, 等译. 石家庄：河北教育出版社, 2009：182.

❹ FIGAL G. Heidegger Lesebuch [M]. Frankfurt am Main：Vittorio Klostermann, 2007：29.

了这种从自身而来的发生。古希腊的 φύσις［自然］之涌现也是一种 ἀλήθεια［无蔽、真理］的发生。ἀλήθεια［无蔽］构成了海德格尔解读古希腊悲剧的独特视角，他在《哲学论稿（从本有而来）》中提到，在古希腊悲剧中，"ἀλήθεια［无蔽、真理］都是本质性的"❶。

1935年，海德格尔在"形而上学导论"课程中便从无蔽之真理来解读了索福克勒斯的悲剧《俄狄浦斯王》。俄狄浦斯弑父娶母的悲剧被海德格尔视为"掩盖"与"无蔽"之间的斗争。当俄狄浦斯作为弑父娶母的凶手而显现时，其作为城邦的救主与君主便成了一种假象。这种假象是对其凶手身份的掩盖与伪装，而弑父娶母真相的显示也是对俄狄浦斯真实身份的揭示，是去除掩盖撕破伪装的过程，这也是无蔽的发生。故而，俄狄浦斯王的悲剧事件便被海德格尔纳入"掩盖"与"无蔽"的斗争中。❷ 这也与亚里士多德把主人公的悲剧归因于其犯下的错误截然不同。

这种"斗争"化的解读也体现在悲剧情节的结尾，索福克勒斯以俄狄浦斯戳瞎双眼面对黑夜做结，而海德格尔将之视为光明与黑夜之间的斗争："他自行戳坏双眼，也就是说，把自身置放到一切光明之外，让漆黑的夜抢占自身。"❸ 从光明与黑夜的对立中揭示出俄狄浦斯真正的"自身"，在光明中是作为假象的自身，而由黑夜抢占的自身才是真正的自身。

海德格尔《形而上学导论》阐释的是《俄狄浦斯王》，表面上没有直接论述俄狄浦斯悲剧中的痛苦问题，但写于六七年之后的"秘密手稿"《本有》则从《俄狄浦斯王》的续篇《俄狄浦斯在科罗诺斯》出

---

❶ ［德］海德格尔. 哲学论稿（从本有而来）［M］. 孙周兴，译. 北京：商务印书馆，2012：386.

❷ "这条道路，从光彩夺目的起点到那毛骨悚然的结局，就是一种在显象（隐蔽与伪装）和无蔽（存在）之间的独特斗争。"海德格尔. 形而上学导论［M］. 王庆节，译. 北京：商务印书馆，2015：121.

❸ ［德］海德格尔. 形而上学导论［M］. 王庆节，译. 北京：商务印书馆，2015：122.

发，继续对俄狄浦斯悲剧进行探讨，并直接论述了俄狄浦斯的痛苦。《本有》提出了一种"存有历史性的痛苦"，由"深渊的惊恐"与"告别的欣喜"共同构成。❶ 在海德格尔的存有历史观中，俄狄浦斯的痛苦所揭示的 φύσις［自然］之涌现，对应于第一开端的存有。海德格尔在30年代末的"秘密手稿"《沉思》中明确把 φύσις［自然］与本有（Ereignis）归于存有历史的两端。❷ 在此意义上，俄狄浦斯的痛苦也具有了存有历史的含义，是一种存有之痛。存有的痛苦包含"深渊的惊恐"与"告别的欣喜"两个方面，从这两个方面出发可以重审海德格尔对俄狄浦斯悲剧的整体阐释，也有必要对其在《形而上学导论》中的俄狄浦斯阐释进行重新把握。

从存有历史性的痛苦来看，《形而上学导论》中虽然没有用"痛苦"一词来直接描述俄狄浦斯，但实际上还是处于痛苦的问题域之中。该书对俄狄浦斯悲剧的解读可以归入"深渊的惊恐"。海德格尔把俄狄浦斯王的悲剧情节概括为"从光彩夺目的起点到那毛骨悚然的结局"❸，"毛骨悚然"表明，俄狄浦斯王故事的结尾蕴含了一种惊恐情绪，尽管用的不是同一个词。而从思的经验来说，惊恐既是对存在之离弃状态的经验，也是对存有之深渊的经验。对于俄狄浦斯而言，自身置于无蔽中的遭遇也是其家庭关系以及在城邦中的身份地位之瓦解过程，可以说是在存在者层次上的关联整体之全面崩溃，这个层次上的根基也一下子丧失了，坠入深渊。在此意义上，《形而上学导论》中对俄狄浦斯的描述可以用"深渊的惊恐"来形容，是存有之痛第一个方面的体现。

从《本有》来重审《形而上学导论》中的俄狄浦斯阐释，除了使俄狄浦斯所经验到的"深渊的惊恐"得以阐明之外，俄狄浦斯刺瞎自己的

---

❶ "痛苦：深渊的惊恐与告别的欣喜。" HEIDEGGER. Das Ereignis [M]. Hrsg.：HERRMANN F W v. Frankfurt am Main：Vittorio Klostermann, 2009：211.

❷ "存有（涌现—本有）". HEIDEGGER. Besinnung [M]. Hrsg.：HERRMANN F W v. Frankfurt am Main：Vittorio Klostermann, 1997：16.

❸ 海德格尔. 形而上学导论 [M]. 王庆节, 译. 北京：商务印书馆, 2015：121.

眼睛也被从存在者与存有的区分来进一步阐发。眼睛失明了看不见存在者，被海德格尔解释为对日常之存在者层次的摆脱，而由黑夜来占据自身则成为对遮蔽维度的经验。这里的遮蔽维度在古希腊早期，也是作为无蔽之来源的遮蔽或隐瞒，从海德格尔的存有历史来说，即是存有之自行遮蔽的发生。海德格尔在对《俄狄浦斯在科罗诺斯》的阐发中认为，俄狄浦斯戳瞎眼睛而"对存在者是看不见的"❶，却能有一种对存有的看，这种看是"经验之痛苦的视见"，是忍受"离去之完全遮蔽状态"的痛苦。❷ 从悲剧情节来说，俄狄浦斯之死带有遮蔽特征，尤其是其死亡之地被刻意隐瞒了，连他的女儿都不知道，于是，俄狄浦斯的死亡之告别便是在遮蔽状态中进行的。而且，俄狄浦斯之死的告别以及对葬身之地的选择，是听从神的指示心甘情愿地实行的，也算是死得其所，有一种心愿已了的满足与某种乐意。这种情绪，可以归入海德格尔的"告别的欣喜"，这是存有之痛的另一个方面。

至此，海德格尔对俄狄浦斯的痛苦从整体上得到了把握，大致显示为由"深渊的惊恐"与"告别的欣喜"共构的存有之痛。反过来，也可以说，俄狄浦斯悲剧中的存有之痛，也为海德格尔的痛苦之思提供了诗意经验的见证，两者构成一种同一的关系。

俄狄浦斯的存有之痛作为"深渊的惊恐"与"告别的欣喜"，这个"与"既把两者联系在一起，也表明两者的"之间"乃是一种裂隙。这种裂隙也是存有的区分。在"深渊的惊恐"中经验到存有的无化，"在存有中无化着的东西是区-分"❸。而在告别中经验到的存有之遮蔽也是在区分之中。"而只要虚无是存有，存有本质上是区分，这种区分作为

---

❶ HEIDEGGER. Das Ereignis [M]. Hrsg.：HERRMANN F W v. Frankfurt am Main：Vittorio Klostermann, 2009：3.

❷ HEIDEGGER. Das Ereignis [M]. Hrsg.：HERRMANN F W v. Frankfurt am Main：Vittorio Klostermann, 2009：3.

❸ HEIDEGGER. Anmerkungen I-V (Schwarze Hefte 1942—1948) [M]. Hrsg.：TRAWNY P. Frankfurt am Main：Vittorio Klostermann, 2015：401.

开端性的（anfanghaft）被隐蔽的与被拒予的告-别。"❶ 至此，存有之区分从无化与遮蔽的裂隙中得以显明。俄狄浦斯的存有之痛嵌入了存有之区分的裂隙中。此外，从俄狄浦斯的存有之痛与存在者的区别来说，这种区分也在存有与存在者之间发生。

俄狄浦斯所经验到的存有之痛包含惊恐与欣喜的双重性，这与日常的痛苦经验大相径庭，却能与海德格尔思的经验相辅相成。在《哲学论稿》中，海德格尔便描述了存有之经验中惊恐与欢呼这两种情绪的统一，惊恐针对存有之急难，欢呼针对存在之归属状态。"作为哲学之必然性的基础，这种急难通过存在之归属状态的欢呼中出现的惊恐而得到经验；而存在之归属状态作为一种暗示，把存在之离弃状态移置入敞开域之中。"❷ 虽然在表述上与"深渊的惊恐"和"告别的欣喜"有差异，但内容上较为接近，两种情绪都是一惊一喜，也都指向存有之无化与存在之归属这两个方面。俄狄浦斯的存有之痛与《哲学论稿》中的这种双重性情绪尽管有着诗与思的差异，却显示了一种承接关系，并延续到50年代《在通向语言的途中》对痛苦情绪的阐释。

在形而上学中，"告别的这种双重的-统一的痛苦在原始开端中是不可知的与不可通达的"❸，但在另一开端即 Geviert❹（四元整体）世界中可以通达。格奥尔格的诗作便代表了另一开端。"在开端中的深渊之惊恐与在本-有过程中的告-别之欣喜是开端性的"❺。这里的开端指的是存有历史的开端，由此，俄狄浦斯的痛苦问题便置于存有历史的第一

---

❶ HEIDEGGER. Das Ereignis [M]. Hrsg.：HERRMANN F W v. Frankfurt am Main：Vittorio Klostermann，2009：124.
❷ ［德］海德格尔. 哲学论稿（从本有而来）[M]. 孙周兴，译. 北京：商务印书馆，2012：108.
❸ HEIDEGGER. Das Ereignis [M]. Hrsg.：HERRMANN F W v. Frankfurt am Main：Vittorio Klostermann，2009：235.
❹ 海德格尔的 Geviert 一词在汉语中有四重整体、四方体、四重一体、四元整体等译法，本书采用"四元整体"或"四重整体"的译法。
❺ HEIDEGGER. Das Ereignis [M]. Hrsg.：HERRMANN F W v. Frankfurt am Main：Vittorio Klostermann，2009：234.

开端与另一开端来把握，构成第一开端向另一开端的过渡。

就另一开端中痛苦问题的延续而言，海德格尔《在通向语言的途中》论述斯蒂芬·格奥尔格诗歌时揭示出双重性的痛苦，可以说与俄狄浦斯的存有之痛一脉相承。"哀伤与欢乐交融而游戏。此种游戏本身就是痛苦。"❶ 该书对痛苦问题详细而又令人费解的阐释体现在彼特拉克诗歌《冬夜》中门槛意象的解读上，痛苦在此被作为四重整体世界与物之间的裂隙来把握，是对此裂隙的一种嵌合，在四重整体世界与物的分解（Austrag）之中，痛苦即是区分。"痛苦是在分离着和聚集着的撕裂中的嵌合者。痛苦乃裂隙之嵌合（die Fuge des risses）。此种嵌合就是门槛。它分解那个'之间'，即两个进入门槛而分离开来的东西的'中间'。痛苦嵌合区–分之裂隙。痛苦就是区–分本身。"❷ 这是对俄狄浦斯的存有之痛的一种拓展与深化。

从俄狄浦斯的存有之痛来看，这里的解读是有迹可循的。一方面，俄狄浦斯的存有之痛揭示了存有与存在者的区分，这在彼特拉克的诗中已深化为四重整体世界与物的区分；另一方面，俄狄浦斯的存有之痛也是一种分解（Austrag）之痛。俄狄浦斯悲剧中的区分之分解，已经隐含了天、地、神、人四元的新动向：宙斯的雷霆体现了天的维度，俄狄浦斯因眼睛失明看不到存在者而跟随神圣的呼唤，独自而行，知晓其命运，并从大地上消失，未留下痕迹。❸ 这种解释虽然带有一定的发挥，但把海德格尔的解读与俄狄浦斯悲剧文本相结合，也说得过去。《在通向语言的途中》中四重整体世界与物的分解之痛，是在俄狄浦斯的存有之痛的基础上的更成熟表述。

痛苦问题不仅揭示出俄狄浦斯悲剧中作为存有之区分的裂隙，也在

---

❶ [德]海德格尔. 在通向语言的途中[M]. 孙周兴，译. 北京：商务印书馆，2018：233.
❷ [德]海德格尔. 在通向语言的途中[M]. 孙周兴，译. 北京：商务印书馆，2018：19–20.
❸ VALLEGA–NEU D. Heidegger's Poietic Writings：From Contributions to Philosophy to The Event[M]. Bloomington：Indiana University Press，2018：175.

海德格尔晚年诗歌阐释中揭示出四重整体世界与物之间的区分即裂隙。"痛苦是裂隙,世界之四重整体的基本裂隙图(Grundriß)已在此裂隙中标明。"❶ 由此,海德格尔基于存有之裂隙而对悲剧与诗歌中的裂隙之展示,也通过对痛苦的分析得以实现。

### 三、荷尔德林的神圣者之诗与裂隙

就诗歌的阐释来说,不得不提海德格尔对荷尔德林诗歌的阐释。《艺术作品的本源》不仅在正文中提及"荷尔德林的赞美诗",而且以荷尔德林《漫游》中的诗句"依于本源而居者/终难离弃原位"来做结。❷ 荷尔德林实际上构成了《艺术作品的本源》的一个隐蔽的参照。对荷尔德林的阐释是海德格尔艺术理论或诗学中最重要的组成部分,留下的文本也最多,总共有五卷。❸ 本来就诗歌的裂隙来说,对于格奥尔格《冬夜》中的裂隙之分析,可以视为海德格尔晚年诗歌阐释的一个范例,荷尔德林诗的阐释也与此类似。但海德格尔对荷尔德林诗的阐释有其不可回避的重要性,抛开荷尔德林对海德格尔后期思想道路的引导不谈,荷尔德林诗歌中以神圣者为主题的创作也是独特的,在诗歌作品中也形成了神圣者的裂隙,对此需要作出分析。

海德格尔对荷尔德林神圣者之诗的阐释,也经历了一个逐渐主题化与形成天、地、神、人四元整体结构的过程,大致可分为三个阶段❹:第一个阶段,在20世纪30年代中期的阐释中,神圣者未成为主题,但

---

❶ HEIDEGGER. Bremer und Freiburger Vorträge [M]. Hrsg.: JAEGER P. Frankfurt am Main: Vittorio Klostermann, 1994: 57.

❷ [德]海德格尔. 林中路 [M]. 孙周兴, 译. 上海: 上海译文出版社, 2004: 3, 67.

❸ 海德格尔专门阐释荷尔德林的著作共有5卷:《全集》第4卷、第39卷、第52卷、第53卷与第75卷。

❹ 对海德格尔阐释荷尔德林诗歌中的神圣者的文本梳理, HELTING H. Heideggers Auslegung von Hölderlins Dichtung des Heiligen: Ein Beitrag zur Grundlagenforschung der Daseinsanalyse [M]. Berlin: Duncker & Humblot, 1999: 26–31. 由于霍尔格·海尔廷(Holger Helting)的这部博士论文比海德格尔最后一部阐释荷尔德林的作品《通向荷尔德林—希腊之旅》(《全集》第75卷)出版早,故而没有论及后者的内容。

已初具后来得到发展的基本特征，代表性的文本有 1934—1935 年的《荷尔德林的赞美诗〈日耳曼尼亚〉与〈莱茵河〉》（全集第 39 卷）与 1936 年的演讲《荷尔德林诗的本质》；第二个阶段，从 30 年代末到 40 年代，神圣者成为海德格尔阐释荷尔德林的基本词语，神圣者作为保持遮蔽着的来源也已成为主题，并且其包含的四个世界域（Weltgegenden）愈加明确，代表性的文本有 1939 年演讲《如当节日的时候……》、1941—1942 年冬季学期课程《荷尔德林的颂诗〈追忆〉》（全集第 52 卷）、1942 年夏季学期课程《荷尔德林的颂诗〈伊斯特河〉》（全集第 53 卷）与 1943 年演讲《追忆》；第三个阶段为 50 年代之后对荷尔德林的阐释，以 1951 年演讲《"……诗意地栖居……"》最为著名。

这里以海德格尔的演讲《"……诗意地栖居……"》为例，对其所阐释的荷尔德林诗歌中的神圣者与裂隙的关联作一个简略的描述。选择海德格尔的这个演讲来探讨神圣者问题，首先便面临一个问题，海德格尔在演讲中并没有提到"神圣者"一词，但从神圣者作为天地神人四元的整体来说，"诗意地栖居"所揭示的天地神人四元整体便是对神圣者的一种描述。

在"诗意地栖居"中，"诗意"作为让栖居，成为栖居的基础，形成栖居的基本裂隙或基础裂隙。"人就他所归属的那个维度来测度他的本质。这种测度把栖居带入其基本裂隙（Grundriss）中。对维度的测度是人的栖居赖以持续的保证要素。测度是栖居之诗意因素。作诗即是度量（Messen）。"❶ 人之栖居的基本裂隙通过人对其所属的维度之测度而实现，这个维度既是天地之间，也是神人之间。海德格尔把作诗理解为度量，测度便是诗意的发生，由此，人之栖居便在此种测度中让诗意因素进入栖居从而成为其基本裂隙。这种基本裂隙不仅在天地之间与神人

---

❶ ［德］海德格尔. 演讲与论文集［M］. 孙周兴，译. 北京：商务印书馆，2018：213. 有改动。HEIDEGGER. Vorträge und Aufsätze［M］. Hrsg.：HERRMANN F W v. Frankfurt am Main：Vittorio Klostermann, 2000：199.

之间以"之间"的形式来显示，也在"形象"的裂隙中呈现。

海德格尔具体分析了"夜之阴影"的形象。夜之阴影作为天空景象呈现在天地的贯通之中，在天地之间才被人经验到。这同时也发生在神人之间，神人之间的具体关联在于人以神为尺度，但神具有遮蔽特征，故而神需要一种能让其在显现的同时又保持遮蔽的方式，夜之阴影的形象便具有这样的作用。夜之阴影如该诗第一句中"可爱的蓝色"❶一样，都是光明与阴影的游戏，是一种带有遮蔽性的显现，这使得神可以依托这种形象而在显现中保持遮蔽。夜之阴影也以此成为疏异的东西，同时也是人所熟悉的东西，在疏异与熟悉的裂隙中，人透过此形象而以神为尺度度量自身。于是，夜之阴影便把在天地之间的神与人的这种裂隙带入自身，从而"构成形象"❷（Ein‐bildung）。夜之阴影的形象以此聚集了天地神人四元的裂隙。

从天地神人四元整体构成神圣者而言，这实际上也是神圣者的发生。海德格尔在演讲的结尾对"与人心同在"（am Herzen）与"在心灵中"（im Herzen）的细微差别做了区分❸，可以看出，前者表示一种动态发生，后者表示状态。这与海德格尔对荷尔德林那里作为神圣者的自

---

❶ 荷尔德林"诗意地栖居"所在的这首诗的开头便是"在可爱的蓝色中闪烁……"（HEIDEGGER. Vorträge und Aufsätze [M]. Hrsg.：HERRMANN F W v. Frankfurt am Main：Vittorio Klostermann，2000：191.）。"可爱的蓝色"及"夜之阴影"的形象也可以与凡·高的名画《星夜》中的蓝色进行比较。而从海德格尔墓碑上镶嵌一颗星来说，海德格尔也有其独特的"星"空，以至于佩策尔（Petzet）以海德格尔的诗句"走向一颗星"为书名来对其进行总结，该书中的第58幅图片即为海德格尔墓碑。（PETZET H W. Auf einen Stern zugehen [M]. Frankfurt am Main：Societäts‐Verlag，1983：192‐193.）。由此，可以发现荷尔德林的天空/夜空、凡·高的"星空"与海德格尔的"星"空之间有着相似之处，大致不同程度地在隐显之间呈现出某种裂隙。

❷ [德] 海德格尔. 演讲与论文集 [M]. 孙周兴，译. 北京：商务印书馆，2018：211.

❸ [德] 海德格尔. 演讲与论文集 [M]. 孙周兴，译. 北京：商务印书馆，2018：215.

然❶的描述相一致,"自然绝不是状态,而是一种发生"❷。故而,在演讲结尾提到的这种发生,指的也是作为天地神人四元整体的神圣者之发生。"与人心同在"说的是"达到人之栖居本质那里,作为尺度之要求达到人的心灵那里,从而使得心灵转向尺度"。❸ 神之尺度的到达与人之心灵的转向在天地之间处于一种发生中,这种发生便是天地神人四元在诗中的聚集,聚集的发生也是作为天地神人四元整体的神圣者的发生。这个演讲虽然没有直接提到神圣者,但恰恰是在神圣者的空间中,神才能成为尺度,因为"对维度的测度是人的栖居赖以持续的保证要素"❹,栖居要持续下去,也需要神之尺度重又给出,而"神基于其与神圣者的关联才能再度给出这种尺度"❺。简言之,在神圣者的空间整体中,神才作为神显现,才能给人以尺度。神圣者在天地神人之聚集的敞开状态中的发生是一种显现,同时也仍然保持着其遮蔽。由此,对神的测度也指向了对神圣者的测度,由此测度而来的栖居之基本裂隙,也由神圣者的显现与遮蔽构成。在此意义上,前面提到的夜之阴影的形象,把天地神人四元带入裂隙中,实际上也是让神圣者的显现与遮蔽之裂隙进入其形象中。

## 四、雕塑作品中的裂隙

海德格尔在《艺术作品的本源》中提到了雕塑作品,在谈论艺术作品对物的使用时也论及了雕塑家对石头的运用,不同于用具中的物之消耗,但海德格尔并没有对雕塑艺术及其作品进行具体的分析。从通常的

---

❶ 荷尔德林"把自然命名为'神圣者'"。[德] 海德格尔. 荷尔德林诗的阐释 [M]. 孙周兴, 译. 北京:商务印书馆, 2002:66.
❷ HEIDEGGER. Zu Hölderlin – Griechenlandreisen [M]. Hrsg.: HERRMANN F W v. Frankfurt am Main: Vittorio Klostermann, 2000:207.
❸ [德] 海德格尔. 演讲与论文集 [M]. 孙周兴, 译. 北京:商务印书馆, 2018:215.
❹ [德] 海德格尔. 演讲与论文集 [M]. 孙周兴, 译. 北京:商务印书馆, 2018:213.
❺ HELTING H. Heideggers Auslegung von Hölderlins Dichtung des Heiligen: Ein Beitrag zur Grundlagenforschung der Daseinsanalyse [M]. Berlin: Duncker & Humblot, 1999:30.

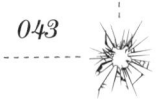

时间与空间角度来划分，雕塑作品可以归入空间艺术的类型。海德格尔在《艺术作品的本源》中也提到了作品世界与空间性的关联，"器具以其可靠性给予这个世界一种自身的必然性和切近。由于一个世界敞开出来，所有的物都获得了自己的快慢、远近、大小。在世界化中，那种广袤（Geräumigkeit）聚集起来；由此广袤而来，诸神有所保存的恩宠得到了赠予或者拒绝。甚至那上帝缺席的厄运也是世界世界化的一种方式。"❶ 这里的"广袤"可以视为空间的聚集，并且在此广袤中，有着神的显现或缺席的经验。广袤在作品中的形成也是作品的设置空间。"因为一件作品是作品，它就为那种广袤设置空间。'为……设置空间'（einräumen）在此特别意味着：开放敞开领域之自由，并且在其结构中设置这种自由。这种设置出于上面所说的树立。作品之为作品建立一个世界。作品张开了世界之敞开领域。"❷

作品的空间性可以更直观地在雕塑作品中得到经验。海德格尔晚年的《雕塑与空间》便是在《艺术作品的本源》之基础上展开的，围绕雕塑的空间性来阐发，并回应了《艺术作品的本源》对艺术本质的定义：存在者的真理设置入作品中。"一旦我们承认，艺术是真理之置入作品中，而真理意味着存在之无蔽，那么，在造型艺术中，难道不是必然也有真实的空间，即揭示出其最本己因素的东西，成为决定性的吗？"❸ 这相当于对《艺术作品的本源》中未展开的雕塑作品的一种补充性阐述，与《艺术作品的本源》中的存在者之真理的设置不同，此处已经变成存在的真理即作为"存在之无蔽"的真理在作品中的发生了。同时，真理的发生也在空间中进行。而从海德格尔思想的发展阶段来说，《雕塑与空间》已经处于其晚年在《讨论班》中自我总结的思想的第三个阶段，

---

❶ ［德］海德格尔. 林中路［M］. 孙周兴，译. 上海：上海译文出版社，2004：31.
❷ ［德］海德格尔. 林中路［M］. 孙周兴，译. 上海：上海译文出版社，2004：31.
❸ ［德］海德格尔. 从思想的经验而来［M］. 孙周兴，杨光，余明锋，译. 北京：商务印书馆，2018：213.

即存有的地方或存有的拓扑学（Topologie）❶。这可通过海德格尔对"空间"一词的解释显示出来。

海德格尔从"空间"的名词形式过渡到其动词含义，即空间化，"空间化意味着：开垦、拓荒"，"空间化为人的安家和栖居带来自由域、敞开域"。❷ 把空间化视为自由域与敞开域，与《艺术作品的本源》对空间的阐释一脉相承。但就空间与神的关联而言，《雕塑与空间》中的空间化与地方和神圣者的关联更加密切。"空间化产生出那一向为栖居所备的地方（Ortschaft）。世俗空间始终是那些往往很久远的神圣空间的褫夺（Privation）。"❸ 地方作为天地神人四元整体的地方，也是荷尔德林那里作为天地神人四元整体的神圣空间，世俗空间是神圣空间的褫夺，而艺术作品的空间性则可能让神圣空间显现。

如同前面在荷尔德林"诗意地栖居"中所经验到的神圣者的显现一样，神圣空间或地方的发生也带有遮蔽特征。"在空间化中有一种发生（Geschehen）同时表露自身又遮蔽自身。"❹ 雕塑作品的这种空间化，也是存在之真理的澄明与遮蔽在作品中设置空间，即存有之裂隙进入雕塑作品的位置中。

在雕塑作品中设置空间，可从容纳与设立（einrichten）两方面来展开：一是容纳，"这种设置空间有所允许，它让敞开之境运作起来，而

---

❶ HEIDEGGER. Seminare [M]. Hrsg.：OCHWADT C. Frankfurt am Main：Vittorio Klostermann，2005：335.
❷ [德] 海德格尔. 从思想的经验而来 [M]. 孙周兴，杨光，余明锋，译. 北京：商务印书馆，2018：213.
❸ [德] 海德格尔. 从思想的经验而来 [M]. 孙周兴，杨光，余明锋，译. 北京：商务印书馆，2018：213.
❹ [德] 海德格尔. 从思想的经验而来 [M]. 孙周兴，杨光，余明锋，译. 北京：商务印书馆，2018：214.

敞开之境还容纳在场之物的显现"❶；二是"设立"一词在《艺术作品的本源》中也作为真理发生来使用，表示真理发生与存在者即艺术作品的关联，只不过在雕塑作品中是从空间维度来描述的，这也是真理之庇护的实行。

在双重的空间设置中，位置开启地带，把物聚集起来，这样的聚集也是一种庇护，庇护实际上是真理在存在者身上的发生。从空间维度来说，庇护使物进入地带，用于雕塑作品则是雕塑作品在庇护中进入地带，亦即地带在雕塑作品中设置空间。

海德格尔也通过词语间的暗示来描述这一过程，如同对"空间"一词的分析从名词还原到其动词形式，对雕塑作品的虚空之分析也如此，将虚空（Leere）还原到其动词形式倒空（leeren）。"这里，语言又能给我们一个暗示。动词'倒空'（leeren）的意思就是'采集'（lesen），即原始意义上的位置中运作的聚集。"❷ 在语言之暗示中，雕塑作品的虚空实现了向聚集的跳跃，即其位置通过聚集而把地带带入作品中。就虚空把地带带入作品而言，虚空也是一种带上前来（Hervorbringen）。Hervorbringen 在德语中指生产、创作，字面意思为带上前来，海德格尔在字面意思上使用这个词，所以虚空之聚集同时也是一种生产创作。这也指雕塑作品中的虚空以游戏方式来创建诸位置。"虚空并非一无所有。它也不是缺乏。在雕塑表现中有虚空在游戏，其游戏方式乃是寻索着一筹谋着创建诸位置（suchend – entwerfendes Stiften von Orten）。"❸

诸位置的共属一体构成了地带，由此，雕塑作品中的虚空也开启了

---

❶ ［德］海德格尔. 从思想的经验而来［M］. 孙周兴，杨光，余明锋，译，北京：商务印书馆，2018：214. HEIDEGGER. Aus der Erfahrung des Denkens［M］. Hrsg.：HEIDEGGER H. Frankfurt am Main：Vittorio Klostermann，2002：207. einrichten 的中译为"安置"，这里采用《艺术作品的本源》的中译，改为"设立"。

❷ ［德］海德格尔. 从思想的经验而来［M］. 孙周兴，杨光，余明锋，译. 北京：商务印书馆，2018：216.

❸ ［德］海德格尔. 从思想的经验而来［M］. 孙周兴，杨光，余明锋，译. 北京：商务印书馆，2018：217.

地带。考虑到地带、地方与存有之空间的关联，在此重新审视前面提到的空间化之发生的"同时表露自身又遮蔽自身"❶，就存有之空间化发生来说，这种表露自身又遮蔽自身的发生在《哲学论稿》中被描述为"踌躇"，存有之遮蔽在此（Da）之虚空中本现的同时又保持遮蔽，从而形成踌躇的自行拒绝。而"踌躇着的自行拒绝恰恰是为遮蔽的澄明"❷，为遮蔽的澄明即是存有的真理。由此，可以说，澄明与遮蔽，即存有之真理的最内在裂隙或原始争执，以空间化的方式设置于雕塑作品中而在雕塑空间中得到体现。"雕塑：在其创建着诸位置的作品中体现存在之真理。"❸

为了避免对雕塑之"体现"的实体化理解，海德格尔又提醒，存在之无蔽的真理可以在雕塑中体现，"并非必然依赖于体现（Verköperung）"❹，存在的真理在雕塑形体的虚空中的显现并非空间中的具体实物，而是如同钟声那般空灵。海德格尔引用歌德《格言与感想》中的话证实这一点，歌德说："并非总是非得把真实体现出来；如果真实富于灵气地四处弥漫，并且产生出符合一致的效果，如果真实宛若钟声庄严而亲切地播扬在空气中，这就够了。"❺ 存在空间或"存有的地方"在雕塑之虚空中如钟声般播扬。钟声的播扬从远处飘荡而来传到此处，此处的聆听与钟声在远处响起是共同发生的，由此，钟声的播扬就包含了远处的切近与在切近中又保持于远处即远离的运动，也是一种到来与离开之同时

---

❶ ［德］海德格尔. 从思想的经验而来［M］. 孙周兴，杨光，余明锋，译. 北京：商务印书馆，2018：214.
❷ ［德］海德格尔. 哲学论稿（从本有而来）［M］. 孙周兴，译. 北京：商务印书馆，2012：407.
❸ ［德］海德格尔. 从思想的经验而来［M］. 孙周兴，杨光，余明锋，译. 北京：商务印书馆，2018：217.
❹ ［德］海德格尔. 从思想的经验而来［M］. 孙周兴，杨光，余明锋，译. 北京：商务印书馆，2018：217.
❺ ［德］海德格尔. 从思想的经验而来［M］. 孙周兴，杨光，余明锋，译. 北京：商务印书馆，2018：217.

性的游戏。❶ 钟声之播扬从远而来的切近也是其自身的显现，而在切近中又保持遥远则是其隐蔽自身的方式。海德格尔在前面提到的空间化"同时表露自身又遮蔽自身"便在钟声的播扬中得到了见证。钟声的播扬形成了遥远与切近的空间，也是在播扬中设置了钟声的空间，这种空间设置与存在之真理在雕塑作品中的"体现"异曲同工。存在之真理在雕塑作品中设置空间，实际上亦是存有在空间上的远化与切近之裂隙在雕塑作品的虚空中得到"体现"。

通过钟声的播扬来描述雕塑中的设置空间，已经与音乐中的真理之发生有某种相似性了。

## 五、音乐作品中的裂隙

海德格尔对音乐的阐释，是一个简单而又复杂的问题。说简单，是海德格尔极少论及音乐，几乎没有相关的详细论述，似乎可以存而不论。说复杂，一是海德格尔自1936年确立的本有之思，与音乐密切相关，或者说本有之思具有音乐性；二是对音乐的阐释必须展开，方能检验《艺术作品的本源》关于艺术本质的看法是否也能适用于音乐，这样的话，要求把海德格尔对音乐的只言片语进行补充与发掘，这又变成了复杂的事。而且这两个方面也是有关联的，海德格尔本有之思也影响了其对音乐的分析，反过来，音乐也能证实本有思想的某些内容。

就海德格尔哲学与音乐的关联而言，在西方哲学中倒也不意外，因为哲学与音乐之关联在柏拉图那里就已经出现，柏拉图甚至把哲学命名

---

❶ 对钟声的现象学描述借鉴了英格博格·许贝勒（Ingeborg Schüßler）对海德格尔作品中的"呼声"现象的分析：当我们聆听一种呼声时，我们实际上是在这种意义上来听，呼声从远处到来并响起来；于是，呼声意味着一种在远离中自行切近与在切近之中自行远离的"运动本身"，呼声被远离与切近之间亲密的震颤"所萦绕"（habité），呼声也显示出来临（ad）与离开（ab）之间的维度之游戏。SCHÜSSLER I. Le « dernier dieu » et le délaissement de l'être selon les Apports à la philosophie de M. Heidegger［Secondre partie］［G］//Etudes Heideggeriennes, Vol. 26. Berlin：Duncker & Humblot, 2010：146.

为"高级的音乐"❶。海德格尔的后期代表作《哲学论稿（从本有而来）》一方面表明"本有"已成为其思想的主导词，另一方面也突出地体现了其哲学的音乐性。这部"过渡时代的思想作品"❷的主体部分乃是由六个 Fuge❸（裂隙、赋格）构成的，第一个赋格便是存有之鸣响，是对形而上学之光的告别，从光转向声音。在《哲学论稿》中，存有历史第一开端与另一开端之间的传送更是直接与音乐相关，传送作为"悄悄地传递"或"意外地到来"，相当于为第一开端加播另一种曲调，"在传送中奏响完全不同的存有之歌（andere Lied）"❹。存有历史的另一开端在存有之歌中到来。

与存有之歌的聆听相关，本有之思想也形成相应的方式，即到本有之中的跳跃（Sprung）。确切地说，作为"思想作品"的《哲学论稿》是以思想方式进行的跳跃，即思想的跳跃。Sprung，在德语中指跳跃、突变、裂缝（Riss）等意思。❺ 而从 Sprung 作为裂缝的含义来说，"跳跃使开裂之离基深渊跳动起来"❻，跳跃算得上是存有之裂缝的发生了。Sprung 基本的含义是跳跃，从海德格尔所揭示的词源之关联来说，跳跃之冒险也与"行走""活动"相关，即跳跃是一种"思想的行为"，德国的《格林兄弟词典》将"跳舞与跳跃"作为重言式表达，所以，跳跃

---

❶ ARJAKOVSKY P, FÉDIER F, FRANCE - LANORD H. Le Dictionnaire Martin Heidegger [Z]. Paris: Cerf, 2013: 871.

❷ [德] 海德格尔. 哲学论稿（从本有而来）[M]. 孙周兴, 译. 北京: 商务印书馆, 2012: 90.

❸ Fuge 在德语中指裂隙、缝隙、接缝、赋格曲。中译本也译为"关节"，见: [德] 海德格尔. 哲学论稿（从本有而来）[M]. 孙周兴, 译. 北京: 商务印书馆, 2012: 567.

❹ [德] 海德格尔. 哲学论稿（从本有而来）[M]. 孙周兴, 译. 北京: 商务印书馆, 2012: 10.

❺ 对 Sprung 的解释可参看以下词典: DUDENREDAKTION. Duden - Das große Wörterbuch der deutschen Sprache in10 Bänden [Z]. Berlin · Mannheim · Zürich: Dudenverlag, 1999: 806; 见: 叶本度. 朗氏德汉双解大词典（修订版）[Z]. 北京: 外语教学与研究出版社, 2010: 1667-1668; 赵登荣, 周祖生. 杜登德汉大词典 [Z]. 北京: 北京大学出版社, 2013: 2193.

❻ [德] 海德格尔. 哲学论稿（从本有而来）[M]. 孙周兴, 译. 北京: 商务印书馆, 2012: 11.

有跳舞的含义，可以视为与"存在之来临的 rythme（韵律、节奏）"相协调的"思想之行为"。❶

正是通过思想的跳跃，时间－游戏－空间才得以生成，作为"此"（Da）而建基为离－基深渊。这个发生过程的描述看起来有点令人莫名其妙，恰恰在这里，海德格尔对音乐的分析可以作为一个难得的见证。为此，有必要面对另一个复杂的情况——发掘海德格尔对音乐艺术的阐释，并作相应的补充。

《艺术作品的本源》对艺术的分类有四分法与五分法。四分法指语言艺术、建筑艺术、音乐艺术与绘画艺术。就四分法来说，在《艺术作品的本源》中只有音乐艺术没有被具体阐释，而其他三种艺术类型都有例子进行阐发。❷ 五分法比四分法多了一个雕刻作品："在建筑作品中有石质的东西。在木刻作品中有木质的东西。在绘画中有色彩的东西，在语言作品中有话音，在音乐作品中有声响。"❸ 无论是四分法还是五分法，音乐作品都是其中的基本类型，但《艺术作品的本源》并未对音乐具体展开论述。一个重要的原因在于，演奏中的音乐不能如其他作品那样成为某个空间内的具有固定形体的东西，海德格尔谈艺术作品存在的一个用意是解构传统物的概念，而"面对音乐，艺术作品的物的日常观念之解构成更大的困难"。❹

尽管如此，音乐艺术仍然是一个无法回避的类型，因为，"作为存在者的澄明与遮蔽，真理乃是通过诗意创造而发生的。凡艺术都是让存在者

---

❶ ARJAKOVSKY P, FÉDIER F, FRANCE – LANORD H. Le Dictionnaire Martin Heidegger [Z]. Paris：Cerf, 2013：1183.

❷ ［德］海德格尔. 林中路［M］. 孙周兴，译. 北京：商务印书馆，2015：65 – 66. 对此四分法的总结，亦参 PÖLTNER G. Mozart und Heidegger：Die Musik und der Ursprung des Kunstwerkes［G］//Heidegger Studies, Vol. 34. Berlin：Duncker & Humblot, 2018：132. 其他三种艺术类型的具体阐发例子即本章第二节中所分析的油画《农鞋》、诗歌《罗马喷泉》与作为建筑作品的古希腊神庙。

❸ ［德］海德格尔. 林中路［M］. 孙周兴，译. 北京：商务印书馆，2015：4.

❹ PÖLTNER G. Mozart und Heidegger：Die Musik und der Ursprung des Kunstwerkes［G］//Heidegger Studies, Vol. 34. Berlin：Duncker & Humblot, 2018：135.

本身之真理到达而发生；一切艺术本质上都是诗（Dichtung）。"❶ 艺术是存在者真理设置入作品中，音乐艺术也是艺术，故而，在音乐作品中也有存在者真理的到达与设置。音乐艺术中的真理问题可以检验海德格尔对艺术的定位是否站得住脚。

音乐具有"可聆听者的大地因素"，"世界之关联的非对象性在音乐作品中特别地被开显出来"。❷ 甚至就真理"设立"到存在者中而言，"在音乐作品中与存在者的关联当然不能否定"，但这种关联退居幕后。❸ 由此，在音乐作品中，也有着世界与大地这两方面的发生。这种发生在音乐中离不开旋律与乐声的方式。音乐作为一种发声，与日常经验中的声音有所区别。海德格尔从早期作品直到《艺术作品的本源》，对声音的分析都突出存在关联的优先性。"我们听到狂风在烟囱上呼啸，我们听到三马达的飞机，我们听到与鹰牌汽车迥然不同的奔驰汽车。物本身要比所有感觉更切近于我们。我们在屋子里听到敲门，但我们从未听到听觉的感觉，或者哪怕是纯然的嘈杂声。"❹ 我们听到狂风呼啸、三马达的飞机与奔驰汽车的声音，表明在我们的在世存在中已经与这些东西打交道了，有一种操劳上的关联了，故而一听就能听出其内涵，这是一种存在关联的先行展开。但这种听在空间上有具体的位置，如狂风的呼啸是在烟囱上，飞机的轰鸣是在天上，奔驰汽车的声响是在路上等。而音乐发生的空间与之有别，音

---

❶ [德] 海德格尔. 林中路 [M]. 孙周兴，译. 上海：上海译文出版社，2004：59.

❷ PÖLTNER G. Mozart und Heidegger：Die Musik und der Ursprung des Kunstwerkes [G] // Heidegger Studies，Vol. 34. Berlin：Duncker & Humblot，2018：137.

❸ PÖLTNER G. Mozart und Heidegger：Die Musik und der Ursprung des Kunstwerkes [G] // Heidegger Studies，Vol. 34. Berlin：Duncker & Humblot，2018：137. 这个看法值得商榷，在歌颂人物、事物或其他存在者的歌曲中，与存在者的关联仍然是突出的，而非在背景中。或许可以用海德格尔选择艺术作品的方式处理这个问题，即只谈伟大的艺术，这类存在者层次上的音乐如同对象性的艺术作品一样，都是跳过不论。海德格尔关注的是存在维度的艺术及艺术作品，对于音乐，他论述略多的是巴赫，而巴赫的赋格曲与海德格尔《哲学论稿》中的赋格结构有相近之处。或许可以说，在存在层次上的音乐艺术中，该文作者的这个判断才是成立的。

❹ [德] 海德格尔. 林中路 [M]. 孙周兴，译. 北京：商务印书馆，2015：11.

乐中没有日常听见的声音的那种"定位"❶，音乐在其吟唱或演奏中生成自身的空间性。而音乐真正的空间性要在其时间上的特质得到澄清后才能揭示出来。

人们通常把音乐称为时间的艺术，音乐让人接近时间的本质，"时间的偏爱通过音乐成为可经验的"。❷ 音乐中的时间并非对象性的时间。演奏中的音乐的第一个音调只有与作品整体相关联，音乐才算开始，否则音乐未开始，而音乐作品整体并不能同时或一下子响起，作品整体以此乃是一种寂静，故而"寂静必定在开始之前发生"，"寂静是整个音乐作品的聚集了的在场状态"，是未被听者的在场状态；就当前来说，"现实可听者是在场着（anwesend）走向未被听者"；而就音乐作品的结尾来说，最后一个音调也与第一个音调一样，是在与在场整体即寂静的关联中。❸ 在演奏的音乐之当前，第一个音调作为其时间的曾在，而最后一个音调作为其时间上的未来，构成音乐时间上的三维，而时间上的三个维度又与音乐之在场的空间是一体的，由此，形成特有的时间-空间结构。在音乐中，"将来作为可能性的游戏空间，过去作为邻接新的游戏空间的曾在，当前作为两者的彼此带来着的（sich entgegenbringende）敞开状态。"❹ 音乐中的当前之敞开状态既是时间上的将来与曾在之聚集，也是将来之可能性的游戏空间与曾在之邻接中构成的新的空间，是一种时间-游戏-空间。

这几乎见证了海德格尔本有之思中的时间-游戏-空间的发生。本有作为存有之本现，存有的时间状态海德格尔也用移离来描述，而其空间上的发生则是迷移。移离在曾在与将来中都是对存有之拒予的不同程度的经

---

❶ PÖLTNER G. Mozart und Heidegger：Die Musik und der Ursprung des Kunstwerkes［G］// Heidegger Studies, Vol. 34. Berlin：Duncker & Humblot, 2018：138.
❷ PÖLTNER G. Mozart und Heidegger：Die Musik und der Ursprung des Kunstwerkes［G］// Heidegger Studies, Vol. 34. Berlin：Duncker & Humblot, 2018：139.
❸ PÖLTNER G. Mozart und Heidegger：Die Musik und der Ursprung des Kunstwerkes［G］// Heidegger Studies, Vol. 34. Berlin：Duncker & Humblot, 2018：140-141.
❹ PÖLTNER G. Mozart und Heidegger：Die Musik und der Ursprung des Kunstwerkes［G］// Heidegger Studies, Vol. 34. Berlin：Duncker & Humblot, 2018：141.

验，如同音乐中曾在与将来对作为作品整体的寂静之经验，而移离之当前乃是将来与曾在的聚集。"移离入未来状态中、因此同时打开一个曾在者——这个曾在者与将来者一起出现，构成那种当前，即移置入离弃状态之中、但却有所回忆和有所期待的当前。"❶ 所回忆的是存有之曾在，存有在曾在中遮蔽但未像过去那样消失，回忆构成曾在的一种开启。所期待的是存有之将来，将来在来临之中却仍未来到，仍然显示出遮蔽的一面，而期待构成了将来之开启。在回忆与期待之聚集中开启当前之离弃状态的经验。当前之聚集中的离弃状态也是存有之遮蔽的运作，亦即移离之离开，迷移乃是移离之"离-开中的赠予"❷。而当前之聚集的敞开状态，也是一种澄明，在澄明中迷移发生出来。"澄明使自行遮蔽者进入敞开者之中，并且让由此而来的迷移（Berückung）——作为决定性的东西——贯通开抛者之自身存在而起调谐作用。"❸ 迷移中发生的这种自行遮蔽者的澄明，也就是存有的真理。由此，移离是存有之时间上的发生，而迷移是存有在空间上的发生，两者构成了时间-游戏-空间，亦即存之真理的发生。而迷移之调谐作用，与音乐之调谐也是一致的。"音乐在突出意义上是人之被-调谐状态的艺术。"❹

就存有之真理来说，音乐中时间-运动形成的时间-游戏-空间也是存有的真理之设置入作品中了。"在音乐的艺术作品的时间性中，时间-运动被设置入作品中：时间作为对可能性的自行更新着的开显过程

---

❶ [德]海德格尔. 哲学论稿（从本有而来）[M]. 孙周兴, 译. 北京：商务印书馆, 2012：410.

❷ SCHÜSSLER I. Le « dernier dieu » et le délaissement de l'être selon les Apports à la philosophie de M. Heidegger [Secondre partie] [G] //Etudes Heideggeriennes, Vol. 26. Berlin: Duncker & Humblot, 2010: 133 la note 28.

❸ [德]海德格尔. 哲学论稿（从本有而来）[M]. 孙周兴, 译. 北京：商务印书馆, 2012：380.

❹ PÖLTNER G. Mozart und Heidegger: Die Musik und der Ursprung des Kunstwerkes [G] // Heidegger Studies, Vol. 34. Berlin: Duncker & Humblot, 2018: 142.

（使之可能）。"❶ 存在维度的时间之开显乃是一种敞开状态，在把可能性从遮蔽中开显出来的同时也使其保持为遮蔽状态，亦即，使之在可能性中。由此，被置于音乐作品中的时间–运动便是在敞开状态与遮蔽之裂隙中的运作，也是存有之真理的发生。

音乐作品中发生的时间–运动与真理，要求在对音乐之当前的聆听中也同时听闻其所源出的整体，这要求一种能"一道听到一切的统听"❷。具有这一能力的莫扎特是"最能倾听的人"，去听闻"那种隐蔽的统一性"❸，故能创作出复调音乐。而能够聆听存有之鸣响的思想家海德格尔，其思想也以此成为一种听写，"思想？——将存有之 Diktat（听写、口授、强制）写进语言中"。❹

可以说，海德格尔的本有之思与其所喜欢的莫扎特的音乐艺术也构成了一种思与诗的对话，如《艺术作品的本源》所言，"一切艺术本质上都是诗"❺。

---

❶ PÖLTNER G. Mozart und Heidegger：Die Musik und der Ursprung des Kunstwerkes［G］// Heidegger Studies，Vol. 34. Berlin：Duncker & Humblot，2018：142.

❷ HEIDEGGER. Der Satz vom Grund［M］. Hrsg.：JAEGER P. Frankfurt am Main：Vittorio Klostermann，1997：100.

❸ HEIDEGGER. Der Satz vom Grund［M］. Hrsg.：JAEGER P. Frankfurt am Main：Vittorio Klostermann，1997：100.

❹ HEIDEGGER. Anmerkungen I–V（Schwarze Hefte 1942–1948）［M］. Hrsg.：TRAWNY P. Frankfurt am Main：Vittorio Klostermann，2015：86.

❺［德］海德格尔. 林中路［M］. 孙周兴，译. 上海：上海译文出版社，2004：59.

第二章
# 艺术创作与撕裂

海德格尔不但在作品存在中揭示出了存在者的裂隙与存在本身的裂隙，而且把艺术创作描述为一种撕裂，作为创作的撕裂也在存在者之存在与存在本身这两个层次上得以展开。艺术的撕裂在《艺术作品的本源》中也通过真理的设置体现出来，作为存在者之真理的世界与大地的裂隙，以及作为存在之真理的澄明与遮蔽的裂隙，都通过设置而发生亦即创作出来，故而需要探讨《艺术作品的本源》中的"设置"问题。海德格尔一方面把艺术视为真理之设置入作品中，另一方面，艺术作品也离不开艺术家的创作，尽管艺术家只是无关紧要的"通道"，但也参与了艺术作品的生成，由此，海德格尔的艺术创作论也具有双重性。

## 第一节　裂隙与作为撕裂的创作

海德格尔在《艺术作品的本源》中对艺术创作作了多样的表述，除了使用古希腊的 ποίησις ［制作］ 与通常的创作（schaffen）之外，海德格尔也使用了 her–vor–bringen（生产、创作、带-上前-来）、诗意创作的 Entwurf（构思、开抛、筹划）与 reißen（描绘、描述、撕裂）。而在具体阐释中，后面三种表述反而更能凸显海德格尔对艺术创作所赋予的特有内涵，也与存在自身的裂隙有着更内在的关联。作为生产创作的带-上前-来（Her–vor–bringung）是从存有之澄明与遮蔽的裂隙中带出来的，"带-上前-来"（Her–vor–bringen）意味着"从遮蔽状态带出来（her），带到前面（vor）到无蔽状态中"❶。诗意创作的 Entwurf

---

❶ HEIDEGGER. Bremer und Freiburger Vorträge ［M］. Hrsg.：JAEGER P. Frankfurt am Main：Vittorio Klostermann, 1994：64.

（筹划、开抛、构思）也是"裂隙之开抛"❶。reißen（撕裂）一词也可用来表示艺术创作的描绘❷，并且是名词裂隙（Riß）的动词形式，与存在之裂隙有着直接的关联，可以表示把存在的裂隙取出来置于作品中，简言之，从存在中撕裂出裂隙。在此意义上，能以撕裂来统摄这种把存在之裂隙取出而置于作品中的艺术创作，即作为撕裂的创作。

作为撕裂的创作并非海德格尔的凭空臆想，画家丢勒早已言之，海德格尔便是从丢勒的说法来描述作为撕裂的创作的。"'艺术存在于自然中，因此谁能把它从中撕裂出来，谁就拥有了艺术。'在这里，'撕裂'意味着取出（Herausholen）裂隙，用画笔（Reißfeder）在绘画板（Reißbrett）上把裂隙（Riß）撕裂出来（reißen）。但是，我们同时要提出相反的问题：如果裂隙没有作为裂隙，也就是说，如果裂隙并没有事先作为尺度与无度的争执而被创作的构思带入敞开领域之中，那么，裂隙何以能够被描绘出来呢？诚然，在自然中隐藏着裂隙、尺度、界限亦即与此相联系的能－带出来（Hervorbringen－können），亦即艺术。但同样确凿无疑的是，这种隐藏于自然中的艺术惟有通过作品才能显露出来，因为它原始地隐藏在作品之中。"❸ 丢勒说的是艺术与自然的撕裂之关联，从海德格尔把第一开端中的自然之涌现视为存在来说，这句话也可以用于海德格尔的存在与艺术之关联上。以绘画来谈论艺术与自然之间的撕裂及裂隙之关联，有着形象性。海德格尔特意以 reißen 为词根的一组词来描述在绘画中作为撕裂的创作，即从自然中撕裂出艺术，亦即把自然中的裂隙取出来或让其显示出来——Herausholen 有显示出来与取出来这两方面的意思——具体说来，是"用画笔（Reißfeder）在绘画板

---

❶ ［德］海德格尔. 林中路［M］. 孙周兴，译. 上海：上海译文出版社，2004：66"作者边注".

❷ 在汉译本中，reißen 也被译为"描绘""勾画裂隙"。［德］海德格尔. 林中路［M］. 孙周兴，译. 上海：上海译文出版社，2004：58.

❸ ［德］海德格尔. 林中路［M］. 孙周兴，译. 上海：上海译文出版社，2004：58. 译文有改动. HEIDEGGER. Holzwege［M］. Hrsg.：HERRMANN F W v. Frankfurt am Main：Vittorio Klostermann，2003：58.

（Reißbrett）上把裂隙（Riß）描绘出来（reißen）"[1]。

这种从自然或存在撕裂出来的艺术，可以名之为撕裂的艺术，借用前面提到的对"哲学的需要"之主语第二格与宾语第二格的分析，这里的"撕裂的艺术"是宾语第二格，即艺术撕裂出存在的裂隙，亦即从存在中取出裂隙。而在主语第二格的意义上，"撕裂的艺术"表示的是撕裂出艺术，这种艺术隐藏在自然或存在中，要通过艺术作品才显现出来，呈现在艺术作品存在的裂隙中，是通过作品的裂隙形态而使其从隐藏中撕裂出来的艺术。简言之，在存在之道说的意义上，"撕裂的艺术"便是使存在开裂而形成裂隙，并把此裂隙带到艺术作品中。

从这种作为撕裂的创作而来，海德格尔也用以 Riß（裂隙）为词根的一组词来描述作品存在的裂隙。"这种裂隙把对抗者一道撕扯到它们出自统一基础的统一体的渊源之中。争执之裂隙乃是基本裂隙图样，是描绘（zeichnet）存在者之澄明的涌现的基本特征的裂面图（Auf‑riß）。这种裂隙并不是让对抗者相互破裂开来，它把尺度和界限的对抗带入共同的轮廓（Umriss）之中。"[2] 作品存在的裂隙体现在存在者存在与存在本身两个维度，作为创作的撕裂也在这两个维度展开。

就撕裂之创作在存在者层次来说，古希腊把创作理解为制作的 τέχνη（技艺），海德格尔把创作之 τέχνη（技艺）当作知道的一种方式，指向了存在者之无蔽。"对希腊思想来说，知道的本质在于 αληθεια（无蔽），亦即存在者之解蔽。它担任和引导任何对存在者的行为。"[3] 从技艺与存在者之无蔽的关联而来，创作也被带入这种关联中。"作为这种带来，创作毋宁说是在与无蔽状态之关联范围内的一种接收和获取。"[4]

---

[1] ［德］海德格尔. 林中路［M］. 孙周兴, 译. 上海：上海译文出版社, 2004：58.
[2] ［德］海德格尔. 林中路［M］. 孙周兴, 译. 上海：上海译文出版社, 2004：50‑51. 译文略异。HEIDEGGER. Holzwege［M］. Hrsg.：HERRMANN F W v. Frankfurt am Main：Vittorio Klostermann, 2003：51.
[3] ［德］海德格尔. 林中路［M］. 孙周兴, 译. 北京：商务印书馆, 2015：50.
[4] ［德］海德格尔. 林中路［M］. 孙周兴, 译. 上海：上海译文出版社, 2004：50.

这种创作也就是存在者层次上的撕裂，存在者的无蔽是存在者的真理之发生，在《艺术作品的本源》中，存在者的真理展示为世界与大地之争执及其形成的裂隙，艺术的创作要撕裂出世界与大地之间的裂隙，海德格尔通过诗意创作的筹划或构思实现了此种撕裂。"真正诗意创作的筹划（Entwurf）是对历史性的此在已经被抛入其中的那个东西的开启。那个东西就是大地。对于一个历史性民族来说就是他的大地，是自行锁闭着的基础；这个历史性民族随着一切已然存在的东西——尽管还遮蔽着自身——而立身于这一基础之上。但它也是他的世界，这个世界由于此在与存在之无蔽状态的关联而起着支配作用。"❶ 这里的 Entwurf（筹划），在德语中也指构思、草图，诗意创作的筹划也就是诗意创作的构思，这种构思中的开抛使大地得以"开启"，也使世界通过此在与无蔽状态的关联而起作用，亦即世界化。由此，诗意创作的构思就撕裂出了世界与大地的裂隙。撕裂也被海德格尔解释为"取出"（Herausholen），在撕裂以对世界与大地之裂隙的诗意创作的筹划来展开之后，海德格尔又用与"取出"同词源的引出（holen）来解释这种撕裂。"由于是这样一种引出（Holen），所有创作（Schaffen）便是一种汲取（犹如从井泉中汲水）。毫无疑问，现代主观主义直接曲解了创造（das Schoepferische），把创造看作骄横跋扈的主体的天才活动。"❷ 这里批驳了康德基于主体立场的天才论。创作如同从井泉中汲水意味着创作是从其本源而来的，而井泉在井水的清冽中隐含着幽暗，如荷尔德林在他的诗歌《追忆》中所说的："但是，愿有人为我端上/芳香郁郁的酒杯一盏/盛满幽幽的光芒。"❸"幽幽的光芒"也是澄明与遮蔽之统一的一种形象显现。

---

❶ [德] 海德格尔. 林中路 [M]. 孙周兴, 译. 北京：商务印书馆, 2015：69.
❷ [德] 海德格尔. 林中路 [M]. 孙周兴, 译. 北京：商务印书馆, 2015：69.
❸ [德] 海德格尔. 同一与差异 [M]. 孙周兴, 陈小文, 余明锋, 译. 北京：商务印书馆, 2011：132.

实际上，世界与大地的争执就以澄明与遮蔽的原始争执为基础，诗意创作的构思或筹划也以此触及了澄明与遮蔽的裂隙。海德格尔把本源意义上的筹划视为对澄明与遮蔽之原始裂隙的开抛。在晚年为 Entwerfen（筹划、构思、开抛）所做的一个补注中，海德格尔指出："筹划（Entwerfen）——不是澄明之为澄明，因为在其中只是测定了计划（Entwurf）的位置，不如说：对裂隙的筹划。"❶ 澄明与遮蔽构成了海德格尔所言的存有之真理。而存有的"真理被把握为存在自身的澄明与遮蔽；存在自身是裂隙（Riß），这种裂隙 aufreiße（撕裂开/描绘出）作为存在的存在"。❷ 诗意创作的构思作为裂隙之构思，亦即裂隙之开抛，使存在自身的裂隙在艺术创作中开裂，从而得以撕裂出来。

海德格尔通过把 Hervorbringen（创作、生产、带来）用连字符拆成 Her-vor-bringen（创-作、带-上前-来）来描述从存有中撕裂出裂隙。"我们必须严格地在统一的维度中思'带-上前-来'，这个统一的维度是通过遮蔽状态（Λήθη［遮蔽、遗忘］）与无蔽状态（Ἀ-λήθεια［真-理、无-蔽］）而被接合的（gefügt）。"❸ 这样，带-上前-来可从三个方面来把握：（1）指一种统一的维度；（2）这个统一维度由两方面组成，即遮蔽状态与无蔽状态，也就是古希腊的 Λήθη［遮蔽、遗忘］与 Ἀ-λήθεια［真-理、无-蔽］，这两组词从词根上显明这种统一性，并且，后一个词是对前一个词的否定；（3）这两方面构成的统一关系是一种 fügen（接合/接缝）的关系，具体说是遮蔽状态被无蔽状态所接合（gefügt），亦即 Ἀ-λήθεια［真-理、无-蔽］对 Λήθη［遮蔽］的接合。从遮蔽与无蔽的统一关联来把握，带-上前-来在《艺术作品的本源》

---

❶ ［德］海德格尔. 林中路［M］. 孙周兴，译. 上海：上海译文出版社，2004：61"作者边注".

❷ HEIDEGGER. Zum Ereignis-Denken［M］. Frankfurt am Main：Vittorio Klostermann, 2013：74.

❸ HEIDEGGER. Bremer und Freiburger Vorträge［M］. Hrsg.：JAEGER P. Frankfurt am Main：Vittorio Klostermann, 1994：64.

的补注中又被具体阐释为："带到（bringen）无蔽领域中来（Her-），带到前面（vor-）到在场者中"。❶ 其指的是从遮蔽带到无蔽中来，带到前面到在场者中，这样，作为带-上前-来的艺术创-作也就把存在自身或存有的裂隙撕裂开来，并带入在场者中，在存有之真理层次上的撕裂之创作也就得到了经验。

存有的最内在裂隙作为存有之本现，亦即本有的发生事件，这个维度的撕裂也就是作为被创作存在的本有之被撕裂出来，以此也可以重审海德格尔晚年在为《艺术作品的本源》这个标题所补的注释中带有总结性的语句："艺术：在本有中被使用的自行遮蔽之澄明的 Her-vor-bringen（创-作、带-上前-来）——进入构-形（Ge-bild）之庇护。"❷ 本有通过带-上前-来而进入所构的形象中：本有作为存有之本现，亦发生为存有的真理，后者即是为自行遮蔽的澄明，在创-作中被带-上前-来，从遮蔽带到无蔽领域，带到在场者前面来，在这里是带到其所构的形象中，这也是存有之真理庇护到在场者之中的过程。海德格尔通过把作为撕裂的创作描述为带-上前-来，展示了艺术撕裂出存有之裂隙并在其所构的形象中得到显示的过程。

## 第二节　艺术的设置与形而上学的后置

艺术的撕裂在《艺术作品的本源》中也通过真理的设置体现出来，作为存在者之真理的世界与大地之间的裂隙，以及作为存在之真理的澄明与遮蔽之间的原始裂隙，都通过设置而发生出来亦即创作出来。

---

❶ HEIDEGGER. Holzwege [M]. Hrsg.：HERRMANN F W v. Frankfurt am Main：Vittorio Klostermann，2003：70.

❷ [德] 海德格尔. 林中路 [M]. 孙周兴，译. 上海：上海译文出版社，2004：2 "作者边注".

海德格尔将"真理自行设置到作品中"视为《艺术作品的本源》的"指导性规定",如何理解"设置"便成为把握这一文本的重要问题。"设置"的本源性含义可追溯到古希腊与 Φύσις[涌现、自然]密切相关的 θέσις[置立]。这种本源性的设置经验被形而上学特有的"设置"所中断,相对于本源性的设置,形而上学的设置也以此是一种后置。艺术通过世界与大地的争执重新"设置"了存在者的真理。从形而上学的后置也能重新把握西方传统的艺术摹仿论与体验论。艺术的设置在海德格尔那里也具有历史性与解构作用。

海德格尔《艺术作品的本源》这个演讲,如果要说有个题眼的话,大概唯有艺术乃是"存在者的真理自行设置于作品中"❶这句话了。海德格尔后来也承认,"设置于作品中"对整个文本而言是个"指导性规定"❷,也在词形上强调了"设置"(Setzen)一词,而且提到,这里隐含了"一个根本性的困难",只有"细心的读者"才会感受到:"仿佛'真理之固定'(Feststellen dre Wahrheit)与'让真理之到达发生'(Geschehenlassen der Ankunft der Wahrheit)这两种说法是从不能协调一致的"。❸这表明,关于"真理自行设置于作品中"至少有上述两个具体说法,而且形成了表面上的矛盾与困难,而这个"困难"的所在,便是"设置"一词,因为上述两种说法实际上均是对"设置"的不同表述。无论是真理之"固定"还是真理之到达的"让发生"(Geschehenlassen),实际上均是真理的自行"设置"到作品中。两种不同说法都指向"设置",并统一于设置,从这个角度,两个说法自然是一致的。但从"固定"与"让发生"来说,又有差异,"因为,在'固定'中含有一

---

❶ [德]海德格尔. 林中路[M]. 孙周兴,译. 上海:上海译文出版社,2004:21 注①。原文有连字符隔开,为"存在者的真理自行设置-入-作品"。下文不再注明这种区别。

❷ [德]海德格尔. 林中路[M]. 孙周兴,译. 上海:上海译文出版社,2004:71. 译文略异。HEIDEGGER. Holzwege[M]. Hrsg.:HERRMANN F W v. Frankfurt am Main:Vittorio Klostermann,2003:70.

❸ [德]海德格尔. 林中路[M]. 孙周兴,译. 上海:上海译文出版社,2004:71.

种封锁到达亦即阻挡到达的意愿；而在'让发生'中却表现出了一种顺应，因而也似乎显示出一种具有开放性的非意愿。"❶ 可见，"设置"一词的理解不但对把握《艺术作品的本源》至关重要，而且其自身也是个有待澄清的问题。

## 一、设置与 Φύσις［自然、涌现］

正是考虑到"设置"一词的重要性与复杂性，海德格尔特意为之加了"作者边注"："更好地说：带入作品中；带－上前来，作为让（Lassen）的带（Bringen）；ποίησις［制作］。"❷ 这个"作者边注"由两个分号分成三个部分：第一个分句将"设置于作品中"解释为"带入作品中"，这表明"设置"可以从"带"来把握。第二个分句接着便将"带"从两方面展开："带－上前来"与"作为让的带"。第三部分提到古希腊的 ποίησις［制作］，似乎制作与"带"有某种关联，但没有点明。但既然将这种作为设置的"带"与 ποίησις［制作］并提，通过对 ποίησις［制作］的把握应该能为理解这个"带"提供某种帮助。而在正文中，"设置"被解释为"带向持立"。"设置（Setzen）说的是：带向持立（Stehen）"，亦即"存在者的真理自行－设置－入－作品"。❸ 这里的"带向持立"也就是前面提到的"带入作品中"（重点号为笔者所加）。作为"带向持立"的设置与古希腊的 ποίησις［制作］并不矛盾，而是有着某种契合。设置的这种带向持立（Stehen）不同于现代概念中相较于自我主体的对立，而是要从 θέσις［置立、安排］的希腊意义来理解，"希腊语中

---

❶ ［德］海德格尔. 林中路［M］. 孙周兴，译. 北京：商务印书馆，2015：77.
❷ ［德］海德格尔. 林中路［M］. 孙周兴，译. 上海：上海译文出版社，2004：71. 译文略异。HEIDEGGER. Holzwege［M］. Hrsg.：HERRMANN F W v. Frankfurt am Main：Vittorio Klostermann，2003：70.
❸ ［德］海德格尔. 林中路［M］. 孙周兴，译. 上海：上海译文出版社，2004：18. "自行－设置－入－作品"保留了原文中的连字符。HEIDEGGER. Holzwege［M］. Hrsg.：HERRMANN F W v. Frankfurt am Main：Vittorio Klostermann，2003：21.

的'设置',意思就是作为让出现的摆置,比如让一尊雕像摆置下来;意思就是置放,安放祭品。"❶ 神之雕像摆置下来与安放祭品是一致的,指的是神的在场,"雕像的立身(Stehen)"即"面对我们的闪耀的在场"。❷ 设置(Setzen)在古希腊意义上揭示出在场者之在场或存在者之存在。

古希腊语词 ποίησις 有制作与诗两种含义,其"制作"含义用于艺术领域,便指艺术家的创作,而这种创作与将存在者之存在"带向持立"是一致的。故而海德格尔将 ποίησις [制作]置于带－上前来(Hervor－bringen)之后,因为 hervorbringen 在德语中便指生产、创作。而海德格尔也将这个词用连字符分成三部分恰恰是为了揭示出将存在者之存在带向持立的本源经验,这一过程也被海德格尔描述为"带到(bringen)无蔽领域中来(Her－),带到前面(vor－)到在场者中"。❸ 这里对设置的解释玩了一个文字游戏,通过动词 bringen(带到)与其两个不同前缀 Her－(来－)和 vor－(前面－)的关联来进行,这三个部分合成为海德格尔在《艺术作品的本源》中用来表示创作的 Her－vor－bringen(带－上前－来)。这也显示出海德格尔在"作者边注"中将"带－上前－来"与"ποίησις[制作、诗]"并提的内在关联,将设置回溯到古希腊的 ποίησις[制作、诗],而古希腊对 ποίησις[制作、诗]的基本看法便是对 Φύσις[涌现、自然]的摹仿。亚里士多德在《物理学》(194a21)中明确将其表述为 ἡτέχνη μιμεῖται τὴν φύσιν[技艺摹仿自然],古希腊没有"艺术"一词,这里的 τέχνη[技艺]包含后世的艺术,所以这句话通常也被翻译为"艺术摹仿自然"❹。这也与设置是"从 θέσις

---

❶ [德]海德格尔. 林中路[M]. 孙周兴,译. 上海:上海译文出版社,2004:61.
❷ [德]海德格尔. 林中路[M]. 孙周兴,译. 上海:上海译文出版社,2004:61.
❸ HEIDEGGER. Holzwege[M]. Hrsg.:HERRMANN F W v. Frankfurt am Main:Vittorio Klostermann,2003:70.
❹ 对亚里士多德《物理学》中 ἡτέχνη μιμεῖται τὴν φύσιν[技艺摹仿自然]的理解与翻译参见:FÉDIER F. L'art en liberté[M]. Paris:Agora Pocket,2006:82-83.

[置立]的希腊意义上出发得到思考的"❶相一致，因为"只有当Φύσις[涌现、自然]起作用，θέσις[置立、安排]才是可能的与必需的"。❷

由此，本源性的设置或"带－上前－来"（Her－vor－bringen）在古希腊的Φύσις[涌现、自然]意义上被思，意味着："从遮蔽状态带出来（her），带到前面（vor）到无蔽状态中。"❸设置的这种"带－上前－来"作为一种"带向持立（Stehen）"❹，也就是将"喜欢遮蔽"的Φύσις[自然]带向持立。φύσις[自然]的动词在希腊语中"是φύω，涌现，起作用，由其自身来站立并停留（im Stand bleiben）"。❺本源性的设置将φύσις[自然]"带－上前－来"或"带向持立"，也就是带入无蔽中，所以，这一过程也就是ἀλήθεια[无蔽、真理]的发生。在这种真理的解蔽中φύσις[自然]的"喜欢遮蔽"方得以揭示。"φύσις[自然]乃是ἀλήθεια[无蔽]，即解蔽，因而κρύπτεσθαι φιλεῖ[喜欢遮蔽]。"❻"喜欢遮蔽"的φύσις[自然]入于无蔽状态，也是一种涌现。这一过程也就是存在者的真理之发生。

---

❶ [德] 海德格尔. 林中路 [M]. 孙周兴, 译. 上海：上海译文出版社, 2004：48.
❷ HEIDEGGER. Bremer und Freiburger Vorträge [M]. Hrsg.：JAEGER P. Frankfurt am Main：Vittorio Klostermann, 1994：64.
❸ HEIDEGGER. Bremer und Freiburger Vorträge [M]. Hrsg.：JAEGER P. Frankfurt am Main：Vittorio Klostermann, 1994：64.
❹ [德] 海德格尔. 林中路 [M]. 孙周兴, 译. 上海：上海译文出版社, 2004：18.
❺ [德] 海德格尔. 形而上学导论 [M]. 熊伟, 王庆节, 译. 北京：商务印书馆, 1996：72. 译文有改动。引文中的古希腊语单词φύω是现在时直陈式主动态第一人称单数，φύσις是该词的名词。HEIDEGGER. Einführung in die Metaphysik [M]. Hrsg.：JAEGER P. Frankfurt am Main：Vittorio Klostermann, 1983：76.
❻ [德] 海德格尔. 路标 [M]. 孙周兴, 译. 北京：商务印书馆, 2001：351.

## 二、世界和大地的争执与艺术之设置

随着以"柏拉图-亚里士多德哲学"[1]为主导地位的形而上学的形成，古希腊 φύσις［自然］与 ἀλήθεια［真理、无蔽］被 ἰδέα［相、理念］与 τέχνη［技艺］所取代，作为表-象的思想与存在状态之间的关联得以建立，促成了形而上学特有的设置方式，即人成为"动物的人"，并且"精神或思想后来被设置为主体、人格、精神。这样一种设置（Setzen）乃是形而上学的方式"。[2] 形而上学的设置使主体与对象之间形成一种表象关系。古希腊的本源性设置被形而上学中的表象设置截断了。黑格尔哲学可视为一个典型，黑格尔是"在对象的直接设置这种意义上来阐释希腊词语 θέσις［置立］的"。[3] 古希腊所经验到的作为无蔽的真理也被符合论的真理所取代。

这一由形而上学所主宰的漫长历史，也被海德格尔把握为存在历史第一开端的终结史：从柏拉图-亚里士多德哲学作为第一开端的第一终结再到尼采作为形而上学的终结。正是在这种历史背景中，海德格尔通过《艺术作品的本源》重新经验古希腊的本源性"设置"，并将其重演为世界与大地的争执。

为了绕过形而上学式的设置，海德格尔特意借用艺术来重新唤起古希腊的 Φύσις［自然］经验。从作为建筑作品的神庙来经验 Φύσις［自然］的"露面与涌现"，"希腊人很早就把这种露面与涌现本身以及整体

---

[1] "柏拉图-亚里士多德哲学"是海德格尔的表述，参见：［德］海德格尔. 哲学论稿（从本有而来）［M］. 孙周兴，译. 北京：商务印书馆，2012：222. 在"柏拉图-亚里士多德哲学"这个表述中，海德格尔特意将柏拉图与亚里士多德用连字符连为一体，不仅仅显示出柏拉图与亚里士多德的师徒关系之纽带，更重要的是将两者的哲学作为一个整体来把握。尽管在海德格尔思想道路中，亚里士多德曾起到领路人的作用，而且在其对柏拉图与亚里士多德专门性的阐发中两者有着差异，但从存有历史第一开端的第一终结来说，两者是一致的。

[2] ［德］海德格尔. 路标［M］. 孙周兴，译. 北京：商务印书馆，2001：379. 为了行文一致，中译文中的"设定"改为"设置"。

[3] ［德］海德格尔. 林中路［M］. 孙周兴，译. 上海：上海译文出版社，2004：71.

叫做Φύσις。Φύσις［涌现、自然］同时也照亮（lichtet）了人在其上和其中赖以筑居的东西。我们称之为大地（Erde）。"❶ φύσις［自然、涌现］是"露面与涌现本身","'本身'指明露面与涌现同那露面与涌现的东西之间的区别。"❷ 这也表明 φύσις［自然、涌现］是从露面与涌现两方面来展开的，而且这种露面与涌现是"在整体中"的，说的是露面与涌现之间的关系，两者共同构成一个整体，即 φύσις［自然、涌现］。这种整体性也体现在 φύσις［自然、涌现］之"照亮"大地的"同时"上面。这里的照亮（lichtet）亦即解蔽。"φύσις［自然、涌现］照亮，亦即解蔽（entbirgt）大地。"❸ 照亮作为解蔽在古希腊被经验为真理，亦即古希腊作为无蔽的存在者之真理。

《艺术作品的本源》中所谓"真理自行设置于作品中"指的是存在者的真理。"艺术作品以自己的方式开启存在者之存在。在作品中发生着这样一种开启，也即解蔽，也就是存在者之真理。在艺术作品中，存在者之真理自行设置入作品中了。艺术就是真理自行设置入作品中。"❹ 海德格尔一方面通过世界与大地的争执来重新点燃古希腊的 Φύσις［涌现、自然］经验，另一方面也将世界与大地的争执视为存在者的真理之发生。"真理发生的方式之一就是作品的作品存在。作品建立着世界并且制造着大地，作品因之是那种争执的实现过程，在这种争执中，存在者整体之无蔽状态以及真理被争得了。"❺ 而这种发生过程恰恰也是一种存在者的真理的设置过程。

---

❶ ［德］海德格尔. 林中路［M］. 孙周兴，译. 上海：上海译文出版社，2004：28.
❷ HERRMANN F W v. Heideggers Philosophie der Kunst：Eine systematische Interpretation der Holzwege–Abhandlung "Der Ursprung des Kunstwerkes"［M］. Frankfurt am Main：Vittorio Klostermann，1994：67，68，157.
❸ HERRMANN F W v. Heideggers Philosophie der Kunst：Eine systematische Interpretation der Holzwege–Abhandlung "Der Ursprung des Kunstwerkes"［M］. Frankfurt am Main：Vittorio Klostermann，1994：67，68，158.
❹ ［德］海德格尔. 林中路［M］. 孙周兴，译. 上海：上海译文出版社，2004：25.
❺ ［德］海德格尔. 林中路［M］. 孙周兴，译. 上海：上海译文出版社，2004：42.

海德格尔将世界与大地的争执描述为"建立（aufstellen）一个世界并制造（herstellen）大地"。❶ 这里的建立（aufstellen）与制造（herstellen）有共同的词干 stellen（摆置），两者可视为摆置的运作。而摆置从词源上与设置是一体的。"与'摆置'（stellen）和'设置'（setzen）密切相关的还有'置放'（legen）。这三个词的意思在拉丁语中还是由 ponere 一个词来表达的。"❷ 一方面，设置与摆置统一于拉丁语中的 ponere［设置、放置、安置］，另一方面，摆置与设置都可从古希腊的 θέσις［置立］意义上来经验，"我们必须在 θέσις［置立］的意义上来思考'摆置'（Stellen）。"❸ 从摆置与设置的这种共通性可知，世界之建立与大地之制造均可视为设置的发生，即世界与大地的争执乃是一种设置的发生。

由此，海德格尔通过世界与大地的争执阐发出了存在者的真理在艺术作品中的"设置"，相对于这种本源性的设置，艺术家反而变得无关紧要了。"正是在伟大的艺术中（我们在此只谈论这种艺术），艺术家与作品相比才是某种无关紧要的东西，他就像一条为了作品的产生而在创作中自我消亡的通道。"❹ 从这种设置出发，创作也被从其字面意思理解为带-上前-来，被生产者即是被带上前来者。"在作品中真理之生发起着作用；由于这种考虑，我们就可以把创作规定为：让某物出现于被生产者之中（das Hervorgehenlassen in ein Hervorgebrachtes）。"❺ 这种作为带-上前-来的创作之设置也是遮蔽者入于无蔽之中，即自行锁闭的

---

❶ ［德］海德格尔. 林中路［M］. 孙周兴，译. 上海：上海译文出版社，2004：35.
❷ ［德］海德格尔. 林中路［M］. 孙周兴，译. 上海：上海译文出版社，2004：71. 拉丁语 ponere 有较为丰富的含义，可指立放、放置、设置、安置、配置、建立、使遭受等，参见：谢大任. 拉丁语汉语词典［Z］. 北京：商务印书馆，1988：425. ponere 与"摆置"（stellen）、"设置"（setzen）以及"置放"（legen）在词源上的关联参见：LÖWE G. Schüler-Duden：Lateinisch-Deutsch［M］. Berlin·Mannheim·Zürich：Dudenverlag，1986：314.
❸ ［德］海德格尔. 林中路［M］. 孙周兴，译. 上海：上海译文出版社，2004：71.
❹ ［德］海德格尔. 林中路［M］. 孙周兴，译. 上海：上海译文出版社，2004：26.
❺ ［德］海德格尔. 林中路［M］. 孙周兴，译. 上海：上海译文出版社，2004：47.

大地入于世界之敞开中，也因此使原始–争执中的争执者即"澄明与遮蔽"❶得到经验。从澄明与遮蔽作为存有的最内在裂隙来说，艺术的设置也是存有最内在裂隙的发生，而后在存在者真理层次上亦即世界与大地之裂隙中发生，作为带–上前–来的创作恰恰在存有之真理与存在者真理这两个层次上"撕裂"出了艺术。

这种设置中发生的"让某物出现"也是一种入于"界限"或边界的运动，"这个笔直的站立，它笔直向上来此–站立（Da–stehen），出现，常驻而立，希腊人把它领会为存在。如此这般出现的东西，自身常驻（ständig）的东西，就因而会从自身出发自由而行，在其边界 πέρας 的必然性中搏击"。❷ 存在者的存在通过世界与大地的争执入于 πέρας ［界限、边界］而成其 Gestalt（形态、形象），这也是艺术之设置作为真理的发生方式不同于其他发生方式的特征。"作品之成为作品，是真理之生成和发生的一种方式。"❸ 在这种发生方式中，世界与大地的"这种争执乃是形态（Gestalt）。作品的被创作存在意味着：真理之被固定于形态中。"❹

《艺术作品的本源》提到了真理发生的五种方式：艺术、建国、信仰、牺牲与思想。真理以艺术方式发生的一个重要特征便在于以艺术形象或形态的方式发生出来。"符号和形象可以成为诗人最内在的东西，而'诗'一目了然的形态向来能够把它本质性的东西置入自身之中。"❺ 因此，存在以艺术方式设置于艺术作品之中，也可称为艺术的设置。

这种让发生与入于界限也就共同构成了真理以艺术方式发生的设置，亦即艺术的设置。至此，海德格尔在"附录"中所解释的"真理之

---

❶ ［德］海德格尔. 林中路［M］. 孙周兴，译. 上海：上海译文出版社，2004：48.
❷ ［德］海德格尔. 形而上学导论［M］. 王庆节，译. 北京：商务印书馆，2015：66.
❸ ［德］海德格尔. 林中路［M］. 孙周兴，译. 上海：上海译文出版社，2004：47.
❹ ［德］海德格尔. 林中路［M］. 孙周兴，译. 上海：上海译文出版社，2004：51.
❺ ［德］海德格尔. 哲学论稿（从本有而来）［M］. 孙周兴，译. 北京：商务印书馆，2012：66.

固定"（Feststellen dre Wahrheit）与"让真理之到达发生"（Geschehenlassen der Ankunft der Wahrheit）的一致性得到显现。一方面，"让真理之到达发生"，是"在 θέσις［置立］意义上的最高的能动"，"是一种'活动'和'意愿'"。❶ 另一方面，"这个'固'（fest）的意思是：'勾勒轮廓（umrißen）'、'允许进入界限中'（πέρας）、'带入轮廓中'"。❷ 而这种设置恰恰揭示出古希腊的作品之经验。"具有巩固作用的界限是宁静的东西，也即在动荡状态之全幅中的宁静者，所有这一切适切于希腊文的 ἔργον［作品］意义上的作品。"❸

### 三、形而上学的后置与传统的创作论

早期希腊思想对 φύσις［自然］与 ἀλήθεια［无蔽］的经验，也被海德格尔从存在历史出发描述为第一开端，而形而上学的兴起意味着第一开端的第一终结，本源性的设置由形而上学式的后置所取代。形而上学的设置使主体与对象之间形成一种表象关系。古希腊的本源性设置被形而上学中的表象性设置截断了。艺术的本源性设置与形而上学中的设置构成一种奠基关系。"并不是我们把存在者之无蔽状态设为前提，而是存在者之无蔽状态（即存在）把我们置（versetzt）入这样一种本质之中，以至于我们在我们的表象中总是已经被置于无蔽状态之中并且后置（nachgesetzt）于这种无蔽状态。"❹ 形而上学的表象之"设置"相较于无蔽之真理的本源性设置，乃是一种后置。形而上学的后置也与海德格尔把形而上学中的存在状态视为存有之"增补"相一致。从这种后置可

---

❶ 关于意愿问题的解释参见：［德］海德格尔. 林中路［M］. 孙周兴，译. 上海：上海译文出版社，2004：70 - 72. HEIDEGGER. Holzwege［M］. Hrsg.：HERRMANN F W v. Frankfurt am Main：Vittorio Klostermann，2003：70 - 72.

❷ ［德］海德格尔. 林中路［M］. 孙周兴，译. 上海：上海译文出版社，2004：62.

❸ ［德］海德格尔. 林中路［M］. 孙周兴，译. 上海：上海译文出版社，2004：72.

❹ ［德］海德格尔. 林中路［M］. 孙周兴，译. 上海：上海译文出版社，2004：38. 译文略异。HEIDEGGER. Holzwege［M］. Hrsg.：HERRMANN F W v. Frankfurt am Main：Vittorio Klostermann，2003：39.

以重审西方主流的两种艺术创作论：摹仿论与体验论。

　　古希腊的艺术摹仿论恰恰是在这种后置中形成的。"φύσις 的真理就是 ἀλήθεια，那个在绽放着的存在力道中在起来的无蔽状态，它现在变成了 ὁμοίωσις〈相似〉与 μίμησις〈模仿〉"。❶ 对于诗学而言，技艺也是 ποίησις［制作、诗］的技艺，摹仿理念的技艺偏重其技术层面的含义，而非突出其艺术层面的"知晓"。在这里，技艺一词所包含的技术与艺术两方面的含义出现了分离。海德格尔也以此对亚里士多德的制作技艺展开了批判。"在亚里士多德那里，对 ποίησις［制作、诗］的技术化解释成为不言自明的。"❷

　　这种后置在罗马世界作为表象方式得到了加强。"在西塞罗那里就已经取得了这种意义，而西塞罗的那个时代，正是希腊思想被移置到罗马式的表象活动中去的时代。"❸ 海德格尔也通过拉丁语对古希腊的翻译来揭示出古希腊的在场经验在拉丁语中的丧失过程。《艺术作品的本源》中被强调的最长一句话便是关于这种翻译的。在这种翻译的背后，"隐藏着希腊经验向另一种思维方式的转渡。罗马思想接受了希腊的词语，却没有继承相应的同样原始的由这些词语所道说出来的经验，即没有继承希腊人的话。西方思想的无根基状态即始于这种转渡。"❹ φύσις［涌现、自然］在古希腊显示为存在者的存在或者在场者的在场，这也是在

---

　　❶ 海德格尔. 形而上学导论［M］. 王庆节，译. 北京：商务印书馆，2015：212.
　　❷ HEIDEGGER. Seminare：Hegel – Schelling［M］. Frankfurt am Main：Vittorio Klostermann，2011：755.
　　❸［德］海德格尔. 根据律［M］. 张柯，译. 北京：商务印书馆，2016：274. Umsetzen 指移植、给某某调换座位、使转换、使移调等含义，中译本为移置，考虑到该词与 versetzen （移置）的区别，改译为转置。HEIDEGGER. Der Satz vom Grund［M］. Hrsg.：JAEGER P. Frankfurt am Main：Vittorio Klostermann，1997：189.
　　❹［德］海德格尔. 林中路［M］. 孙周兴，译. 上海：上海译文出版社，2004：8. 这里的"转渡"与"翻译"的关联参见该页"译注"。

拉丁语对古希腊语的翻译或转渡中没被继承的"存在者之存在的经验"❶。由之而来的西方思想的"无根基状态"便意味着"存在者不再作为在场者在其在场中被经验"❷。

近代思想通过主客体关系加固了形而上学的后置,并确立了基于这种后置的艺术体验论。在德国古典哲学中,形而上学的这种设置表现得尤为明显。康德把德语中的设置(setzen/Setzung)一词引入哲学中,该词"大概从康德开始成为哲学上有关的惯用语",并且"扩散于谢林与黑格尔的观念论中"。❸ 如海德格尔所言,黑格尔是"在对象的直接设置这种意义上来阐释希腊词语 θέσις[置立]的"。❹ 海德格尔正是从这种主客体的对象关系来把握主体体验论,后者自囿于在"(作为创作着的与享受着的)感受状态之关联中的(艺术的)美之思考"❺。从体验主体出发,创作也成为体验的表达。"作品在其对人及其体验的效果中被考虑。但是只要作品自身被考虑,它就被当作一个创作的作品,这种'创作'又表达了一种'经验冲动'。所以,即使人们考虑艺术品自身,也是将它作为一个创造的或再现的体验的'对象'和'产品',也就是说,时时处处都是从人的主体性的感知(αἴσθησις)出发。"❻ 在《艺术作品的本源》中,海德格尔指出,这种体验是促成艺术之死的原因,

---

❶ HERRMANN F W v. Heideggers Philosophie der Kunst: Eine systematische Interpretation der Holzwege – Abhandlung "Der Ursprung des Kunstwerkes"[M]. Frankfurt am Main: Vittorio Klostermann, 1994: 67.

❷ HERRMANN F W v. Heideggers Philosophie der Kunst: Eine systematische Interpretation der Holzwege – Abhandlung "Der Ursprung des Kunstwerkes"[M]. Frankfurt am Main: Vittorio Klostermann, 1994: 68.

❸ RITTER J, GRÜNDER K. Historisches Wörterbuch der Philosophie[M]. Band 9. Basil: Schwabe, 1995: 698.

❹ [德] 海德格尔. 林中路[M]. 孙周兴,译. 上海:上海译文出版社,2004: 71.

❺ HEIDEGGER. Zu eigenen Veröffentlichungen[M]. Frankfurt am Main: Vittorio Klostermann, 2017: 535.

❻ [德] 海德格尔. 巴门尼德[M]. 朱清华,译. 北京:商务印书馆,2018: 169 – 170. 句中后面两个古希腊词语补出了中文含义。HEIDEGGER. Parmenides[M]. Hrsg.: FRINGS M S. Frankfurt am Main: Vittorio Klostermann, 1982: 170 – 171.

"也许体验却是艺术死于其中的因素"❶。形而上学的后置作为对存有的增补，与其对艺术的本源性设置之掩盖一样，从根本上揭示了这种体验的哲学基础。海德格尔也把这种艺术体验论归为现代现象："现代的第三个同样根本性的现象在于这样一个过程：艺术进入美学的视界之内了。这就是说，艺术成了体验（Erleben）的对象，而且，艺术因此就被视为人类生命的表达。"❷艺术体验论因此也被纳入历史中，艺术的设置也在存有历史中获得其自身的历史性。

## 四、艺术之设置与历史性

真理设置到其中的作品乃是从古希腊的 ἔργον［作品］意义上而言的，这种作品既非现实的摹仿物，也非艺术家体验的外化物，艺术家只不过是其"通道"而已。但海德格尔通过世界与大地的争执而设置到作品中的真理，已不单单是一种存在者的真理了，而是有着隐蔽更甚的东西。因为世界与大地的争执使澄明与遮蔽的原始争执得以经验，而后者是存在之真理的发生，"按其自身各自的本质而言，世界与大地总是有争执的，是好争执的。惟有这样的世界和大地才能进入澄明与遮蔽的争执之中"❸。海德格尔在解释"让真理之到达发生"时已经将这种真理视为存在之真理了。"'让真理发生'中的'发生'是在澄明与遮蔽中的运动，确切地说，乃是在两者之统一中的起作用的运动，也即自行遮蔽——由此又产生一切自行澄亮——的澄明的运动。这种'运动'甚至要求一种 Her – vor – bringen（生 – 产、带 – 上前 – 来）意义上的固定。"❹

---

　　❶ ［德］海德格尔. 林中路［M］. 孙周兴，译. 上海：上海译文出版社，2004：67.
　　❷ ［德］海德格尔. 林中路［M］. 孙周兴，译. 上海：上海译文出版社，2004：77.
　　❸ ［德］海德格尔. 林中路［M］. 孙周兴，译. 上海：上海译文出版社，2004：42.
　　❹ ［德］海德格尔. 林中路［M］. 孙周兴，译. 上海：上海译文出版社，2004：72. 略有改动。HEIDEGGER. Holzwege［M］. Hrsg.：HERRMANN F W v. Frankfurt am Main：Vittorio Klostermann，2003：72.

这种"让发生"显示出历史特征，德语中的"历史"（Geschichte）一词即来自动词"发生"（geschehen），只不过这里的真理之发生所揭示出的历史是存在的历史。所以，设置作为真理的发生，在解构形而上学的表象之"后置"的同时，也揭示出存在的历史。通过神庙的设置而经验到古希腊的 θέσις ［置立］意义上的存在者真理，也以此解构形而上学中作为表象之正确性的符合论真理观，这实际上也是还原到存在历史第一开端中的存在者之真理。但这种真理中的无蔽状态本身没有得到思考，"作为 ἀλήθεια ［无蔽］的真理之本质在希腊思想中未曾得到思考，在后继时代的哲学中就更是理所当然地不受理会了"❶。海德格尔通过现代伟大的艺术作品（如凡·高的《农鞋》）而思及作为世界与大地争执的设置，并且触及作为澄明与遮蔽的原始-争执的存在真理，而后者作为真理的发生乃是另一种方式，能标明存在历史的另一开端。所以，如果说世界与大地的争执作为存在者真理之设置的话，那么可以说澄明与遮蔽的原始-争执作为存在真理乃是一种原始-设置，是另一开端意义上的设置。

世界与大地的争执构成形态而设置到艺术作品中，并作为存在之真理发生的原始设置与最内在裂隙，也进入艺术作品的构形之中。海德格尔在1960年补作的一个"作者边注"中点明，艺术也是自行遮蔽之澄明的创-作。"艺术：在本有（Ereignis）中被使用的自行遮蔽之澄明的 Her-vor-bringen（创-作/带-上前-来）——进入构形（Ge-bild）之庇护。"❷ 这种原始设置的创作也被解释为"构形"，也可以说是艺术的原始设置。

存在者之真理的设置与存在之真理的设置标画出海德格尔存在历史分析的不同阶段，艺术的设置本身便具有历史性。在存在历史中，设置的历史性也被海德格尔命名为争-辩。"对另一开端的必然性的争辩乃

---

❶ ［德］海德格尔. 林中路［M］. 孙周兴，译. 上海：上海译文出版社，2004：37.
❷ ［德］海德格尔. 林中路［M］. 孙周兴，译. 上海：上海译文出版社，2004：1.

起于对第一开端的本源性设置"。❶ 古希腊的 θέσις［置立］恰恰意味着"第一开端的本源性设置"，海德格尔在《艺术作品的本源》中通过作为艺术作品的古希腊神庙揭示了这种经验，并在世界与大地的争执之设置中触及了作为存在之真理的更本源的原始－设置。"设置"的运作形成第一开端与另一开端的争辩，也是存有历史的过渡时代的实事。"实事，即争执，本身乃是一种争－辩（Aus－einander－setzung）。"❷ Auseinandersetzung 在德语中指争辩、阐明、分割共同财产等含义。而将此词用连字符分成三个环节 Aus－einander－setzung（争－辩），乃是出自事情本身的需要。其中，Aus 指"以分离方式在－外面"❸；争－辩第二个环节的彼此（einander）在存在（存有）历史中成为第一开端与另一开端的彼此关联。"争－辩意味着第一开端与另一开端的分开或分离，但同时也是第一开端与另一开端的相互归属。因此，历史性的沉思也是第一开端与另一开端自身实行着的一种争执。"❹ 争－辩的第三个环节便是设置（－setzung），争－辩使第一开端与另一开端彼此得以设置。也正是在此种意义上作为艺术本质的真理之创建本身就包含"作为开端的创建"。❺ 故而，可以说，"艺术为历史建基；艺术乃是根本意义上的历史"❻。更确切地说，《艺术作品的本源》中所展示的艺术之历史性与建基，在海德格尔 20 世纪 30 年代所标明的存有历史的裂隙（Fuge）之整

---

❶ 设置（Setzung），中译本为"设定"。［德］海德格尔. 哲学论稿（从本有而来）[M]. 孙周兴，译. 北京：商务印书馆，2012：175. HEIDEGGER. Beiträge zur Philosophie (Vom Ereignis) [M]. Hrsg.：HERRMANN F W v. Frankfurt am Main：Vittorio Klostermann，1989：169.

❷ ［德］海德格尔. 尼采 [M]. 孙周兴，译. 北京：商务印书馆，2003：1. 原文为："Die Sache, der Streitfall, ist in sich selbst Aus－einander－setzung." 见：HEIDEGGER. Nietzsche I [M]. Frankfurt am Main：Vittorio Klostermann，1996：9.

❸ 以分离方式在－外面，法文原文为 au－dehors en séparant. HEIDEGGER. Apports à la philosophie：De l'avenance [M]. traduction par François Fédier. Paris：Gallimard，2013：547.

❹ GRANZ H. Die Metapher des Daseins－Das Dasein der Metapher [M]. Frankfurt am Main：Internationaler Verlag der Wissenschaften，2007：200.

❺ ［德］海德格尔. 林中路 [M]. 孙周兴，译. 上海：上海译文出版社，2004：63.

❻ ［德］海德格尔. 林中路 [M]. 孙周兴，译. 上海：上海译文出版社，2004：65.

体中获得自身的位置。对艺术作品的本源之追问"归属于建基这一领域。艺术作品是存在真理之庇护的路径之一"❶。建基在《哲学论稿》中的存有历史的裂隙整体中作为第四个裂隙（Fuge）。

### 五、艺术之设置与解构

从争－辩的历史性所揭示出的设置也具有解构内涵，海德格尔在20世纪30年代后期明言："解构作为争－辩的预备阶段。"❷ 艺术的设置也因此具有解构作用，一方面，艺术作为存在者之真理的设置与存在之真理的设置而对形而上学的"后置"之穿越，已经显示出其设置的解构作用；另一方面，这种解构也能揭示出从《存在与时间》向《艺术作品的本源》过渡的一条暗道。

《存在与时间》承担了"解构存在论历史的任务"，具体说来，"需要把由传统做成的一切遮蔽打破。我们把这个任务了解为：以存在问题为线索，把古代存在论传下来的内容解构成一些原始经验——那些最初的、以后一直起着主导作用的存在规定就是从这些源始经验获得的。"❸ 这些原始经验，《存在与时间》在对"现象学""真理"等词的溯源时，确实得到了零星展示。尤其是对古希腊 ἀλήθεια ［无蔽、真理］的揭示，对于见证形而上学之被遗忘状态具有重要意义。但即使是古希腊 ἀλήθεια ［无蔽、真理］的经验，也不是孤零零地发生，而总是与其发生的东西有关，同时也不是空洞的纯形式的发生，而应是某种东西的发生。海德格尔后来无疑清醒地意识到这一点，在为《存在与时间》所作的补注中

---

❶ HERRMANN F W v. Heideggers Philosophie der Kunst：Eine systematische Interpretation der Holzwege – Abhandlung "Der Ursprung des Kunstwerkes" ［M］. Frankfurt am Main：Vittorio Klostermann，1994：15.

❷ HEIDEGGER. Besinnung ［M］. Hrsg.：HERRMANN F W v. Frankfurt am Main：Vittorio Klostermann，1997：68.

❸ ［德］海德格尔. 存在与时间 ［M］. 陈嘉映，王庆节，译. 北京：生活·读书·新知三联书店，1999：26.

点明:"φύσις［涌现、自然］自身即 ἀλήθεια［无蔽、真理］,因为 κρύπτεσθαι φιλεῖ［它喜欢遮蔽自己］。"❶ 也就是说,《存在与时间》对形而上学所作的一个整体论断——存在之被遗忘状态——应该从第一开端的 φύσις［涌现、自然］来明见。被遗忘者总是要先被经验到,然后才有遗忘的发生。在写作其前期代表作《存在与时间》的1926年,海德格尔便在其讲稿《古代哲学的基本概念》中论及前苏格拉底哲人的自然概念。❷《存在与时间》的第一句话便点明存在问题在今天"已久被遗忘了"❸,但除了前面所提到的几处词源学上的还原之外,并未提供更多的依据以便从历史维度展示出存在之发生及其被遗忘的过程。这也表明,《存在与时间》并未全面完成这一"解构存在论历史的任务"。❹ 但海德格尔在后来的思想发展中以多样的方式承续了这一任务,在《艺术作品的本源》中,通过对古希腊神庙这类建筑作品的经验,而让第一开端的 φύσις［涌现、自然］得到明见,使《存在与时间》的论断有了历史依据。而正如前面所述的,φύσις［涌现、自然］又与艺术的设置是内在关联的,所以,艺术的设置也起到了解构作用,并通过在存在历史第一开端与另一开端的争-辩中的更本源显现而深入另一开端。

此外,《存在与时间》聚焦于此在的阐发所带有的主体形而上学痕迹,通过对物之物性亦即存在者之存在的还原而能够去除。"在《存在与时间》中作为'解构'阐发出来的,并不是指作为捣毁的拆解,而是

---

❶ HEIDEGGER. Sein und Zeit［M］. Hrsg.: HERRMANN F W v. Frankfurt am Main: Vittorio Klostermann, 1977: 282.
❷ BUCHHEIM T. Was interessiert Heidegger an der φύσις?［G］//STEINMANN M. Heidegger und die Griechen. Frankfurt am Main: Vittorio Klostermann, 2007: 141.
❸［德］海德格尔. 存在与时间［M］. 陈嘉映,王庆节,译. 北京:生活·读书·新知三联书店,1999:3.
❹《存在与时间》第六节的标题即为"解构存在论历史的任务",但如该书中译注所指明的,这一"任务应由原计划写但未写出的第二部分完成"。由于第二部分没有完成,所以解构存在论历史的任务在《存在与时间》中并未完成。［德］海德格尔. 存在与时间［M］. 陈嘉映,王庆节,译. 北京:生活·读书·新知三联书店,1999:30.

指对形而上学基本立场的发掘方向上的净化。"[1]《艺术作品的本源》中对形而上学基本立场的净化遍及所有存在者,是一种比《存在与时间》更广范围的解构。从上述两方面看,艺术之设置的解构作用比起《存在与时间》得到更深更广地展开。

从艺术之设置入作品中作为一种作品生成的过程而言,这种创作中作者的立场已经淡化为一种"通道"了。尽管如此,作者哪怕仅仅充当"通道",也无法否认作者对创作的参与。这样,创作一方面是真理以艺术方式进行的设置,另一方面也有作者的参与,如此的创作便包含两个维度,是一种双重性的创作。

## 第三节　双重创作论:裂隙与接缝

海德格尔一方面把艺术视为真理之设置入作品中,另一方面,艺术作品也离不开艺术家的创作。"正是在伟大的艺术中(我们在此只谈论这种艺术),艺术家与作品相比才是某种无关紧要的东西,他就像一条为了作品的产生而在创作中自我消亡的通道。"[2] 在伟大的艺术中,艺术家虽然是无关紧要的"通道",但也参与了艺术作品的生成,由此,海德格尔的艺术创作论具有双重性。

在西方诗学中,艺术创作的双重性并不鲜见。在柏拉图的《伊安篇》中,诗人的创作被描述为诗神附体的迷狂状态,诗人大致也只相当于中介角色,类似于海德格尔所言的"通道",实际上也是一种双重性的创作论。

尼采在《悲剧的诞生》中也看出了古希腊的"摹仿自然"说的双重

---

[1] [德] 海德格尔. 哲学论稿(从本有而来)[M]. 孙周兴,译. 北京:商务印书馆,2012:232-233.
[2] [德] 海德格尔. 林中路[M]. 孙周兴,译. 上海:上海译文出版社,2004:26.

特征。当然，尼采是从酒神与日神及其相互关联来展开这一问题的。狄奥尼索斯与阿波罗这"两种艺术力量，它们是从自然本身中突现出来的，无需人类艺术家的中介作用"。❶ 两种艺术冲动首先直接地获得满足，即梦的形象世界与醉的现实性，从这种直接满足来说，并不需要人类艺术家的中介作用，人类艺术家反而是对这"两种直接的自然之艺术状态"的摹仿或模仿。"相对于这两种直接的自然之艺术状态，任何一个艺术家就都是'模仿者'了，而且，要么是阿波罗式的梦之艺术家，要么是狄奥尼索斯式的醉之艺术家，要不然就是——举例说，就像在希腊悲剧中那样——两者兼有，既是醉之艺术家，又是梦之艺术家。"❷

这样，在艺术家的摹仿与两种自然力量之间，便形成了双重性，尼采将其描述为艺术家与其原型的关系。"由此，我们就能够更深入地理解和评估希腊艺术家与其原型的关系，或者用亚里士多德的说法，就是'模仿自然'。"❸就艺术家与其原型（两种直接的自然之艺术状态）而言，人类艺术家起到了中介作用。尼采所言的两种自然力量自身便具有创造的作用，艺术家摹仿了这两种自然的艺术力量，这样，也形成双重创作的说法了。这也是尼采对"摹仿自然"说的一种改造。

与海德格尔大致同年代的巴赫金则在论述作者形象时引入了第一性作者与第二性作者之划分，这两个层次的作者也构成创作的双重性。"作者形象问题。第一性的作者（不是创造出来的）和第二性的作者（由第一性的作者创造的作者形象）。第一性作者是 natura non creata quae creat［从事创造而非被创造的自然］；第二性作者是 natura creata quae creat［被创造并从事创造的自然］。主人公形象是 natura creata quae non

---

❶ ［德］尼采. 悲剧的诞生［M］. 孙周兴，译. 北京：商务印书馆，2012：26–27.
❷ ［德］尼采. 悲剧的诞生［M］. 孙周兴，译. 北京：商务印书馆，2012：27. 古希腊的 μίμησις，在汉语中大致有摹仿、模仿等译法，相应地，其对应的现代西方单词在汉语中也有摹仿与模仿这两种译法，本书没有统一这两种译法，在正文中采用"摹仿"一词，而引文中"模仿"的译法也仍保留。
❸ ［德］尼采. 悲剧的诞生［M］. 孙周兴，译. 北京：商务印书馆，2012：27.

creat［被创造而不从事创造的自然］。第一性作者不可能是形象，他回避任何形象的表现。"❶ 巴赫金在这里引用了中世纪早期哲学家埃里乌盖纳提出的四种存在模式的前三种：natura non creata quae creat［从事创造而非被创造的自然］指的是创造一切的上帝，natura creata quae creat［被创造并从事创造的自然］指的是"柏拉图的理念世界"，natura creata quae non creat［被创造而不从事创造的自然］指的是"个别物体的世界"。❷ 这三个层次被巴赫金借用，分别表示第一性作者、第二性作者与主人公形象。第一性作者与第二性作者有两个区别：其一，第一性作者创造了第二性作者的形象，而第一性作者作为上帝不是创造出来的；其二，第二性作者有形象，而第一作者不可能是形象，因为"当我们努力设想第一性作者的形象时，我们自己已经在创造他的形象，也就是说我们本身成了这一形象的第一性作者"❸。第一性作者与第二性作者基于神与人的区分而构成两个层次的创作结构。

巴赫金不仅基于神与人的关系来阐述这种双重性的创作理论，而且在海德格尔的创作理论中看出了一种双重性的结构，当然，巴赫金没有僵化地套用神与人的关联，而是从自己的双重创作论的视域来发现的。巴赫金对海德格尔的论述极少，只留下只言片语。1962年，巴赫金提到，"对于海德格尔本人，非常遗憾，我了解不多"❹。确实，巴赫金对海德格尔的关注远远不如对胡塞尔的关注，也不如对舍勒的关注。尽管如此，巴赫金还是敏锐地抓住了海德格尔创作论的双重特征。"存在本

---

❶ ［俄］巴赫金. 文本、对话与人文［M］. 白春仁，晓河，周启超，等译. 石家庄：河北教育出版社，1998：414. 句中括号里拉丁语翻译根据"原编者注"里的内容补出来。
❷ ［俄］巴赫金. 文本、对话与人文［M］. 白春仁，晓河，周启超，等译. 石家庄：河北教育出版社，1998：414. 参见"原编者注"。
❸ ［俄］巴赫金. 文本、对话与人文［M］. 白春仁，晓河，周启超，等译. 石家庄：河北教育出版社，1998：414-415.
❹ ［俄］巴赫金. 文本、对话与人文［M］. 白春仁，晓河，周启超，等译. 石家庄：河北教育出版社，1998：552.

身在讲述，但要通过作家，通过作家之口（参看海德格尔的论述）。"❶ 采用巴赫金的第一性作者与第二性作者之区分的话，存在本身相当于第一性作者，而作家即是第二性作者，由于巴赫金探讨的是文学创作问题，第二性作者在这里指的是作家，而非更广义上的艺术家，但这无损于创作的双重结构。

巴赫金的作为第一性作者的上帝不同于海德格尔那里的存在本身，但巴赫金第一性作者与第二性作者也通过语言维度显示出来。第一性作者既是非形象的，也不能以直接话语来说话。"所以，第一性作者便表现为沉默。"❷ 这与海德格尔那里的存在本身或世界在语言中的显现有相似之处，巴赫金也指出了这一点。"另一条道路则是迫使世界说话，让它聆听世界自己的话语（海德格尔）。"❸ 海德格尔的世界或存在本身之遮蔽维度在语言中也显示为未被说出的东西，亦即沉默，这与巴赫金的第一性作者表现为沉默相类似。《巴赫金全集》的编者也在注释中点明："马丁·海德格尔艺术哲学的基本思想是：话语诞生于存在本身内部，并通过诗人这一'媒介'面向世界说话；诗人'聆听'（海德格尔使用这一概念，同欧洲哲学中传统的'直观'范畴相对立）存在，特别是聆听存在最隐蔽的表现——语言。"❹ 诗人聆听存在最隐蔽的表现即是存在之沉默或隐瞒。

由此，巴赫金对海德格尔创作理论的双重性的表述都侧重存在本身或世界在语言维度的显现：存在本身与作为通道的作家，存在本身的"讲述"要"通过作家之口"，作家就相当于通道。

---

❶ ［俄］巴赫金. 文本、对话与人文［M］. 白春仁，晓河，周启超，等译. 石家庄：河北教育出版社，1998：415.
❷ ［俄］巴赫金. 文本、对话与人文［M］. 白春仁，晓河，周启超，等译. 石家庄：河北教育出版社，1998：415.
❸ ［俄］巴赫金. 文本、对话与人文［M］. 白春仁，晓河，周启超，等译. 石家庄：河北教育出版社，1998：416.
❹ ［俄］巴赫金. 文本、对话与人文［M］. 白春仁，晓河，周启超，等译. 石家庄：河北教育出版社，1998：415.

从海德格尔的存在本身与艺术家之间的双重性来说，艺术家的创作是对存在本身的听写，听写包含顺从的倾向。这种顺应，从前述的"设置"所蕴含的"一个根本性的困难"也能显示出来，"在'固定'中含有一种封锁到达亦即阻挡到达的意愿；而在'让发生'中却表现出了一种顺应（Sichfügen）"。❶ 这里的顺应（Sichfügen）从字面意思来说也是一种自行接缝（Sichfügen），嵌入存在本身或存有的最内在裂隙中去，亦即到存有之真理的裂隙中去。

创作要嵌入裂隙中，对存有的裂隙进行接缝，需要存有之开裂。海德格尔把创作也描述为"诗意创作的 Entwurf（构思、开抛、筹划）"，"诗意创作的筹划乃来源于无（Nichts）。但从另一方面看，这种筹划也绝非来源于无，因为由它所投射的东西只是历史性此在本身的隐秘的使命。"❷ 这种筹划作为开抛，也源自其被抛状态，或者说作为被创作者的存在本身。在开抛中，作为被创作者的存有或存在本身得以开裂，发生为存有的真理，亦即"真理的诗意创作的筹划把自身作为形态而置入作品中"❸。海德格尔在《艺术作品的本源》的演讲中主要从世界与大地的关联来展开诗意创作的开抛，而未从存在本身来展开，但在 1960 年对"开抛"所补的作者边注中指出："筹划（Entwerfen）——不是澄明之为澄明，因为在其中只是测定了计划（Entwurf）的位置，不如说：对裂隙的筹划。"❹ 言下之意，Entwerfen（筹划、开抛）不是澄明之为澄明，而是对裂隙的开抛，即在澄明与遮蔽的裂隙中开抛，此种开抛既是澄明与遮蔽之开裂，也是对这一裂隙的嵌入，亦即接缝。由此，通过诗意创作的开抛，存有得以开裂而本现，存有本现为本有，故而本有事件

---

❶ [德] 海德格尔. 林中路 [M]. 孙周兴, 译. 上海：上海译文出版社, 2004: 70. HEIDEGGER. Holzwege [M]. Hrsg.: HERRMANN F W v. Frankfurt am Main: Vittorio Klostermann, 2003: 70.

❷ [德] 海德格尔. 林中路 [M]. 孙周兴, 译. 北京：商务印书馆, 2015: 69-70.

❸ [德] 海德格尔. 林中路 [M]. 孙周兴, 译. 北京：商务印书馆, 2015: 69.

❹ [德] 海德格尔. 林中路 [M]. 孙周兴, 译. 北京：商务印书馆, 2015: 66 "作者边注".

(Ereignis)得以作为被创作存在而进入作品。作品的"被创作存在这一发生事件(Ereignis)并没有简单地在作品中得到反映;而不如说,作品作为这样一件作品而存在,这一事件在自身面前投射,并且已经不断地在自身周围投射了作品"❶。

海德格尔的双重创作论也在存有的"使抛向"(Zuwurf)与诗意创作的开抛之相互关联中,显示为对存有之最内在裂隙的一种接缝。而诗意创作的开抛作为裂隙之开抛,使存有之裂隙得以裂开并发生为原始争执,这种作为开抛的创作,本身也就是从存有中撕裂出裂隙,并把此裂隙作为形态而置入作品中,从而在存在之道说的意义上,实现了作为撕裂的创作。

---

❶ [德]海德格尔. 林中路[M]. 孙周兴,译. 北京:商务印书馆,2015:58. HEIDEGGER. Holzwege [M]. Hrsg.:HERRMANN F W v. Frankfurt am Main:Vittorio Klostermann,2003:73.

第三章
# 裂隙与艺术接受

对读者而言，要进入《艺术作品的本源》中的艺术接受问题，首先面临的是如何进入《艺术作品的本源》这个文本的问题，这并非轻而易举的事情。海德格尔在《艺术作品的本源》"附录"的结尾提到了读者进入这个文本的"困境"，这个困境实质上也是艺术接受者的本源性困境（Notstand），即在急难（Not-）中站立（-stand），亦是对存有历史之裂隙的一个接缝。这构成本章第一节"艺术接受的困境与存有的裂隙"的内容。

《艺术作品的本源》中的艺术接受可以分为三个层次：基于现成存在者的艺术体验、基于存在者之存在的艺术保存与基于存在维度的本有之用（Brauch）。这三个层次也分别对应符合论真理、存在者真理与存在真理，并构成一条通向存有之遮蔽的下行道路，从而区别于西方传统中艺术接受或审美的上升之路。这是本章第二节"通向本有的裂隙：艺术接受的三个层次"的内容。

就通常的艺术类型来说，海德格尔对艺术的分析以诗歌为主，尽管海德格尔从本真与非本真两方面来区分诗与文学，但还是可以在中性意义上把其对诗歌、戏剧与小说的分析纳入文学领域。在这里，以海德格尔对史蒂夫特尔的小说《冰雪故事》的阐释为例，探讨其存在论的文学作用论或效果论，彰显其文学接受思想的独特性，即让读者嵌入文学作品中发生的真理及其裂隙中。这构成本章第三节"裂隙与文学作用论"的内容。

## 第一节　艺术接受的困境与存有的裂隙

《林中路》作为海德格尔在 20 世纪 50 年代出版的第一部作品，这

个标题是有特殊用意的。"林中路"（Holzwege）在德语中指的是迷途、歧路，故而"题记"第一句便写道："林乃树林的古名。林中有路。这些路多半被草木阻塞（verwachsen）而突然断绝在不可通行处。"❶ 对于走在道路上的人来说，道路的突然断绝是令人意外甚至惊恐的。而对于没有在路上的人来说，道路是否断绝似乎是可有可无的问题，甚至也可用人们常说的带有乐观色彩的"天无绝人之路"而将之打发。

道路的突然断绝也就是没有路了，但同时，一条道路的断绝处也是其尽头，它恰恰也使一条道路成为一条完整的道路。所以，道路之断绝同时使人经验到道路的完整与道路之"没有"，也就是道路之成为"一条"路与道路之"没"路了的双重性。这样"一条"现成的走到尽头的路已是一条死路，而要走出去的新路还没开辟出来或还没发现。只有在这种现成的死路与还没开辟的新路之间，道路之断绝才成为一种困境，才有着走上另一条路从而走出困境的必要性。但对于伐木工人而言，在道路断绝处要走出森林，要么砍伐出一条新路，要么往回走，回到某个岔路口，在那里走上另一条道路，那条路可能是一条出路，也可能仍然是一条断绝之路。断绝之路何以成为断绝之路，是对于某个要去的地方而言的，而这已经在此处与要去的地方之间先行形成某种关联，否则，何以又有到那个地方的要求。伐木工人与那要去的地方之间的关联在于，"森林是他的生命线"❷。而路之断绝针对的是那个要去的地方之不可通达，断绝之处也就是不可通行之处，也即被"草木阻塞"之处，是在一条路的尽头与要达到的地方的"之间"。不可通达使人所在的地方与要通达的地方之间无路的经验得以形成。

---

❶ [德] 海德格尔. 林中路 [M]. 孙周兴, 译. 上海：上海译文出版社, 2004：题记. 有改动.

❷ [美] 汉娜·阿伦特. 马丁·海德格尔80岁了 [C] //贡特·奈斯克, 埃米尔·克特琳. 回答：马丁·海德格尔说话了. 陈春文, 译. 南京：江苏教育出版社, 2005：201.

## 一、"林中路"与"困境"

《艺术作品的本源》位于《林中路》之首,已然从通向"艺术作品的本源"之路上揭示出了"林中路"的困境。在这份演讲稿完成二十多年之后,海德格尔在"附录"的结尾点出了这种困境:"这仍然是一个不可避免的困境(Notstand):一个以自然方式(natürlicherweise)从外部与文本不期而遇的读者,首先且长此以往地并非出自有待思想者的缄默无声的源泉领域来表象和解说实事(Sachverhalte)。而对于作者本人来说,深感迫切困难的是,要在道路的不同阶段上始终以恰到好处的语言来说话。"❶ 这里说的是读者与作者的困境,这个作者并不是艺术作品的作者,而是指这个文本的作者海德格尔本人。读者与作者的困境有着共同的本源,正如艺术领域的创作者与作为保存者的读者有着共同的本源。"要是作品没有被创作便无法存在,因而本质上需要创作者,同样地,要是没有保存者,被创作的东西也将不能存在。"❷ 而《艺术作品的本源》的作者海德格尔,作为思想家,其运思的经验,与艺术家的艺术经验,或者诗人的诗意经验,有着同一的本源,均从本有领域而来。思与诗指向那"同一的东西"。❸ 由此,这个困境乃是思想家、艺术家、诗人以及各自的读者的同一困境,尽管是以带有差异的方式对他们显现出来。

之所以点明读者的困境,这是与我们每一个阅读这个文本的读者相关的。因为,如果我们不是艺术家或诗人,也不是思想家,那么最符合我们的身份恰恰是读者。而读者遭遇这个文本会面临什么?"一个不可

---

❶ [德]海德格尔. 林中路[M]. 孙周兴, 译. 上海:上海译文出版社, 2004:76. 有改动。下文在某些情况下对这句话中的内容以加引号形式单独列出时不再注明出处。HEIDEGGER. Holzwege[M]. Hrsg.:HERRMANN F W v. Frankfurt am Main:Vittorio Klostermann, 2003:74.

❷ [德]海德格尔. 林中路[M]. 孙周兴, 译. 上海:上海译文出版社, 2004:54.

❸ [德]海德格尔. 演讲与论文集[M]. 孙周兴, 译. 北京:商务印书馆, 2018:202.

避免的困境"。不是一般的可有可无的困境，也不是侥幸可以逃脱的困境，而是"不可避免的困境"。

困境的"不可避免"特征意味着我们读者必须要面对这个困境。如果说，书名"林中路"已经揭示出道路之断绝而形成的困境，位列《林中路》首篇的《艺术作品的本源》便已在此困境之中了。于是，读者所能做的是，去面对这个困境："一个以自然方式从外部与文本不期而遇的读者，首先且长此以往地并非出自有待思想者的缄默无声的源泉领域来表象和解说实事。"❶ 这种困境是一个读者的困境，这个读者是"一个以自然方式从外部与文本不期而遇的读者"。对这样一个读者而言，其困境体现在"并非出自有待思想者的缄默无声的源泉领域"与"表象和解说实事"之间，言下之意，读者表象和解说的"实事"应该是与"源泉领域"相关的，而读者没有从"源泉领域"中来，读者对"实事"的表象与解说便成为困境。从"林中路"的经验来说，读者处在"以自然方式""从外部"去"表象"与"解说"的道路中，而要抵达的地方是"有待思想者的缄默无声的源泉领域"与"实事"那里，但未能达到那里。这里的初步解释仍然是笼统的，本身仍然包含不少要澄清的问题，由此，我们需要将这个"困境"具体展开，我们以海德格尔描述困境的这句话为这一节的阐释路径："这仍然是一个不可避免的困境：一个以自然方式从外部与文本不期而遇的读者，首先且长此以往地并非出自有待思想者的缄默无声的源泉领域来表象和解说实事。"❷

## 二、"自然方式"与作为常人的读者

在这里，遭受困境的是读者，读者为何"不可避免"此种困境？这

---

❶ ［德］海德格尔. 林中路［M］. 孙周兴，译. 上海：上海译文出版社，2004：76. 有改动。HEIDEGGER. Holzwege［M］. Hrsg.：HERRMANN F W v. Frankfurt am Main：Vittorio Klostermann，2003：74.

❷ ［德］海德格尔. 林中路［M］. 孙周兴，译. 上海：上海译文出版社，2004：76. 有改动。HEIDEGGER. Holzwege［M］. Hrsg.：HERRMANN F W v. Frankfurt am Main：Vittorio Klostermann，2003：74.

要求我们了解读者是怎么回事。这里的读者是"一个以自然方式从外部与文本不期而遇的读者"。读者与文本的遭遇是"以自然方式"并"从外部"进行的,澄清后两者为理解读者提供一条路径。

"以自然方式"似乎并不需要过多解释,就是以自然的方式而已,重点是"自然的"。作为一种存在方式的自然态度更容易让人想到所谓的习惯成自然,自然的方式或经验之形成与人们的习惯有关。海德格尔正是从习惯的角度来把握"自然方式"的。"那对我们显现为自然的东西(natürlich),兴许仅只是一种长久的习惯(Gewohnheit)所习以为常的东西(Gewöhnliche)。"[1] "那对我们显现为自然的东西"是以自然方式显现出来的东西,而"我们"也与这"自然的东西"形成自然的关联。"我们"与这种东西在一种"自然的"关联之中。这种自然方式与自然的东西的关联被解释为"习惯"与"习以为常的东西"之关联。两者均表示一种熟悉性。"自然方式"便成为在居住与熟悉中形成的方式。读者从这种熟悉的东西来理解自身,形成读者的本质。

所以,"以自然方式"能揭示出读者的本质,从存在方式着眼,读者的"是什么"被界定为读者"是谁"。在日常的熟悉性中的读者是谁呢?海德格尔在《存在与时间》中专门作了解答。"这个'谁'是个中性的东西:常人(das Man)。"[2] "自然方式"的存在也就是常人的存在方式。"这个常人指定着日常生活的存在方式。"[3] 这就是此在日常为谁的答案了。此在的日常状态是由常人来主宰的,读者在日常状态中自然也是处于常人的统治之下。就文学艺术的阅读而言,"常人对文学艺术

---

[1] [德] 海德格尔. 林中路 [M]. 孙周兴,译. 上海:上海译文出版社,2004:9. 译文有改动。HEIDEGGER. Holzwege [M]. Hrsg.:HERRMANN F W v. Frankfurt am Main:Vittorio Klostermann,2003:9.

[2] [德] 海德格尔. 存在与时间 [M]. 陈嘉映,王庆节,译. 北京:生活·读书·新知三联书店,1999:147.

[3] [德] 海德格尔. 存在与时间 [M]. 陈嘉映,王庆节,译. 北京:生活·读书·新知三联书店,1999:148.

怎样阅读怎样判断,我们就怎样阅读怎样判断"。❶ 作为读者的我们在自然方式之中,即以常人的方式存在,由此而来,对文本的理解成为常人的理解。"读者的平均(durchschnittliche)领会从不能够断定什么是源始(ursprünglich)创造、源始争得的东西,什么是学舌而得的东西。更有甚者,平均领会也不要求这种区别,无需乎这种区别,因为它本来就什么都懂。"❷ 这里 ursprünglich(源始的)一词,在德语中也表示本源性的、原初的。常人理解的平均状态不能断定本源的东西,无法分辨也不要求本源之物与流俗之物的区别,于是,常人的平均理解便在本源的东西"外部"了。

## 三、"从外部"与作为主体的读者

读者既是"以自然方式"又是"从外部"与文本相遇的。"从外部"显示出读者与文本之间的外在关联。海德格尔曾从认识世界这一现象中发现了这种关联。"往往只要一涉及'对世界的认识'这一现象,存在之领会总是陷入'外在的(äußerliche)'、形式上的解释。这种情况的标志是:如今人们习以为常仍把认识当作'主体和客体之间的一种关系',而这种看法所包含的'真理'却还是空洞的。主体和客体同此在和世界不是等同的。"❸ 这种"'外在的'、形式上的解释"即主客体之间的"外在的理论认识关系",而"海德格尔给'外在的'加上引号,是表明我们基于主体和客体的区分,将世界视为外在于主体的客体,而不是此在存在结构的一部分"❹。读者"从外部与文本不期而

---

❶ [德]海德格尔. 存在与时间 [M]. 陈嘉映,王庆节,译. 北京:生活·读书·新知三联书店,1999:147.

❷ [德]海德格尔. 存在与时间 [M]. 陈嘉映,王庆节,译. 北京:生活·读书·新知三联书店,1999:196.

❸ [德]海德格尔. 存在与时间 [M]. 陈嘉映,王庆节,译. 北京:生活·读书·新知三联书店,1999:70. 有改动. HEIDEGGER. Sein und Zeit [M]. Hrsg.:HERRMANN F W v. Frankfurt am Main:Vittorio Klostermann,1977:80.

❹ 张汝伦.《存在与时间》释义 [M]. 北京:生活·读书·新知三联书店,2012:234.

遇"，意味着文本作为与读者相遇的客体，读者与文本在一种主客体关联之中，而"不期而遇"即这种关联之发生。在读者与文本的主客体关联中，读者作为主体，文本作为客体对象。

实际上，这种从外部而来的主客体关联是读者的"自然方式"与常人存在中的世界现象被跳过的后果。海德格尔也用主体来形容常人。"常人把自己暴露为日常生活中'最实在的主体'。❶"而此在涣散在常人中，"涣散（Zerstreuung）就标志着以这种方式存在的'主体'的特点"。❷ "这些作为存在者的'主体'原是靠此在的意义领会的，而此在的'最近的'存在论连这种存在意义也硬从'世界'来解说。但是因为在这种消散于世之际连世界现象本身也被跳过去了，世内现成的东西即诸物件，就取而代之。共同在此的存在者的存在被理解为现成状态了。"❸ 由于跳过了世界现象，日常此在从现成的存在者来理解自身，并与现成存在者构成主客体关系。

从这个角度，"从外部"是"自然方式"的一种拓展。在"外部"的主客体关联中，主体作为现成者，更是在与存在的本源性关联之外。由此，"以自然方式"而作为常人的读者，与在"外部"关联中作为现成主体的读者，均在与存在的本源关联之外。"以自然方式从外部与文本不期而遇"，就意味着文本在存在的本源关联之外，而无法显示出这整个文本乃是一条追问存在之本质的道路，且通过这条道路而建立其与存在的本源性关联。而这点在"以自然方式从外部与文本不期而遇"中被掩盖了。"《艺术作品的本源》整个文本，有所知晓地、但未予明言地

---

❶ ［德］海德格尔. 存在与时间［M］. 陈嘉映，王庆节，译. 北京：生活·读书·新知三联书店，1999：149.
❷ ［德］海德格尔. 存在与时间［M］. 陈嘉映，王庆节，译. 北京：生活·读书·新知三联书店，1999：150.
❸ ［德］海德格尔. 存在与时间［M］. 陈嘉映，王庆节，译. 北京：生活·读书·新知三联书店，1999：151.

(unausgesprochen)活动在对存在之本质的追问的道路上。"❶ 这是一条通向艺术之本源的思想道路。"踏上这条道路，乃思想的力量；保持在这条道路上，乃思想的节日。"❷

## 四、"首先且长此以往地"

我们已经从读者与文本"不期而遇"的方式对读者的存在进行了展示，接下来可以看看这种"以自然方式从外部与文本不期而遇的读者"所面临的困境，即"首先且长此以往地并非出自有待思想者的缄默无声的源泉领域来表象和解说实事"。这种困境并非偶尔发生，也不是时有发生，而是"首先且长此以往地"发生了并正在发生着。这是对读者及其存在方式之发生的时间维度的描述。

"首先"（zunächst）一词，在《存在与时间》中与"通常"并用，表示常人的存在。"我们所选择的那样一种通达此在和解释此在的方式必须使这种存在者能够在其本身从其本身显示出来。也就是说，这类方式应当像此在首先与通常（zunächst und zumeist）所是的那样显示这个存在者，应当在此在的平均的日常状态显示这个存在者。"❸ 对此在的日常存在的把握是一种现象学的把握，是"在其本身从其本身"而进行的揭示，是对读者首先与通常状态的通达。这里虽然是首先与通常的并用，但在"首先"一词的单独使用中，也能揭示出此在的常人方式。"如果'我'的意义是本己的自己，那么'我'并不首先（Zunächst）存在，首先存在的是以常人方式出现的他人。我首先是从常人方面而且是作为常人而'被给与'我'自己'的。此在首先是常人而且通常一直

---

❶ [德]海德格尔. 林中路 [M]. 孙周兴，译. 上海：上海译文出版社，2004：74. 有改动。HEIDEGGER. Holzwege [M]. Hrsg.：HERRMANN F W v. Frankfurt am Main：Vittorio Klostermann，2003：73.

❷ [德]海德格尔. 林中路 [M]. 孙周兴，译. 上海：上海译文出版社，2004：3.

❸ [德]海德格尔. 存在与时间 [M]. 陈嘉映，王庆节，译. 北京：生活·读书·新知三联书店，1999：20.

是常人。"❶ 这种日常存在的基本方式，海德格尔命名为"此在之沉沦"。❷ "首先"揭示了常人方式的非本己性，"这种不－存在（Nicht－sein）必须被领会为此在之最切近的存在方式，此在通常就保持在这一存在方式之中。"❸

"首先与通常"揭示出了此在的平均状态，而在《艺术作品的本源》中，海德格尔用"首先且长此以往地（zunächst und langehin）"❹ 来揭示出读者的平均状态，"长此以往地"更是点出了这种状态的延续，体现了时间与历史❺的维度。在关于读者困境的表述的开头便提到，"这仍然是一个不可避免的困境"，这里用的是"仍然是"（bleibt），指的便是一种持续状态。同样，这里的"首先且长此以往地"在句中位于"一个以自然方式从外部与文本不期而遇的读者"之后，指的是读者最通常的存在方式与状况，即同文本相遇的"自然方式"与"外部"关系。而同时我们也应将"首先且长此以往地"置于句子中："首先且长此以往地并非出自有待思想者的缄默无声的源泉领域来表象和解说实事"。"首先且长此以往地"也限定了后面的"并非出自……源泉领域"的"表象和解说"。

## 五、"表象与解说"

"首先且长此以往地"并非（nicht）"出自源泉领域"，构成一种否

---

❶ [德] 海德格尔. 存在与时间 [M]. 陈嘉映，王庆节，译. 北京：生活·读书·新知三联书店，1999：151. HEIDEGGER. Sein und Zeit [M]. Hrsg.：HERRMANN F W v. Frankfurt am Main：Vittorio Klostermann，1977：172.

❷ [德] 海德格尔. 存在与时间 [M]. 陈嘉映，王庆节，译. 北京：生活·读书·新知三联书店，1999：204.

❸ [德] 海德格尔. 存在与时间 [M]. 陈嘉映，王庆节，译. 北京：生活·读书·新知三联书店，1999：204. HEIDEGGER. Sein und Zeit [M]. Hrsg.：HERRMANN F W v. Frankfurt am Main：Vittorio Klostermann，1977：233.

❹ langehin 的英译为 for a long time thereafter，这里译为"长此以往地"。HEIDEGGER. Off the Beaten Track [M]. Cambridge：Cambridge University Press，2002：56.

❺ 这里的"历史"应该指此在的常人样式所源出的存在之被遗忘状态的历史。

定关系，与之相应，"表象和解说"与"实事"也构成否定关系，由此，"表象与解说"便面临不能切入"实事"的困境。

困境的重点在于这个否定词 nicht（不、非）。实际上，在读者作为常人的存在方式中，对"首先与通常"的解释便已经包含一种"不"的经验。"首先"作为一种最切近的存在方式，恰恰显示出"不"的特性。

而在《艺术作品的本源》中，"并非出自有待思想者的缄默无声的源泉领域"。这个源泉领域实为本有领域。"《艺术作品的本源》全文，有所知晓地、但未予明言地（unausgesprochen）活动在对存在之本质的追问的道路上。"❶ 存在本质的追问指向存有之本现，而从本有作为存有之本现而言，也是本有领域，故而可以说，"艺术归属于本有（Ereignis）"❷。"未予明言地"（unausgesprochen）即最后一句中的"缄默无声的"❸，从语言维度来说，两者都是表示没有说出来。"这个'缄默无声的源泉领域'是本有。"❹ 而表象与解说的"实事"也即本有。❺ 由此，"源泉领域"与"实事"同指本有领域。所以，"并非出自"这个"源泉领域"来表象与解说"实事"就有着内在的困难，因为实事与源泉领域是同一领域，没有从源泉领域而来，去表象和解说实事就必然无法抵达实事本身的领域，从而也就处在源泉领域之外了。

"以自然方式"而作为常人的读者以及"从外部"而作为现成主体

---

❶ ［德］海德格尔. 林中路 [M]. 孙周兴，译. 上海：上海译文出版社，2004：74. 有改动. HEIDEGGER. Holzwege [M]. Hrsg.：HERRMANN F W v. Frankfurt am Main：Vittorio Klostermann，2003：73.

❷ ［德］海德格尔. 林中路 [M]. 孙周兴，译. 上海：上海译文出版社，2004：74.

❸ HERRMANN F W v. Wege ins Ereignis：Zu Heideggers《Beiträgen zur Philosophie》[M]. Frankfurt am Main：Vittorio Klostermann，1994：198－199.

❹ HERRMANN F W v. Heideggers Philosophie der Kunst：Eine systematische Interpretation der Holzwege–Abhandlung《Der Ursprung des Kunstwerkes》[M]. Frankfurt am Main：Vittorio Klostermann，1994：33.

❺ "实－情（Sach－Verhalt），乃是本有。" HEIDEGGER. Zur Sache des Denkens [M]. Hrsg.：HERRMANN F W v. Frankfurt am Main：Vittorio Klostermann，2007：24.

的读者均在与存在的本源关系之外，与此处的"表象与解说"也在源泉领域之外，是一脉相承的。故而"以自然方式从外部与文本不期而遇"，与"没有自（aus）有待思想者的缄默无声的源泉领域而来表象和解说实事"便是一致的。以此可显露构成困境的双方：一方是"以自然方式从外部与文本不期而遇"的读者，"首先且长此以往地"去进行"表象与解说"；另一方是"有待思想者的缄默无声的源泉领域"与"实事"。这里两者之间形成否定的关联，构成困境。这样，"表象与解说"不能抵达"源泉领域"与"实事"，也显示出"表象与解说"的界限，犹如一条道路到其尽头都不能抵达那个地方，在道路尽头与那个地方之间形成断绝之处。"表象和解说"也在这个界限内走到了尽头，而要澄清指示着困境的"不"之否定式的关联，需要解释清楚什么是"表象"与"解说"。

在读者作为现成主体从而与认识对象构成外部关系的主客二分关联中，已经有着表象的发生。不期而遇的方式具体化为表象，读者便是表象者。在对"首先与长此以往地"的解释中，已经揭示出其时间与历史的维度。而表象则在此显示出历史性。表象就其在西方历史中的发生来说，是基于古希腊中作为存在的 φύσις［自然、涌现］及其真理之丧失而发生的。表象在近代经过笛卡儿的"我思故我在"（cogito, ergo sum）而转入自我的确定性中，并在后来被纳入技术掌控的机制之中。"这种存在者在近代之初和近代（Neuzeit）之进程中又被转换了。存在者变成可以通过计算来控制和识破的对象。上述种种转换都展现出一个新的和本质性的世界。"❶

由表象建立起来的人与表象对象之间的关联具有历史性，作为表象者的人也具有历史性，彰显了现代的本质特征。"如果我们把世界的图像特性解说为存在者之被表象状态，那么，为了充分把握被表象状态的

---

❶ ［德］海德格尔. 林中路［M］. 孙周兴，译. 上海：上海译文出版社，2004：65.

现代本质，我们就必须探寻出'表象'（vorstellen）这个已经被用滥了的词语和概念的原始的命名力量，那就是：摆置到自身面前和向着自身而来摆置。由此，存在者才作为对象达乎持存，从而才获得存在之镜像（Spiegel des Seins）。"❶ 这与"世界成为图像""人在存在者范围内成为主体"也是同一个过程。❷ 表象的这种摆置特征在海德格尔与《艺术作品的本源》定稿同一年开始写作的《哲学论稿（从本有而来）》中，集中体现于作为现代技术之本质的谋制（Machenschaft）身上。而与谋制一致的是人成为体验者。这在"解说"一词中得到反映。

如果说"表象"作为一种思维方式的话，那么，解说（deutet）则是将其形诸文字或表达出来，在语言中建立现成存在者的关联性，而非与存在的本源性的关联。所以，解说也是无法抵达"实事"或"源泉领域"的，也无法抵达存在之历史性的维度，而只是一种历史学的说明，这体现在历史学中"解说视角"❸ 的运用上。适应于一种谋制的－技术的科学之解说，也适用于人的体验之表达。"精神科学则扩展为一种无所不包的、范围巨大的报纸科学，在其中，当代的'体验'持续不断地得到历史学上的解说（gedeutet），并且通过这种解说（Deutung），为每个人输送出尽可能快速和尽可能好懂的出版物来传达这种'体验'。"❹

表象与解说同体验的这种亲缘性，使其与一种关于艺术本质的体验论之间可以形成合谋。"美学把艺术作品当作一个对象，而且把它当作 αισθησις［感知］的对象，即广义上的感性知觉的对象。现在人们把这

---

❶ ［德］海德格尔. 林中路［M］. 孙周兴，译. 上海：上海译文出版社，2004：94.
❷ ［德］海德格尔. 林中路［M］. 孙周兴，译. 上海：上海译文出版社，2004：94.
❸ ［德］海德格尔. 哲学论稿（从本有而来）［M］. 孙周兴，译. 北京：商务印书馆，2012：160. HEIDEGGER. Beiträge zur Philosophie（Vom Ereignis）［M］. Hrsg.：HERRMANN F W v. Frankfurt am Main：Vittorio Klostermann，1989：152.
❹ ［德］海德格尔. 哲学论稿（从本有而来）［M］. 孙周兴，译. 北京：商务印书馆，2012：162－163. HEIDEGGER. Beiträge zur Philosophie（Vom Ereignis）［M］. Hrsg.：HERRMANN F W v. Frankfurt am Main：Vittorio Klostermann，1989：155.

种知觉称为体验。人体验艺术的方式，被认为是能说明艺术之本质的。"❶ "无论对艺术享受还是对艺术创作来说，体验都是决定性的源泉（Quelle）。"❷ 这种艺术体验论或体验源泉论，也在艺术领域揭示出"表象与解说"的时代特征。从这种时代特征而来，也揭示了一个"无艺术时代"。"无艺术状态（Die Kunstlosigkeit）植根于这样一种认识，即：那些享受和体验'艺术'的人们的认可和赞成根本不可能来作出决断，来决定享受对象究竟是否源于艺术的本质领域，抑或只不过是历史学意义上的历史性的一个虚假产物，带着种种主配性的目的设定。"❸ 体验作为源泉（Quelle），是在"源泉领域"（Quellbereich）之外的现时代的另外的源泉，是建立在主客体的表象与体验关系之上的。这也意味着我们要将其置于历史来把握，要将体验之源泉与体验无法通达的"源泉领域"置于历史的维度中。实际上，体验所成为的这个源泉，是对本源之源泉领域的伪装，前者基于形而上学之上，而形而上学在存有历史中成为存有的增补，体验与之相应，是从存有的源泉领域之隐退后的一种增补与伪装。❹ 故而，从体验的这个源泉无法直达本有的源泉领域。

在体验之源泉的这种"无"法通达"源泉领域"的经验中，才有"无艺术状态"之"无"的经验。就源泉作为本源而言，体验之本源是一个伪装的本源，而本有领域才是真正的本源。"'这个'本源始终是历史性地在下述意义上讲的，即：本质现身本身是历史性的和具有本有特征的。"❺ 但是，只要对两者的否定关联做出把握，则意味着体验之源泉从根基处的否定性得到了确认，从而开启新的可能性。"这些时代将不能理解，一个具有无-艺术的历史的时机，可能比有着膨胀艺术行业的

---

❶ ［德］海德格尔. 林中路［M］. 孙周兴，译. 上海：上海译文出版社，2004：67.
❷ ［德］海德格尔. 林中路［M］. 孙周兴，译. 上海：上海译文出版社，2004：67.
❸ ［德］海德格尔. 哲学论稿（从本有而来）［M］. 孙周兴，译. 北京：商务印书馆，2012：534.
❹ 对于形而上学作为"增补"的论述参见第一章第一节。
❺ ［德］海德格尔. 哲学论稿（从本有而来）［M］. 孙周兴，译. 北京：商务印书馆，2012：536.

时代更具有历史性和更具创造性。"❶

当我们认识到这种无艺术时代之无时，便是一种转机。"一切都是体验。但也许体验却是艺术死于其中的因素。"❷ 海德格尔对这句话作了注解："不过命题倒并不是说，艺术完全完蛋了。只有当体验一直保持为艺术的绝对因素（Element），才会有这样一种情况。但一切的关键恰恰在于，脱离体验而抵达此－在（Da－sein）之中，而这就是说：达到艺术之'生成'的一个完全不同的'维度'（Element）。"❸ 后面提到的"维度"实为"源泉领域"，在 20 世纪 50 年代初的演讲《"……诗意地栖居……"》中，"维度"一词也用来指天地神人四元世界，这已是海德格尔在晚年对源泉领域的描述。而表象与解说并不能抵达这个领域。从"自然方式""外部""首先与长此以往地"到这里的"表象与解说"，均不能抵达"源泉领域"，我们因此仍然在这一困境之中。而从历史维度来经验，这种困境也是我们时代的困境。

这个困境显示为"不"或"非"的否定式表达。为了看清这个困境，我们必定要面对"不"的现象。

## 六、"不"与"源泉领域"和"实事"

"这仍然是一个不可避免的困境：一个以自然方式从外部与文本不期而遇的读者，首先且长此以往地并非出自有待思想者的缄默无声的源泉领域来表象和解说实事。"❹ 我们已经从读者方面，从其"自然方

---

❶ ［德］海德格尔. 哲学论稿（从本有而来）［M］. 孙周兴，译. 北京：商务印书馆，2012：533.

❷ ［德］海德格尔. 林中路［M］. 孙周兴，译. 上海：上海译文出版社，2004：67.

❸ ［德］海德格尔. 林中路［M］. 孙周兴，译. 上海：上海译文出版社，2004：67 "作者边注"。译文有改动。HEIDEGGER. Holzwege［M］. Hrsg.：HERRMANN F W v. Frankfurt am Main：Vittorio Klostermann，2003：67.

❹ ［德］海德格尔. 林中路［M］. 孙周兴，译. 上海：上海译文出版社，2004：76. 译文略异。HEIDEGGER. Holzwege［M］. Hrsg.：HERRMANN F W v. Frankfurt am Main：Vittorio Klostermann，2003：74.

式"、"外部"关联、"表象与解说"等现象揭示出其处于存在的本源关系之外,"不"能抵达"源泉领域"。同样,如果我们将艺术的体验源泉论经验为无艺术时代的标志的话,何以体验不能成为源泉,而"源泉领域"或"维度"才成为真正的源泉。这也要求我们从"源泉领域"而来去经验无艺术时代之"无"的发生。

"不"(nicht)何以发生,根源在于存在本身的非表象性,故而表象及其解说无法抵达存在本身。在表象与解说中,存在本身逃逸与缺席了,而不能从其自身而来本现出来。但我们如何经验到这一点,经验到这种"没有自某某而来"的"没有",如果我们没有一丁点儿对存在本身的经验或者知晓,我们又如何知道是没有从存在自身而来的,且如何又有着从其自身而来的必要性呢?否则,这难道不是一种想当然的猜想吗?这自然要求我们面向那"有待思想者的缄默无声的源泉领域"。

"不"在这句话中是一个否定副词,表示陈述句的否定。故而对"不"的经验也是与否定的经验结合在一起的。在通常的陈述中,"否定是补充性地和过于肤浅地得到把握的"❶。海德格尔认为人们对否定与否定句的把握过于肤浅,应该深思否定所蕴含的东西。"否定绝不从自身而来把'不'(das Nicht)当作区分和对比的手段加到被给予的东西上,以便仿佛是把这个'不'插入其中。否定实际上只有当可否定的东西已经被先行给定时才能进行否定,这当儿,否定如何能从它自身中具有这个不呢?除非一切思想本身都已先行洞见到这个不了,不然的话,可否定的东西和有待否定的东西又如何能够作为一个不性的东西(ein Nichthaftes)而被见到呢?"❷"不"作为否定,"只有当可否定的东西已经被先行给定时才能进行否定",从"表象与解说"可知,这个可否定的东西即是"有待思想者的缄默无声的源泉领域"与"实事",而思想要先行洞见这个"源泉领域"与"实事"。"只有当这个不的本源,即一般

---

❶ [德]海德格尔. 路标[M]. 孙周兴,译. 北京:商务印书馆,2001:135 "作者边注".
❷ [德]海德格尔. 路标[M]. 孙周兴,译. 北京:商务印书馆,2001:135.

的无之不化，从而亦即无本身，已经从遮蔽状态中被提取出来时，这个不才能成为可敞开的。不过不并非由否定而产生，相反，否定倒是植根于从无之不化作用中产生的这个不（Nicht）。"❶ 要先行洞见可否定的东西，使"不"得以敞开，要求"无本身"已"从遮蔽状态中被提取出来"。这里的"遮蔽状态"恰恰指作为存有之遮蔽而发生的"源泉领域"。所以，"否定也只不过是不着的行为的一种方式，亦即说，只不过是先行植根于无之不化的行为的一种方式。"❷ 按照海德格尔对不与无之关联的分析，"并非出自有待思想者的缄默无声的源泉领域"这个否定句也是"不着的行为的一种方式"，这个"不"或否定恰恰是从无之不化或无之无化而来的。

在这里，也要区分对"不"的形而上学式的理解。"不"并不表示形而上学式的"相反"的含义，而是一种溯源。在形而上学中提到的"相反"仍然归属于形而上学，如海德格尔对尼采之反柏拉图主义的阐释，尼采作为柏拉图主义的颠倒，仍然与柏拉图主义同属形而上学。海德格尔对"不"的分析有着现象学的解构与还原的运用，是从"不"揭示其来源，描述出无化—不—否定的发生机制。同时，"只有当这个不的本源，即一般的无之不化，从而亦即无本身，已经从遮蔽状态中被提取出来时，这个不才能成为可敞开的。"❸ 要进入"不"的本源，即无，更进一步，亦从遮蔽状态经验到无，"不"才可敞开。这里可以更本源地描述出从遮蔽到"无"再到"不"的发生过程。从遮蔽之无而来才有"自然方式"作为"不"着的经验。无之无化的经验，也必将触及这个遮蔽的领域，后者即是"有待思想者的缄默无声的源泉领域"。

### 七、"有待思想者的缄默无声的源泉领域"

"有待思想者的缄默无声的源泉领域"这个短语中的两个修饰语意

---

❶ ［德］海德格尔. 路标［M］. 孙周兴, 译. 北京：商务印书馆, 2001：135.
❷ ［德］海德格尔. 路标［M］. 孙周兴, 译. 北京：商务印书馆, 2001：135.
❸ ［德］海德格尔. 路标［M］. 孙周兴, 译. 北京：商务印书馆, 2001：135.

味着源泉领域是从思想与语言两方面来把握的。"有待思想者"指思想方面,"缄默无声"指语言维度。

就思想方面而言,"有待思想者"涉及海德格尔对思想的划分:已思的、未思的与有待思的或将要思的。思想是存有之思想,思想的这种结构源自思想所顺应的存有及其历史。在存有历史的第一开端中,存有发生为 φύσις［自然、涌现］,思想已思了 φύσις［自然、涌现］与 άλήθεια［无蔽、真理］,但没有对作为其来源的遮蔽维度亦即存有之遮蔽展开真正的思考。由此,存有之遮蔽就成为第一开端中未思的东西。在第一开端的终结中诞生的形而上学,把在场经验为在场状态,把存在把握为存在状态,从而遗忘了存在,而第一开端中的存在与在场所源出的遮蔽维度更是在形而上学中无从经验。直到存有历史的过渡时代,形而上学的根基得以从存有历史来重新把握,未思的东西也得到经验并成为有待思的东西。由此,存有之遮蔽作为第一开端中未被思的东西与过渡时代的有待思的东西,要在另一开端中得到真正实现,这从历史维度来把握,也是处在第一开端中的曾未与另一开端中的尚未之间,由此,从存有之遮蔽发生出一种本源性的否定,亦即存有之拒予的发生。存有通过拒予而成为有待思想者,思想也以此被带入另一开端的轨道中。"把这样一种思想带上其道路的那个东西,只可能是有待思的东西本身(das Zu-denkende selbst)。"❶ 这也是《艺术作品的本源》试图踏上的道路:"踏上这条道路,乃思想的力量;保持在这条道路上,乃思想的节日。"❷ 由于《艺术作品的本源》作为演讲,要面对公众,故而海德格尔在其中没有刻意使用与带有形而上学色彩的"存在"(Sein)相区别的"存有"(Seyn)一词,但在"附录"中提到的"存在的本质"大致相当于其"秘密手稿"中的存有之本现。《艺术作品的本源》整个文本,有所知晓地、但未予明言地(unausgesprochen)活动在对存在之

---

❶ ［德］海德格尔. 路标［M］. 孙周兴, 译. 北京:商务印书馆, 2001:433.
❷ ［德］海德格尔. 林中路［M］. 孙周兴, 译. 上海:上海译文出版社, 2004:3.

本质的追问的道路上。"❶ 有待思的源泉领域也就是这里提到的存在之本质，这句话中的 unausgesprochen（未予明言地）在德语中也表示"沉默地"。这种沉默实际上便是存有之遮蔽在语言维度的显示。

由此，"有待思想者的缄默无声的源泉领域"这个短语中"缄默无声的"便意味着从存有之遮蔽而来的一种本源性的否定在语言层面的显现。遮蔽着的东西以沉默方式发生出来，这在海德格尔早期代表作《存在与时间》的良知现象中已有所体现，常人的存在方式之瓦解，通过良知作为"沉默的呼声"来实行。而沉默着的呼声虽然与"缄默无声的源泉领域"或寂静的呼声不同，但机制相近。❷ 在《艺术作品的本源》中作为自行遮蔽者而展开的大地，在与世界的争执中也发出"大地之无声的召唤"，这也是遮蔽者在语言维度的发生。世界与大地的争执作为存在者的真理，源自存在的真理，后者作为澄明与遮蔽的原始争执，也是存有之"最内在的裂隙"❸。而存有的遮蔽在《艺术作品的本源》中也发生为拒绝（Versagen），在德语中，versagen 指拒绝、不同意，也指语言的失效。由此，缄默无声的源泉领域也以拒绝的方式发生出来。这涉及《艺术作品的本源》中对存有之拒予的经验："这种拒予（Verweigern）以双重遮蔽方式属于作为无蔽的真理之本质。"❹ 拒予的双重遮蔽方式指的是拒绝与伪装。其中，伪装乃是形而上学中存在者的主导地位对澄明与无蔽的掩盖，而拒绝乃是存有之拒予的本源性的发生样式，

---

❶ [德] 海德格尔. 林中路 [M]. 孙周兴，译. 上海：上海译文出版社，2004：74. 译文略异。HEIDEGGER. Holzwege [M]. Hrsg.：HERRMANN F W v. Frankfurt am Main：Vittorio Klostermann，2003：73.

❷ SCHÜSSLER I. Le « dernier dieu » et le délaissement de l'être selon les Apports à la philosophie de M. Heidegger [Secondre partie] [G] //Etudes Heideggeriennes：Vol. 26. Berlin：Duncker & Humblot，2010：149-150.

❸ [德] 海德格尔. 哲学论稿（从本有而来）[M]. 孙周兴，译. 北京：商务印书馆，2012：539.

❹ [德] 海德格尔. 林中路 [M]. 孙周兴，译. 上海：上海译文出版社，2004：41. 译文有改动。HEIDEGGER. Holzwege [M]. Hrsg.：HERRMANN F W v. Frankfurt am Main：Vittorio Klostermann，2003：41.

源自存有之本现的"隐瞒"。"存有作为本有而本现。这不是一个命题，而是对本质现身的非概念的隐瞒——这种本质现身唯对开端性思想的完全的历史性的实行才开启自身。"❶ 这种隐瞒作为存有之本现，要在开端性的思想即另一开端的思想之实行中才开启自身，故而在通向另一开端的过渡时代，仍然是作为有待思的东西而隐瞒的。存有之本现的隐瞒也就与"有待思想者的缄默无声的源泉领域"说的大致是一回事了。

从拒予的经验而来，无也是拒予的一种发生。"无作为拒予之澄明的离-基深渊。出自拒予之基础（Grundes）的离去因素（Abhaft）。"❷ 从存有之遮蔽经由拒予而到无化的发生也以此能得到揭示，这也相当于从源泉领域来显明"困境"中的无化与"不"之本源的发生机制了。只是，从拒予到无的发生，需要澄明之深渊亦即存有之开裂的经验，并且，恰恰在存有之开裂中，"有待思想者的缄默无声的源泉领域"才真正成为创作汲取不尽的源泉。"在这种开裂中，存有的不可穷尽性（Unerschöpflichkeit）才能得到猜度和启思。"❸ Unerschöpflichkeit（不可穷尽性）的词根为 schöpfen，表示汲取、获得、创作，加前缀 er - 构成 erschöpfen，表示用光、耗尽，是从汲取的意思而来的，即汲取完了，erschöpflich 表示用光的、耗尽的，其否定形式的名词即 Unerschöpflichkeit（不可穷尽性），这是从词根 schöpfen（汲取）的意思而来的。在《艺术作品的本源》中，此词恰恰表示"从井中汲水"，"由于是这样一种引出（Holen），所有创作（Schaffen）便是一种汲取（Schöpfen）（从井中汲

---

❶ [德]海德格尔. 哲学论稿（从本有而来）[M]. 孙周兴, 译. 北京: 商务印书馆, 2012: 274.

❷ HEIDEGGER. Besinnung [M]. Hrsg.: HERRMANN F W v. Frankfurt am Main: Vittorio Klostermann, 1997: 312. Abhafte 为海德格尔生造的词，-haft 作为后缀用于构成形容词，表示像……似的、……式的、爱……的、有……倾向的。Ab - 作为动词前缀有离开-、离去-、去掉-等意思，试译为"离去因素"。

❸ [德]海德格尔. 哲学论稿（从本有而来）[M]. 孙周兴, 译. 北京: 商务印书馆, 2012: 256.

水）"❶，而井泉所在的领域即水井，在那里，有着"水井深处（Brunnentiefe）的黑暗"❷。水井深处的黑暗指的便是存有的遮蔽。

　　至此，在对"有待思想者的缄默无声的源泉领域"之展开中，发生了一种倒转：从"有待思想者"与"缄默无声"而切入对源泉领域的经验，实际上，均是从源泉领域自身而来的，源泉领域在思想中作为有待思想者而发生，在语言上以"缄默无声"的样式发生出来。回顾构成这里的阐释思路的那句话："一个以自然方式从外部与文本不期而遇的读者，首先且长此以往地并非出自有待思想者的缄默无声的源泉领域来表象和解说实事。"❸可以发现，这句话包含双向路径：一是从"不"溯源到"无"，二是从遮蔽发生为思想与语言上的"无化"。第一条路径从"不"溯源到"无"：我们已经澄清了"自然方式"之从"不"能够抵达本源的东西，在主客体的"外部"关联中经验到世界现象被跳过而处于存在的本源关系之外，在"首先并长此以往地"中经验到作为读者非本己存在的"不－存在"，并在"表象与解说"中经验到"不"是自源泉领域而来的，这些均可作为"不着的行为的一种方式"❹。在《艺术作品的本源》中，这些"不"的方式或否定样式，均"不"是自"源泉领域"而来的，后者作为被否定的东西。第二条路径从遮蔽发生为思想上与语言上的"无化"，主要通过对"有待思想者的缄默无声的源泉领域"的阐释而抵达。

　　由此，从"不"与否定的本源意义来说，我们用这两条路径来敞开

---

❶　[德]海德格尔. 林中路[M]. 孙周兴，译. 上海：上海译文出版社，2004：64.
❷　[德]海德格尔. 同一与差异[M]. 孙周兴，陈小文，余明锋，译. 北京：商务印书馆，2011：132. "老子说：'知其白，守其黑.'关于这一点，我们还要加上一个尽人皆知却又少有人能做到的真理：终有一死的人的思想必须落入井泉深处的黑暗中，才能在白天看到星辰。更难的事情是，保持黑暗的纯正性，也即造成一种只求作为本身闪现出来的光明。"
❸　[德]海德格尔. 林中路[M]. 孙周兴，译. 上海：上海译文出版社，2004：76. 译文有改动. HEIDEGGER. Holzwege [M]. Hrsg.：HERRMANN F W v. Frankfurt am Main：Vittorio Klostermann, 2003：74.
❹　[德]海德格尔. 路标[M]. 孙周兴，译. 北京：商务印书馆，2001：135.

"不"之现象：一是从"不着"的方式入手，进入其本源，建立起与"无之不化"或无之无化的关联；二是从遮蔽状态的源泉领域经验其无化。两条路径似乎可以通过"无"的经验来对接，但从所阐释的这个句子来说，并未做到这种对接，反而形成"困境"。

## 八、一个不可避免的困境

"这是一个不可避免的困境：一个以自然方式从外部与文本不期而遇的读者，首先且长此以往地并非出自有待思想者的缄默无声的源泉领域来表象和解说实事。"❶ 前面的分析只是对这个困境的解释，困境发生在读者"不"着的方式（自然方式、从外部、表象与解说）与源泉领域的遮蔽维度之间。这个困境如何是"不可避免的"？对不可避免本身的经验，要求首先在"避免"的样式中经验到避免之"不可"，才能形成"不可避免"的整体经验。

"避免"一词带有否定的意味，表示回避或逃避某种东西。在《存在与时间》中，海德格尔从此在的日常存在中看到了这种回避样式。"现身情态在此在的被抛境况中开展此在，并且首先与通常以回避着的背离（ausweichenden Abkehr）方式开展此在。"❷ 前面已经分析了常人的存在与"以自然方式从外部"去接触文本的关联，从回避与避免的样式来看，读者"不"着的几种方式实质上均可归属于"避免"或回避。在读者的日常存在的回避样式基础上建立起来的"表象与解说"，实际上也是一种回避。

只有在回避中经受回避之"不可"，才形成不可回避的经验。只有在

---

❶ [德] 海德格尔. 林中路 [M]. 孙周兴, 译. 上海：上海译文出版社, 2004：76. 译文有改动。HEIDEGGER. Holzwege [M]. Hrsg.：HERRMANN F W v. Frankfurt am Main：Vittorio Klostermann, 2003：74.

❷ [德] 海德格尔. 存在与时间 [M]. 陈嘉映, 王庆节, 译. 北京：生活·读书·新知三联书店, 1999：159. 有改动。HEIDEGGER. Sein und Zeit [M]. Hrsg.：HERRMANN F W v. Frankfurt am Main：Vittorio Klostermann, 1977：181.

不可避免的经验中，不可避免的东西才开显出来，才能较为清楚地经验到所避免者本身。海德格尔以科学理论为例，解释了这种不可回避的样式。"贯通并且支配着科学（即关于现实的理论）之本质的事态（Sachverhalt），乃是始终被忽视的、不可接近的无可回避之物（unzugängliche Unumgängliche）。"[1] 科学达不到作为其本质的事态，一方面在于"科学并不思想"[2]，另一方面也在于那个不可避免的事态是不可接近的。这为我们理解"不可避免的困境"提供了一个切入口。科学作为关于现实的理论，与前面提到的"表象与解说"有着一致性：科学不能思想，而表象与解说不能出自"有待思想者"的源泉领域，都与思想有着距离。实际上是科学与表象都不能思存在。另外，作为科学之本质的"事态"（Sachverhalt）与表象和解说所应对的"实事"（Sachverhalt）不但是一个词，表达的含义也有一致性，实际上都指存在本身或本有。作为科学之本质的事态的"不可接近性"与源泉领域之遮蔽性也是一致的，遮蔽的东西在其遮蔽中隐退，故而是不可接近的。

　　由此，可以看到，"这是一个不可避免的困境"，其中的读者之"不"的否定方式便是一种回避与避免的做法，其所回避的"源泉领域"却构成"不"之方式的基础与本源，这种基础与本源恰恰是不可回避的。源泉领域成为不可回避的东西，通过存在之离弃状态与被遗忘状态的关联也能显示这一点：存有之遮蔽通过存在之离弃发生出来，造成存有的"不可接近"，形成形而上学中的存在之被遗忘状态，后者也在人之日常存在中发生，即常人的生存样式也处于存在之被遗忘状态中。但就存有之遮蔽作为本源来说，这种不可接近又是不可回避的。由此形成读者的困境，也把读者带入林中路，使读者陷入对不可避免之物的不可

---

[1] ［德］海德格尔. 演讲与论文集［M］. 孙周兴, 译. 北京：商务印书馆, 2018：63. HEIDEGGER. Vorträge und Aufsätze［M］. Hrsg.：HERRMANN F W v. Frankfurt am Main：Vittorio Klostermann, 2000：62.

[2] ［德］海德格尔. 演讲与论文集［M］. 孙周兴, 译. 北京：商务印书馆, 2018：61.

接近中。如阿伦特所言的："'林中路'这个隐喻事关某种非常本质性的东西，并非是这几个字表面显示的那样，好像在林中路上迷失了，无法再从里面走出来了，而是如同伐木工人那样，森林是他的生命线，他走在他自己开拓出来的路中，拓路并不亚于伐木，也是他生命的一部分。"❶ 森林是伐木工人的生命线，而"不可避免的"东西也成为读者的"生命线"，读者要像伐木工人那样，开拓道路通向不可接近的不可避免者，走向"源泉领域"。

读者不得不正视这个"困境"（Notstand）。海德格尔曾在分析虚无主义的困境（Notlage）时，把该词做了拆分。"对作为虚无主义的克服的思想的思考。这意思是说，我们要把自己置身于随虚无主义而产生的形势（Lage）的困境（Not）之中。这种形势迫使我们对共同被给赋予者（Mitgegebene）做出沉思，对我们的任务（Aufgegebene）作出决断。这个困境（Die Notlage）本身无非是我们置身于瞬间之中的活动所开启出来的东西。"❷ 而作为 Notlage（困境）的同义词，Notstand 也可以分开来阐发，读者面临这个困境，亦即要在 Not（急难）中站立（stand），也就是置身于急难所开启的东西中。而急难是存有之急难，所开启的东西是存有之本现。存有的急难既是读者"不"之方式的本源，也是对不可接近的"源泉领域"的一种切近，亦即，切近存有的裂隙，存有在其急难中的回响便构成了《哲学论稿》中的第一个裂隙（Fuge）。急难以此贯通于困境的两个方面。由此，读者置身于这一本源性的困境中，亦即在急难中立身，从艺术方面而言，也以此进入"一个具有无－艺术的

---

❶ 汉娜·阿伦特. 马丁·海德格尔80岁了［C］//贡特·奈斯克，等. 回答——马丁·海德格尔说话了. 陈春文，译. 南京：江苏教育出版社，2005：200-201. 阿伦特在这里采用通常的看法，将"林中路"作为一个比喻。实际上，学界也有一种看法，认为海德格尔关于道路（Weg）及其相关说法并非比喻，参见：ARJAKOVSKY P, FÉDIER F, FRANCE-LANORD H. Le Dictionnaire Martin Heidegger［Z］. Paris：Cerf，2013：233-235.

❷ ［德］海德格尔. 尼采［M］. 孙周兴，译. 北京：商务印书馆，2003：435. 句中的德语单词根据原文补出. HEIDEGGER. Nietzsche I［M］. Frankfurt am Main：Vittorio Klostermann，1996：446-447.

历史的时机"❶。这同时也意味着从林中路开辟出道路的可能。

在此困境的本源经验中,"也有可能,读者会感到自己被带上一条道路上了,这条道路是一位作者先已行走过的,而该作者碰巧作为 auctor[作者、创始者]引发一种 augere,即一种让生长"❷。在《艺术作品的本源》所蕴含的艺术接受的三个层次中,读者或艺术接受者便被带上了一条通向存有之遮蔽的下行之路。

## 第二节 通向本有的裂隙:艺术接受的三个层次

海德格尔《艺术作品的本源》专门探讨了艺术接受问题,虽未明言,但在事实上阐发出了艺术接受的三个维度:艺术体验、艺术之保存与本有(Ereignis)之用(Brauch)。这三个维度分别对应符合论真理、存在者真理与存在真理这三种真理观。这三个层次也构成一条通向存有之遮蔽的下行道路,从而区别于西方传统中艺术接受或审美的上升之路。

### 一、艺术接受问题的提出

《艺术作品的本源》对艺术接受问题的提出比较特殊,一开始采取回避的态度,而后在阐述中自然带出却未点明,直到澄清艺术作品的作品存在之后,才专门阐发艺术接受问题。

海德格尔追问艺术作品的本源,一开始便运用其特有的阐释学循环,揭示了在艺术作品与艺术家之间的循环:艺术作品是艺术家创造

---

❶ [德]海德格尔. 哲学论稿(从本有而来)[M]. 孙周兴,译. 北京:商务印书馆,2012:533.
❷ [德]海德格尔. 演讲与论文集[M]. 孙周兴,译. 北京:生活·读书·新知三联书店,2011:1"前言".

的，但艺术家又因其艺术作品而成为艺术家。而后，海德格尔从艺术作品与艺术家两个名称中都含有"艺术"一词，进而转向艺术，走出这个循环，也以此回避了艺术接受的问题。实际上，艺术作品之所以被称为艺术作品，也有接受者的参与，从接受者的角度来说，将艺术作品作为艺术作品来接受，艺术作品方成为艺术作品，后来的接受美学将这个立场推向极致。艺术接受者不仅能对艺术作品起某种规定作用，也能通过艺术作品来规定艺术家，如前所述，艺术家是因其艺术作品而成为艺术家的。当然，反过来，艺术家也能通过创作艺术作品而对艺术接受者产生影响，在一定程度上也规定了艺术接受者。由此，可以看出艺术家与接受者之间的循环关系。接受者的加入，使艺术、艺术作品与艺术家之间有着更复杂的循环关系。海德格尔的做法是通过转向艺术而避免把艺术接受者也卷进循环中，也避免了难以理清的多种循环，而直到阐释清楚艺术作品的作品存在之后，才直接承认，艺术作品的存在离不开作为艺术接受的保存。"这种'让作品成为作品'，我们称之为作品之保存。惟有这种保存，作品在其被创作存在中才表现为现实的，现在来说也即：以作品方式在场着的。"[1]

《艺术作品的本源》开篇对艺术接受问题的回避，除了上面提到的避免陷入多重循环的复杂情况之外，还有另外两方面的缘由。一方面是受到其主题的限定，《艺术作品的本源》追问的是"艺术作品"与其"本源"的关联，本源作为艺术，其重点在艺术作品与艺术的关系；更进一步，艺术作为存在的发生方式之一，其本源为存在，阐释的重点便在艺术作品与存在的关联上。而艺术家的位置就不那么突出了，艺术家只是完成作品的"通道"，艺术接受者放后面再论也就可以理解了。另一方面则与海德格尔特有的现象学思路有关，就现象学的直观来说，艺术作品比艺术创作与艺术接受过程均更好把握。

---

[1] [德] 海德格尔. 林中路 [M]. 孙周兴，译. 上海：上海译文出版社，2004：54.

更特殊的是，当海德格尔以艺术作品及其现实性的优先描述走出艺术与艺术作品和艺术家的循环时，实际上已经涉及艺术接受了。艺术作品是什么，艺术作品如何存在，这在宽泛的意义上已经是艺术接受了，即在如何对待艺术作品的问题域中了。艺术接受以此方式与艺术作品的追问相伴而行，在此意义上，《艺术作品的本源》才呈现出艺术接受的三个维度。

## 二、体验论的艺术接受与符合论的真理

与《存在与时间》中从人的日常存在样式入手相似，海德格尔对艺术作品的分析也从人们最常见、最切近的接触方式展开，以公共场所中的艺术作品为起点。"艺术作品是人人熟悉的。在公共场所，在教堂和住宅里，我们可以见到建筑作品和雕塑作品。在博物馆和展览馆里，安放着不同时代和不同民族的艺术作品。如果我们根据这些作品的未经触及的现实性去看待它们，同时又不至于自欺欺人的话，那就显而易见：这些作品与通常事物一样，也是自然现存的。一幅画挂在墙上，就像一枝猎枪或者一顶帽子挂在墙上。一幅油画，比如凡·高那幅描绘一双农鞋的油画，就从一个画展转到另一个画展。人们运送作品，犹如从鲁尔区运送煤炭，从黑森林运送木材。在战役期间，士兵们把荷尔德林的赞美诗与清洁用具一起放在背包里。贝多芬的四重奏存放在出版社仓库里，与地窖里的马铃薯无异。"❶ 这段话看似随意，实际上包含的内容十分丰富，有着现象学的严谨性。公共场所对于有宗教背景的西方人来说，突出的便是教堂，是上帝的处所，而住宅则是人住的地方；接下来提到的博物馆与展览馆则是艺术作品的聚集之所；海德格尔点明，这些公共场所的艺术作品的特征是其现实性未被触及，这些艺术作品的存在样式与通常事物一样，是自然现成的，故而接下来举了具体的例子说明

---

❶ [德]海德格尔. 林中路[M]. 孙周兴, 译. 上海：上海译文出版社, 2004：34.

这一点。挂在墙上的画与挂在墙上的帽子或猎枪是一致的，这是静态中的相同性质；运送中的油画与运输中的煤炭和木材是一样的，描述的是在动态中的一致性；同样，就收藏来说，背包里的荷尔德林赞美诗与清洁用具有一致性，背包背在身上，两者都以重量的方式显现，背包可以移动，这是可以移动的收藏；而仓库里的贝多芬四重奏与地窖里的马铃薯则是一种静态的收藏，两者都占用一定的空间。此外，这段话提到的建筑、雕塑、画、诗与音乐，大致代表了西方几种主要的艺术类型。❶

上述几种艺术类型中的艺术作品之艺术特征还未凸显，在人们的打交道方式亦即日常的操劳中，艺术作品与其他用具混杂在一起，其通常意义上的审美性还未出现。而在体验论的艺术接受中，艺术作品才成为对象化的审美鉴赏对象。这种做法出现在大量的情形中。艺术作品在陈列馆与展览馆里乃是艺术行业的对象。对象化的存在在公众与个人的艺术享受中，在鉴赏家与批评家的忙碌中同样如此。在艺术交易与艺术史研究中也把作品当作不同层面的对象。在这类以作品为对象的接受中，并不能遭遇作品本身。因为让作品称为作品的那个东西并不能呈现出来。

在这种对象化的艺术体验与享受中，艺术作品作为对象要迎合接受主体的需要，这也是海德格尔所批判的传统美学的特质。"美学把艺术作品当作一个对象，而且把它当作 αισθησις ［感知］的对象，即广义上的感性知觉的对象。现在人们把这种知觉称为体验。"❷ 体验又是主体的功能。这样，对作品的接受仍旧在主－客体框架内运行。

在此基础上，又生发出符合论的真理观。这种真理观与置入作品之中的真理，亦即存在者之无蔽状态是格格不入的，它无法切近作品的存

---

❶ 在海德格尔看来，悲剧与小说也可纳入诗的范围。如写小说的史蒂夫特尔也被海德格尔称为"诗人"，参见：［德］海德格尔. 思的经验（1910—1976）［M］. 陈春文，译. 北京：人民出版社，2008：174.

❷ ［德］海德格尔. 林中路［M］. 孙周兴，译. 上海：上海译文出版社，2004：67.

在，它也难以理解与此真理观相关的美。"人们都一直认为艺术是与美的东西或美有关的，而与真理毫不相干。"❶ 海德格尔在这里试图重新恢复存有历史第一开端中的美与真理的统一，即"美作为在本源意义（ἀλήθεια［无蔽］）上的真理之形象"❷，而非近代美学学科建立其上的真、善、美之划分。"长期以来，一直到今天，真理便意味着知识与事实的符合一致。然而，要使认识以及构成并且表达知识的命题能够符合于事实，以便因此使事实先能约束命题，事实本身却还必须显示出自身来。而要是事实本身不能出于遮蔽状态，要是事实本身并没有出于无蔽领域之中，它又如何能显示自身呢？命题之为真，乃是由于命题符合于无蔽之物，亦即与真实相一致。"❸ 符合论的真理观以命题的形式出现，但这种真理要以无蔽的真理为基础，因为命题的陈述需要事实本身的显示，这种显示即是一种无蔽的发生。

在艺术作品之"保存"中，作品中的无蔽之真理与美都得到了经验，作品存在也在保存中才以作品方式在场。

### 三、艺术之保存与世地争执的裂隙

艺术作品的存在离不开保存。"这种'让作品成为作品'，我们称之为作品之保存（Bewahrung）。惟有这种保存，作品在其被创作存在中才表现为现实的，现在来说也即：以作品方式在场着的。"❹ Bewahrung（保存）与 Wahrheit（真理）是同词根的，也可以说是保真，是对作为存在者真理之无蔽的保存。在艺术作品的保存中，作品不再是以对象方式存在，而接受者进入存在者的真理中，亦即世界与大地的争执之裂隙中。

---

❶ ［德］海德格尔. 林中路 ［M］. 孙周兴，译. 上海：上海译文出版社，2004：21.
❷ HEIDEGGER. Zu eigenen Veröffentlichungen ［M］. Frankfurt am Main：Vittorio Klostermann, 2017：535.
❸ ［德］海德格尔. 林中路 ［M］. 孙周兴，译. 北京：商务印书馆，2015：40-41.
❹ ［德］海德格尔. 林中路 ［M］. 孙周兴，译. 上海：上海译文出版社，2004：54.

作品之对象方式的克服，通过世界与大地各自的非对象化来实行。作品中发生的存在者真理是世界与大地的争执。真理之所以置入作品，是因为作品建立世界，制作大地。作品存在的这两个特征都是非对象性的。就建立一个世界而言，"世界绝不是立身于我们面前、能够让我们细细打量的对象。"❶ 同样，大地也是非对象性的，"作品回归之处，作品在这种自身回归中让其出现的东西，我们曾称之为大地"❷。大地不能作一种对象化的分析，而大地之制造也不是对象性的，"而是：置入外观的无蔽域中，让在场，在场化"❸。

作品存在中的世界与大地及其争执的非对象性决定了作品保存的非对象性，因为"作品本身，也只有作品本身，才能赋予和先行确定作品的适宜的保存方式"❹。这也间接地说明，为何在《艺术作品的本源》的第三部分"真理与艺术"中才提出作品的保存问题。因为保存的方式还是受到作品本身决定的。"作为真理之自行设置入作品，艺术就是诗。不光作品的创作是诗意的，作品的保存同样也是诗意的，只是有其独特的方式罢了。因为只有当我们本身摆脱了我们的惯常性而进入作品所开启出来的东西之中，从而使得我们的本质自身带到存在者之真理中的站立时，一个作品才是一个现实的作品。"❺ 艺术的诗意规定了保存的诗意，而读者进入艺术作品的保存中也是对日常的"惯常性"之摆脱，亦即摆脱日常状态中与存在者打交道的主客体方式或对象化方式，从而进入作品中发生的存在者之无蔽中。

海德格尔也描述了这种保存的几种样式。

首先，如前所言，摆脱惯常性而进入真理的发生中，这个过程也被

---

❶ [德]海德格尔. 林中路 [M]. 孙周兴，译. 上海：上海译文出版社，2004：30-31.
❷ [德]海德格尔. 林中路 [M]. 孙周兴，译. 上海：上海译文出版社，2004：32.
❸ [德]海德格尔. 路标 [M]. 孙周兴，译. 北京：商务印书馆，2001：337.
❹ [德]海德格尔. 林中路 [M]. 孙周兴，译. 上海：上海译文出版社，2004：56.
❺ [德]海德格尔. 林中路 [M]. 孙周兴，译. 上海：上海译文出版社，2004：62. 有改动。HEIDEGGER. Holzwege [M]. Hrsg.：HERRMANN F W v. Frankfurt am Main：Vittorio Klostermann, 2003：62.

海德格尔视为一种移挪。"服从于这种移挪过程意味着：改变我们与世界和大地的关联，然后抑制我们的一般的流行的行为和评价，认识和观看，以便逗留于在作品中发生的真理的那里。"❶ 这种日常方式的摆脱受到大地发出的"无声的召唤"，与《存在与时间》中此在听闻"良知的呼声"而走出常人的沉沦，有异曲同工之妙。

其次，作品之保存是一种内立性的知道。"作品之保存意味着：置身于在作品中发生的存在者之敞开性中。可是，保存的这种'置身于其中'（Inständigkeit）乃是一种知道（Wissen）。"❷ 这种知道是从古希腊的ἀλήθεια[无蔽、真理]来把握的。"对希腊思想来说，知道的本质在于ἀλήθεια[无蔽]，亦即存在者之解蔽。它担任和引导任何对存在者的行为。"❸ 这种知道不但引导了艺术创作，也引导了艺术作品的保存。

最后，作品之保存也通过与知道相关的意愿与决心来实行。海德格尔所理解的意愿是从《存在与时间》的经验来展开的，并非主体的意愿。"在先已说明的创作中也好，在现在所谓的意愿中也好，我们都没有设想一个以自身为目的来争取的主体的活动和行为。"❹ 对存在者的真正知道，意味着知道在存在者中间意愿什么。"意愿（Wollen）乃是实存着的自我超越的冷静的决心，这种自我超越委身于那种被设置入作品中的存在者之敞开性。"❺ 意愿的这种决心，委身于存在者的敞开性，这实际上是对《存在与时间》中先行的决心与此在本真存在之关联的拓展。《存在与时间》中从此在来展开的无蔽，在《艺术作品的本源》的作品之保存中被描述为世界与大地的争执。"作为已经看到，知道乃是一种决心，是置身于那种已经被作品嵌入裂隙的争执中去。"❻ 由此，这

---

❶ [德] 海德格尔. 林中路 [M]. 孙周兴, 译. 上海：上海译文出版社, 2004：54.
❷ [德] 海德格尔. 林中路 [M]. 孙周兴, 译. 上海：上海译文出版社, 2004：55.
❸ [德] 海德格尔. 林中路 [M]. 孙周兴, 译. 上海：上海译文出版社, 2004：46.
❹ [德] 海德格尔. 林中路 [M]. 孙周兴, 译. 上海：上海译文出版社, 2004：47.
❺ [德] 海德格尔. 林中路 [M]. 孙周兴, 译. 上海：上海译文出版社, 2004：55.
❻ [德] 海德格尔. 林中路 [M]. 孙周兴, 译. 上海：上海译文出版社, 2004：56.

种决心，委身于作品中发生的存在者真理，嵌入作品中世界与大地的争执之中，亦即移入这种争执的裂隙中了。

## 四、本有之用与二重性的裂隙

艺术作品的保存嵌入世界与大地的裂隙之争执，而后者源自澄明与遮蔽的原始争执，亦即存在的真理。由此，作品之保存便与存在的真理建立起一种关联。作品之保存中经受到的存在者之无蔽，是处于真理之庇护中的存在者。"庇护从何处获得它的急难和必然性呢？从自行遮蔽中。为了不排除这种自行遮蔽，而是把这种自行遮蔽保持下来，就需要对这个发生事件的庇护。这个发生事件被转换和被保存（为何）入大地与世界的争执中。"❶ 世界与大地的争执是对存有之澄明亦即存有之真理的发生事件的保存，从存有的真理来看，也是自行遮蔽进入敞开者中。"庇护同样确定地总是把自行遮蔽移置入敞开者中，一如它本身为自行遮蔽的澄明所贯通和支配一样（参看1936年法兰克福演讲中对此联系的说明）。"❷ 括号中提到的"1936年法兰克福演讲"的文本便是作为《林中路》首篇的《艺术作品的本源》。❸ 海德格尔在这里把《艺术作品的本源》中自行遮蔽的澄明描述为存有❹之真理，是对1936年演讲时提到的"存在的真理"的新说法。在当时的演讲中，通过世界与大地的争

---

❶ ［德］海德格尔. 哲学论稿（从本有而来）［M］. 孙周兴，译. 北京：商务印书馆，2012：418.

❷ ［德］海德格尔. 哲学论稿（从本有而来）［M］. 孙周兴，译. 北京：商务印书馆，2012：417.

❸ ［德］海德格尔. 林中路［M］. 孙周兴，译. 上海：上海译文出版社，2004：397.

❹ 这里的 Seyn（存有），是 Sein（存在）的"古式写法"，以区别于形而上学意义上的存在。参见：［德］海德格尔. 哲学论稿（从本有而来）［M］. 孙周兴，译. 北京：商务印书馆，2012：1. 将 Sein 中的"i"写成 Seyn 中的"y"，两个词是"一种同音异义的关系"。GUEST G. L'aitrèe de l'Être—ce dont il s'y agit［C］//MEJÍA E，SCHÜSSLER I. Les Apports à la Philosophie de Heidegger. Frankfurt am Main：Vittorio Klostermann，2009：437. 从"古式写法"的意义上来说，如果 Sein 在汉语中被译为"存在"或"在"的话，或许可借用汉语之"在"的古体字"扗"，而相应地将 Seyn 翻译为"存扗"。存在（Sein）与存扗（Seyn）可对应于同音异义且本为一词的效果，而且同样像德语做法那样借用古代的写法，缺点在于会给读者带来阅读的困难。

执而触及存在的真理，但演讲中的重点阐发与举例均突出存在者的真理。

而在海德格尔其他作品对《艺术作品的本源》的重释与回顾中，存在维度被强调了。重要的文本有海德格尔1936—1937年冬季学期阐释席勒《美育书简》的课程讲稿，以及海德格尔专门写的《〈艺术作品的本源〉提示》，两者都把世界与大地的争执从存在的发生来重新把握，视为"存在之制-成过程"❶。"制-成过程作为建-立与制-造的本源性统一。（制-成：把存在带到〈在〉-场）。"❷海德格尔在这里把Anwesung（在场）拆成（An）-Wesung，后者从字面意思为"（到来）-本现"，即存在在到来中本现，而"到来"打括号，表明其遮蔽方式，这种拆词所要表达的恰恰是存在之遮蔽着的澄明的发生。因此，艺术也要从存在的真理或存有的真理来重新把握，《艺术作品的本源》提到的"艺术就是真理的生成与发生"❸，其中的真理不但是存在者的真理，也可以是存在的真理或存有的真理。

海德格尔对存在维度的重新发掘，也涉及《艺术作品的本源》中的艺术接受问题。海德格尔1960年为探讨作品之保存做了一个补注："不光作品的创作是诗意的，作品的保存同样也是诗意的，只是有其独特的方式罢了。因为只有当我们本身摆脱了我们的惯常性而进入作品所开启出来的东西之中，从而使得我们的本质自身带到存在者之真理中的站立时，一个作品才是一个现实的作品。"❹海德格尔把其中的"站立"注

---

❶ HEIDEGGER. Zu eigenen Veröffentlichungen [M]. Frankfurt am Main：Vittorio Klostermann, 2017：467. 对"存在的制成"的分析也可以参见海德格尔的席勒讲稿。HEIDEGGER. Übungen für Anfänger：Schillers Briefe über die ästhetische Erziehung des Menschen [M]. Marbach am Neckar：Deutsche Schillergesellschaft, 2005：115.

❷ HEIDEGGER. Zu eigenen Veröffentlichungen [M]. Frankfurt am Main：Vittorio Klostermann, 2017：467.

❸ [德] 海德格尔. 林中路 [M]. 孙周兴, 译. 上海：上海译文出版社, 2004：59.

❹ [德] 海德格尔. 林中路 [M]. 孙周兴, 译. 上海：上海译文出版社, 2004：62. 有改动。HEIDEGGER. Holzwege [M]. Hrsg.：HERRMANN F W v. Frankfurt am Main：Vittorio Klostermann, 2003：62.

释为"在置身（Inständigkeit）于用（Brauch）的状态意义上"❶，原来在存在者层次上的有所知道的内立状态被从"用"（Brauch）的状态中来规定。这里涉及艺术接受者的本质在存在者真理中的立身，海德格尔把接受者描述为"我们"，意指常人样式中的接受者。"我们"摆脱"惯常性"亦即是接受者告别日常状态，而进入作品中发生的存在者真理那里，从而成其为自身。但这种置身其间的内立状态是在"用"之中，是"用"接受者维持敞开者的敞开，从而让存有之遮蔽得以本现，这种"用"也就成了存有之本现的"用"，亦即作为存有之本现的本有之用。存在之本现"需用（braucht）我们"❷。这也是存有之真理意义上的艺术接受，可以描述为本有之用。这种本有之用也切入了上一节中论述的"有待思想者的缄默无声的源泉领域"，切入了存有自身的"最内在的裂隙"中。这两者实际上均是本有的发生。❸

这种本有之用在艺术接受的第一个层次即体验论的艺术接受中是无法经验到的，与体验论对存在的遗忘和掩盖相一致，艺术体验论中艺术体验者与艺术作品之间的表象关系无法经验到本有之用，"表－象阻断用（Brauch）"❹。

在海德格尔那里，本源意义上的"用"可以追溯到其在《阿拉克西曼德箴言》中对古希腊语的 το χρεων 的翻译。"用""指的是存在本身的现身方式，即存在本身作为与在场者的关系——关涉和牵连在场者本

---

❶ ［德］海德格尔. 林中路［M］. 孙周兴, 译. 上海：上海译文出版社, 2004：62.
❷ HEIDEGGER. Beiträge zur Philosophie（Vom Ereignis）［M］. Hrsg.：HERRMANN F W v. Frankfurt am Main：Vittorio Klostermann, 1989：44.
❸ 存有最内在的裂隙即存在之自行遮蔽与澄明之间的裂隙，亦即存有之真理的发生，存有在其真理中本现，而存有之本现即是本有。源泉领域也是本有领域，如冯·海尔曼所言的："这个'缄默无声的源泉领域'是本有。"HERRMANN F W v. Heideggers Philosophie der Kunst：Eine systematische Interpretation der Holzwege – Abhandlung "Der Ursprung des Kunstwerkes"［M］. Frankfurt am Main：Vittorio Klostermann, 1994：33.
❹ HEIDEGGER. Vigiliae und Notturno：Schwarze Hefte 1952/53 bis 1957［M］. Frankfurt am Main：Vittorio Klostermann, 2020：110.

身——而成其本质的方式：το χρεων"。❶"用"处于存在本身与在场者之在场的关联中。"το χρεων 就是在场之交付（das Einhändigen des Anwesens），这种交付把在场交给在场者，因而恰恰把在场者作为这样一个在场者保持在手中，也即保护在在场之中。"❷存在本身把在场与无蔽交给在场者，保护在在场之中，也即保存在"进入作品所开启出来的东西之中"❸，在这样的在场中，我们的本质自身得以站立在存在者的真理中，此站立在"用"的意义上也是存在本身的现身。存在本身的显现也指存有之本现，而存有之本现乃是本有，故而海德格尔在20世纪50年代的黑色笔记中直接点明，"用（Brauch）开端性地归属于本有"。❹

而从在场者之在场与存在本身之关联来说，本有之用也介入了存在论差异或区分中。在场者的在场也就是存在者的存在，在场者与存在本身的关联，实际上指的是存在者之存在与存在本身的区分。海德格尔直到晚年在《艺术作品的本源》的注释中才指出存在真理意义上的艺术接受，部分原因在于这个演讲虽然触及存在论差异，但只是点到即止。"由于指出敞开性自行设立于敞开领域之中，思想就触及了一个我们在此还不能予以说明的区域。"❺海德格尔后来点明"这个区域"也就是存在论差异的区域。"关于真理（即存在）在存在者中的自行设立的谈论就触及了存在学差异的问题。"❻

海德格尔晚年也把存在论差异描述为在场与在场者的二重性，人在此二重性中被用，"'用'召唤着人去保存那个二重性"，而"人之为人'在用中'成其本质"❼。在这种"用"中，接受者的自身也得以改变，

---

❶ [德] 海德格尔. 林中路 [M]. 孙周兴, 译. 上海：上海译文出版社, 2004：390.
❷ [德] 海德格尔. 林中路 [M]. 孙周兴, 译. 上海：上海译文出版社, 2004：388.
❸ [德] 海德格尔. 林中路 [M]. 孙周兴, 译. 上海：上海译文出版社, 2004：62.
❹ HEIDEGGER. Vigiliae und Notturno: Schwarze Hefte 1952/53 bis 1957 [M]. Frankfurt am Main: Vittorio Klostermann, 2020：129.
❺ [德] 海德格尔. 林中路 [M]. 孙周兴, 译. 上海：上海译文出版社, 2004：48.
❻ [德] 海德格尔. 林中路 [M]. 孙周兴, 译. 上海：上海译文出版社, 2004：74.
❼ [德] 海德格尔. 在通向语言的途中 [M]. 孙周兴, 译. 北京：商务印书馆, 2004：120.

进入此-在之建基中,从而得以嵌入存有与存在者的区分及其裂隙中,以此把存有之真理庇护到存在者中。这也点明了《艺术作品的本源》在海德格尔存有历史思想中的位置——归属于《哲学论稿》中的第四个裂隙"建基"。"取自这一领域并且因此归属于这里的,〈乃是〉关于'艺术作品的本源'的特殊问题(参看弗莱堡和法兰克福演讲)。"❶ 海德格尔在"建基"这个裂隙(Fuge)中的"此-在的建基与真理之庇护的轨道"这一节中,指出了这一点。而此-在的建基与真理的庇护发生于离-基深渊(Ab-grund)中。在此意义上,《艺术作品的本源》通过艺术接受而通达到此-在的建基,也就是踏上一条通向深渊的下行之路。

## 五、艺术接受的下行之路

海德格尔艺术接受的三个层次逐步通往作品中发生的存有之遮蔽,而在存有历史的过渡时代,存有之遮蔽发生于离-基深渊中,故而,如果三个层次间的跳跃也可以归入广义上的道路之行走的话,那么,艺术接受的这条道路也是通向深渊的下行(Untergang)之路。

艺术接受的这种下行之路是令人意外的,是迥异于西方传统的艺术接受理论的。恰恰相反,西方主流的艺术接受理论展示的是上升的道路。古希腊的柏拉图便在其对美的分析中揭示了这种上升的阶梯。"先从那些美的东西开始,为了美本身,顺着这些美的东西逐渐上升,好像爬梯子:一阶一阶从一个身体、两个身体上升到所有美的身体(ἀπὸ ἑνὸς ἐπὶ δύο καὶ ἀπὸ δυοῖν ἐπὶ πάντα τὰ καλὰ σώματα),再从美的身体上升到美的操持(ἐπιτηδεύματα),再由美的操持上升到美的种种学问

---

❶ [德]海德格尔. 哲学论稿(从本有而来)[M]. 孙周兴,译. 北京:商务印书馆,2012:420. 冯·海尔曼也点明了这一点,HERRMANN F W v. Heideggers Philosophie der Kunst: Eine systematische Interpretation der Holzwege – Abhandlung "Der Ursprung des Kunstwerkes" [M]. Frankfurt am Main: Vittorio Klostermann, 1994: 2. 此外,海德格尔关于"艺术作品的本源"的弗莱堡和法兰克福演讲也已收录于其全集第80卷第2册出版。HEIDEGGER. Vorträge: Teil 2: 1935 bis 1967 [M]. Frankfurt am Main: Vittorio Klostermann, 2020: 563–658.

(μαθήματα)，最后从各种美的学问上升到仅仅认识那美本身的学问，最终认识美之所是（γνῷ αὐτὸ τελευτῶν ὅἔστι καλόν）。"❶ 在号称柏拉图最优美的作品《会饮》中，描述了审美活动中的上升阶梯，经历了"美的身体"－"美的操持"－"各种美的学问"－"美本身的学问"－"美之所是"这几个阶梯，到达最高层次。而具有审美特征的艺术接受也以此为规范，一个典型的例子便是，柏拉图在《理想国》第十卷亦即最后一卷中提出要把诗人驱逐出理想国，其中一个原因在于，诗人的诗引发人的哀怜癖与感伤癖，这恰恰是不能上升反而把接受者往下拉了。同样，亚里士多德提出的作为悲剧效果的卡塔西斯（κάθαρσις），情况也类似，κάθαρσις在音译"卡塔西斯"之外还有其他几种译法，如净化、陶冶、熏陶等，这几种译法也均有提升或提高的意味。

海德格尔的艺术接受中的下行之路并非单纯的唱反调，而是其"下行"有独特的含义。Untergang（下行/没落）在海德格尔的阐释中至少有两方面的含义。其一，这种下行是一种历史性的轨道的行走，是由基本情调所调校的，基本情调的调校即是开辟道路，开辟出走向另一开端的轨道。其二，下行是向着存有之遮蔽或真理之遮蔽维度的行进。海德格尔在赫拉克利特讲座中解释了古希腊语的 δύνειν ［下行、沉入］，乃是"行至一种遮蔽中"，在 "δύνω ［下行、沉入］与 λάθω ［遗忘、不被看见］之间存在一种本质关联"。❷ 更进一步说，在古希腊，遗忘即某个东西"自行隐匿到遮蔽状态中"。❸ 而就 ἀλήθεια ［真理/无蔽］而言，下行与 λάθω ［遗忘、不被看见］的关联，也就是与真理中的遮蔽维度的关联。"ἀλήθεια ［真理］：λήθη ［遗忘］，λάθω ［隐瞒、不被看见］，

---

❶ ［希］柏拉图. 柏拉图的《会饮》［M］. 刘小枫，译. 北京：华夏出版社，2003：92.
❷ HEIDEGGER. Heraklit ［M］. Hrsg.：FRINGS M S. Frankfurt am Main：Vittorio Klostermann，1979：68-69.
❸ HEIDEGGER. Zollikoner Seminare ［M］. Hrsg.：BOSS M. Frankfurt am Main：Vittorio Klostermann，1994：216.

λανθάνω＝我存在，我保持遮蔽。"❶ 按照存有之本现与真理之本质的内在关联，可以说，下行也就是向存有真理的迈进，即向离－基深渊深处的行走，走入存有"最内在的裂隙"中。

故而，从 Untergang（下行）的历史性轨道来看，Untergang 显然也不是指其通常意义上的堕落、中止或完蛋等含义，而是作为期－待者的将来者的一种行进与准备："从根本意义上来看，没－落（Unter－gang）乃是行（gang）向一种默而不宣的准备，亦即对于在其中做出关于诸神之到达和缺席的决断的到来者、时机和场所的准备。"❷ 并且，"我们的时辰是没落时代"。❸ 时辰（Stunde）一词包含着时间与逗留的统一，即是时机与场所的统一，但这种时机与场所还不是"诸神之到达和缺席的决断"的时机与场所，而是为之做准备。也是为到来者做准备。"根本意义上的没－落者乃是那些人，他们遇到（unter－laufen）了来者（到来者），为后者（作为它未来的不可见的基础）牺牲自己，他们是不停地使自己遭受（ausstehen）追问的内立者（Inständigen）。"❹ 这里的"来者"作为"未来的不可见的基础"即离－基深渊之基础，没落者的牺牲带有勇敢情绪，依然在"有所牺牲的抑制"之基本情调中没－落，走向离－基深渊之基础，所以，法译本将没落翻译为"走向深渊"❺，为之而牺牲。海德格尔是在像太阳西落那样的意义上，表达一种"不可抗

---

❶ HEIDEGGER. Sein und Wahrheit [M]. Hrsg.: TIETJEN H. Frankfurt am Main: Vittorio Klostermann, 2001: 228.
❷ ［德］海德格尔. 哲学论稿（从本有而来）[M]. 孙周兴，译. 北京：商务印书馆，2012: 423.
❸ ［德］海德格尔. 哲学论稿（从本有而来）[M]. 孙周兴，译. 北京：商务印书馆，2012: 423.
❹ ［德］海德格尔. 哲学论稿（从本有而来）[M]. 孙周兴，译. 北京：商务印书馆，2012: 423.
❺ HEIDEGGER. Apports à la philosophie: De l'avenance [M]. traduction par FÉDIER F. Paris: Gallimard, 2013: 453.

拒地下降着地行进"，一种"向深渊的行进"。❶"在这里说的'在之下'（Unter）并不是'往下'（hinab），而倒不如说是往上（hinauf）到庇护过程中去（'在'其威严的弧形摆动［Bogenschwung］'之下'）"，❷作为遮蔽者的基础在下行中到来，亦即赠送出来。"赠送过程是在下行的亲密性中的纯粹的遮蔽过程。"❸

这种深渊的基础之赠送也是建基的发生，从存有历史来说，也指另一开端的到来。"酝酿着'艺术'的另一个本源的非-同寻常者和非-自然者（das Un-gewöhnliche und Un-natürliche），那就是：一种隐蔽历史的开端，即诸神和人类的一种对峙（一种朝向离基深渊的对峙）的隐瞒之隐蔽历史的开端。"❹在离基深渊中的诸神与人类之对峙的隐蔽历史的开端也就是存有历史的另一开端。在向深渊的下行中，存有之赠予、建基与开端都得到了经验。

通过这种下行的经验，《艺术作品的本源》中语焉不详的作为创建诸样式的保存才能得到澄清。"艺术的本质是诗。而诗的本质是真理之创建（Stiftung）。在这里，我们所理解的'创建'有三重意义，即：作为赠予的创建，作为建基的创建和作为开端的创建，但是，创建惟有在

---

❶ HEIDEGGER. Apports à la philosophie：De l'avenance［M］. traduction par FÉDIER F. Paris：Gallimard, 2013：50. "没落"一词，也为尼采所重视。"没落者这一名称无疑唤起了对尼采《查拉图斯特拉如是说》的记忆。"见：[美]瓦莱加-诺伊. 海德格尔《哲学献文》导论［M］. 李强，译. 上海：华东师范大学出版社，2010：128. 有改动. VALLEGA-NEU D. Heidegger's Contributions to Philosophy：An Introdution［M］. Bloomington：Indiana University Press, 2003：100. 尼采在《查拉图斯特拉如是说》的序言第一节以查拉图斯特拉的Untergang（下行、没落）结尾，参见：NIETZSCHE. Also sprach Zarathustra［M］. Hrsg.：COLLI G, MONTINARI M. Berlin·New York：Walter de Gruyter, 1988：12. 值得注意的是，尽管海德格尔对Untergang的阐释可能受到尼采的引发，但海德格尔是在存有之道说的维度来解释Untergang，并且追溯其词源，在古希腊意义上来考察。

❷ HEIDEGGER. Über den Anfang［M］. Hrsg.：CORIANDO P L. Frankfurt am Main：Vittorio Klostermann, 2005：84.

❸ HEIDEGGER. Über den Anfang［M］. Hrsg.：CORIANDO P L. Frankfurt am Main：Vittorio Klostermann, 2005：84.

❹ [德]海德格尔. 哲学论稿（从本有而来）［M］. 孙周兴，译. 北京：商务印书馆，2012：534.

保存中才是现实的。因此，保存的样式吻合于创建的诸样式。"❶ 创建有赠予、建基与开端这三种样式，而保存的样式要吻合于这三种样式，也就是说，艺术接受要针对这三种创建的样式来展开，但《艺术作品的本源》并没有具体展开这三种相应的保存样式，本有之用可以视为艺术之保存中未曾展开的存在维度之补充，通过对作为本有之用的艺术接受的阐发，真理之创建的三重样式，亦即存有之遮蔽的赠予、建基与开端，才能得以实现。

艺术接受中的通向存有之遮蔽的下行之路，实际上也是存有或存在本身通过艺术作品的接受而产生作用，与思想之路殊途同归。艺术接受的三个层次构成了下行的三个阶梯：体验论中的主体享受是主体性的高扬；而接受者告别这种与作品的主客体关系，通过作品之保存而委身于作品中发生的存在者真理中，也触及了作为存在者真理之来源的澄明与遮蔽；而在本有之用中，存有之遮蔽从敞开状态中本现，作为赠予、创建与开端而起作用，并成为艺术接受者的基础，艺术接受者以此进入此‐在之建基中，并在存有之本现的深渊中获得其自身，"'自身'乃是跳跃到存有之离基深渊中"❷，即艺术接受者已经下行到存有之真理在过渡时代所建基的深渊之中，也行进到"为自行遮蔽的澄明"❸ 之中了。至此，《艺术作品的本源》最终在艺术接受中以艺术方式实现了"此‐在之建基"❹ 的用意。

《艺术作品的本源》被海德格尔置于《林中路》篇首，恰恰是通过艺术为走出"林中路"而进行的尝试。"林中路"（Holzwege）在德语中

---

❶ ［德］海德格尔. 林中路［M］. 孙周兴，译. 上海：上海译文出版社，2004：63.
❷ HEIDEGGER. Überlegungen XII‐XV（Schwarze Hefte 1939—1941）［M］. Hrsg.：TRAWNY P. Frankfurt am Main：Vittorio Klostermann，2014：32.
❸ ［德］海德格尔. 哲学论稿（从本有而来）［M］. 孙周兴，译. 北京：商务印书馆，2012：33. 值得注意的是，海德格尔也把进入澄明（Lichtung）视为一种上升，如绞盘之旋转的上升，但这种上升同时也仍然是一种下行。参见第四章"美学之克服"。
❹ HEIDEGGER. Zu eigenen Veröffentlichungen［M］. Frankfurt am Main：Vittorio Klostermann，2017：536.

指的是迷途、歧路，故而"题记"第一句便写道："林乃树林的古名。林中有路。这些路多半被草木阻塞（verwachsen）而突然断绝在不可通行处。"❶ 而艺术接受中的下行开辟了一条走出林中路的道路，也显示出艺术在存有历史的过渡时代对处于迷途与歧路中的人们的意义。

这也彰显了海德格尔特有的基于存在立场的艺术作用论，这种作用论在文学接受中突出地得到揭示。

## 第三节　裂隙与文学作用论

就通常的艺术类型来说，海德格尔对艺术的分析以诗歌为主，尽管海德格尔从本真与非本真两方面来区分诗与文学，但还是可以在中性的意义上把其对诗歌、戏剧与小说的分析纳入文学领域。在这里，以海德格尔对史蒂夫特尔的小说《冰雪故事》的阐释为例，探讨其存在论的文学作用论或效果论，显示其文学接受思想的独特性，即让读者嵌入文学作品中发生的真理及其裂隙中。

1964 年，海德格尔对史蒂夫特尔的小说《冰雪故事》进行了阐发，其阐释方式较为特殊，以"冰雪故事必将从深处起作用"这句话来展开。海德格尔以现象学方法将这句话进行分解。"起作用"是阐释的重心，由三个现象学环节组成：作为起作用者的物，作为被作用者的人物与读者，作为起作用方式的语言。在这三个环节的解释学循环中，"从深处"被揭示为"不显眼者"在此在之基础深处的发生。"必将"则意味着存在历史的必然性。由此，《冰雪故事》被海德格尔纳入存在历史之中。选取海德格尔对这个作品的阐释，也是对《艺术作品的本源》未提到的小说体裁的一种补充，使海德格尔对语言艺术的阐释具有一种完

---

❶ ［德］海德格尔. 林中路［M］. 孙周兴，译. 上海：上海译文出版社，2004：题记. 有改动。

整性。尽管海德格尔以本真与非本真的样式来区别诗（Dichtung）与文学，但仍然能以广义的中性意义上的文学来把握海德格尔对语言艺术的阐释。就文学体裁而言，西方传统的三分法把文学分为诗歌、戏剧与小说，前面已经分析了海德格尔对诗歌与戏剧的阐释，这里补出其对小说的阐释，在此意义上，海德格尔对文学内部的三种体裁都进行了阐释，其对语言艺术的阐释因此在体裁上具有了一种系统性与完整性。

海德格尔对艺术的阐释早已为人熟知。从通常的艺术分类来说，小说作为一种文学体裁，也属于艺术，但在海德格尔对艺术的阐释中，极少正面阐释小说。尽管海德格尔在中学时期就阅读过高尔基[1]，甚至晚年还对卡夫卡的小说《地洞》有着"印象"[2]；但在海德格尔的著作中，对小说的阐释多为附带提及，如在《存在与时间》的一个注释里，海德格尔提到了列夫·托尔斯泰的《伊凡·伊里奇之死》。[3] 所以，海德格尔1964年对史蒂夫特尔的小说《冰雪故事》的正面阐释便具有一种特殊意义。从海德格尔在中学时期对史蒂夫特尔的阅读开始[4]，到晚年进行专门阐释，时间跨度长达半个世纪，在此期间形成了自己特有的艺术理论与释诗方式，这为阐释《冰雪故事》做了充分的理论准备。

## 一、解释学循环与现实性：从《艺术作品的本源》到《冰雪故事》

《冰雪故事》来自史蒂夫特尔小说《我远祖的行囊》。海德格尔提到，对这部小说有各种解读与争论，但没有具体介绍任何一种观点。这

---

[1] ARJAKOVSKY P, FÉDIER F, FRANCE – LANORD H. Le Dictionnaire Martin Heidegger [Z]. Paris: Cerf, 2013: 553.

[2] AGAMBEN G. Means without End: Notes on Politics [M]. London: University of Minnesota Press, 2000: 138–139.

[3] [德] 海德格尔. 存在与时间 [M]. 陈嘉映，王庆节，译. 北京：生活·读书·新知三联书店，1999：291.

[4] HEIDEGGER. Reden und andere Zeugnisse eines Lebensweges [M]. Hrsg.: HEIDEGGER H. Frankfurt am Main: Vittorio Klostermann, 2000: 614.

种超脱姿态来源于海德格尔特有的存在问题与独特的现象学方法。海德格尔甚至断言:"现代人不能理解史蒂夫特尔。"❶ 言下之意,现代人的阐释都可以忽略不计。

海德格尔的阐释以史蒂夫特尔本人的一句话为指引,后者在1846年给出版商的信件中写道:"我相信,冰雪故事……必将从深处起现实作用(tief wirken)。"❷ 这表明,其解读并非随心所欲,而是从作者自身来理解作品。以一句话来展示出文本的阐释路径,恰恰是海德格尔解读诗歌时用过的一种方式,1951年的著名演讲《……诗意地栖居……》便是以标题中的这句话为暗线展开的。对诗的阐释方式也适用于《冰雪故事》,在海德格尔看来,史蒂夫特尔也是"诗人"。❸

海德格尔对史蒂夫特尔这句话情有独钟,也与海德格尔自身的艺术理论相关。从德语词源来说,wirken(起现实作用)派生出了wirklich(现实的)与Wirklichkeit(现实性)。❹ 这种词源上的关联并非无关紧要,在《艺术作品的本源》中,这组词便在其艺术理论中有着较为突出的运用。《艺术作品的本源》开篇便描述了艺术追问中的循环现象,从艺术家与艺术作品之间的循环,到艺术与艺术家和艺术作品之间的循环。海德格尔通过解释学循环还原到了艺术作品的现实性。"我们将尝

---

❶ HEIDEGGER. Anmerkungen Ⅰ-Ⅴ(Schwarze Hefte 1942—1948)[M]. Hrsg.: TRAWNY P. Frankfurt am Main: Vittorio Klostermann, 2015: 25, 27.

❷ [德]海德格尔. 思的经验(1910—1976)[M]. 陈春文, 译. 北京: 人民出版社, 2008: 162. 译文略异, wirken 在德语中指起作用、产生影响等含义; 文中有时为了突出 wirken 与 Wirklichkeit(现实性)同词根的关联, 译为"起现实作用", 其他情况译为"起作用"。tief 译为"从深处", 与海德格尔对"基础的深处"(Tiefe)的阐发有关, 见后文的内容。这句话的改动在后文中不再注明。此外, 新译本将《冰雪故事》译为《冰的故事》, 考虑到汉语表达习惯与故事内容, 仍然保留陈春文译本的译法。参见:[德]海德格尔. 从思想的经验而来[M]. 孙周兴, 杨光, 余明峰, 译. 商务印书馆, 2018: 193. HEIDEGGER. Aus der Erfahrung des Denkens [M]. Hrsg.: HEIDEGGER H. Frankfurt am Main: Vittorio Klostermann, 2002: 185.

❸ [德]海德格尔. 思的经验(1910—1976)[M]. 陈春文, 译. 北京: 人民出版社, 2008: 174.

❹ DUDENREDAKTION. Duden - Das Herkunftswörterbuch: Etymologe der deutschen Sprache [Z]. Band 7. Berlin · Mannheim · Zürich: Dudenverlag, 2014: 929.

试在艺术无可置疑地起现实作用的地方寻找艺术的本质"❶，故要从艺术作品的"现实性去看待它们"❷。而艺术作品的现实性通常显示为物，对作品之现实性的追问便转化为对物的追问，"我们要找到艺术作品的直接而丰满的现实性；因为只有这样，我们也才能在艺术作品中发现真实的艺术。可见我们首先必须把作品的物因素收入眼帘。为此我们就必须充分清晰地知道物是什么"❸。海德格尔所谓的现实性与现实有其特定内涵。一方面，现实性与物因素或物性相关，"我们寻求艺术作品的现实性，是为了现实地（wirklich）找到在其中起支配作用的艺术。物性的根基已经被表明为作品最切近的现实"❹。另一方面，作品的现实性"通过在作品中起作用的东西来规定"，在作品中起作用的东西是"真理之生发"。❺ 实际上，这两个方面都可以视为物之运作，物既是"最切近的现实性"，也是在艺术作品中起作用的东西——通过归属于大地而与世界在"争执"中共同起作用。❻

《艺术作品的本源》至少在两方面对《冰雪故事》的阐释产生影响。一是其解释学的循环，这种循环是《存在与时间》中的解释学循环在艺术领域的运用。❼ 二是从"最切近的现实性"即物性去探寻作品之存在。

在海德格尔对《冰雪故事》的阐释中，基于"现实性"一词的动词来源，突出的是作品之"起作用"与物的关联，而解释学循环也相应地

---

❶ ［德］海德格尔. 林中路［M］. 孙周兴，译. 上海：上海译文出版社，2004：2. 为了更清楚地揭示出德文本中单词之间的关联，有些句子根据德文版补出了个别单词，后文不再注明。

❷ ［德］海德格尔. 林中路［M］. 孙周兴，译. 上海：上海译文出版社，2004：3.

❸ ［德］海德格尔. 林中路［M］. 孙周兴，译. 上海：上海译文出版社，2004：4-5.

❹ ［德］海德格尔. 林中路［M］. 孙周兴，译. 上海：上海译文出版社，2004：23.

❺ ［德］海德格尔. 林中路［M］. 孙周兴，译. 上海：上海译文出版社，2004：23.

❻ 《艺术作品的本源》中将存在者的真理之生发解释为世界与大地的争执，由此，在作品中的起作用者可以视为争执中的世界与大地；同时，物本身或物因素在根本上也与大地相关，既对大地有着"归属性"，也可被视为"作品的大地因素"。参见：［德］海德格尔. 林中路［M］. 孙周兴，译. 上海：上海译文出版社，2004：24，57，56.

❼ 在《存在与时间》中，此在受到存在规定，而存在之意义要通过此在之筹划来展开，在存在与此在之间形成一个循环。参见：［德］海德格尔. 存在与时间［M］. 陈嘉映，王庆节，译. 北京：生活·读书·新知三联书店，1999：7-10.

在"起作用"的三个环节中展开,并使"从深处起作用"最终得以阐明。

## 二、作为起作用者的物与作为被作用者的此在

海德格尔以《冰雪故事》"必将从深处起作用"为路径来展开论述,必定要将相关的小说文本纳入这句话之中。海德格尔的阐释步骤是先交代故事梗概,然后给出故事引文,最后集中阐发。故事引文被海德格尔分为两部分:第一部分描写一位医生同他的仆人在冰雪天中"滑雪出医过程的结尾处"遭遇的事情;第二部分描述了医生和他的仆人"是怎样把马和雪橇安顿在最近的那家小客栈,然后自己是如何徒步借助登山杖和冰钎回到诊所的"。❶ 对《冰雪故事》的引用远远超过了海德格尔的阐释文字,前者的长度大致是后者的三倍。海德格尔的概括清楚地显示出他对故事结构划分的依据,第一部分是出医途中对冰雪的遭遇,第二部分写回诊所过程以及在诊所中对冰雪的遭遇,不同的是遭遇冰雪的地方,相同的是对冰雪的遭遇所形成的冰雪故事。

在这两部分长长的引文之后,海德格尔总结道:"这就是我看中《冰雪故事》的理由。按照作者阿达尔伯特·史蒂夫特尔自己的说法,'冰雪故事必将从深处起作用'。"❷ 这里的"理由"给人突兀之感,而要消除这种感觉,需要具体的阐发。海德格尔从"冰雪故事必将从深处起作用"这句话的中心词即动词"起作用"来展开,在此处的总结中,点明这句话的重点是"起作用"一词。接下来要面临的问题便是:"诗人用'作用'(Wirkung)这个词指的是什么意思?"❸ 海德格尔对"作

---

❶ [德]海德格尔. 思的经验(1910—1976)[M]. 陈春文,译. 北京:人民出版社,2008:162,165.
❷ [德]海德格尔. 思的经验(1910—1976)[M]. 陈春文,译. 北京:人民出版社,2008:172.
❸ [德]海德格尔. 思的经验(1910—1976)[M]. 陈春文,译. 北京:人民出版社,2008:172.

用"（动词 wirken、名词 Wirkung）的阐释以现象学方式分解为三个环节：什么起作用（起作用者），什么被作用（被作用者），以及如何起作用（起作用的方式）。

《冰雪故事》中的起作用者被史蒂夫特尔描述为物。"这个故事讲述的是，医生与他的仆人在一个冬日滑雪出诊，在冰雪茫茫的森林中的遭遇。史蒂夫特尔给冰雪茫茫的森林一个单纯的称谓：'物'。"❶ 确实，《冰雪故事》中明确描述了这种物的经验。"我们静静地守候着和呆望着，根本不知道这是惊愕还是惊恐，无声无息地进入了物。"❷ 史蒂夫特尔在这里所描述的"物"，并不是人们日常生活中的现成之物，而是对森林的称谓。❸

物之起作用，不同于在这里或那里碰上的现成之物，而是"遭遇"到物。海德格尔在这里所用的遭遇（treffen）一词，指的是对物之在场的遭遇，并非一种主体与客体之间的对象性关系。物在这一遭遇中起作用。在此意义上，《冰雪故事》中的人物方可"无声无息地进入了物"。

---

❶ ［德］海德格尔. 思的经验（1910—1976）［M］. 陈春文，译. 北京：人民出版社，2008：172.

❷ ［德］海德格尔. 思的经验（1910—1976）［M］. 陈春文，译. 北京：人民出版社，2008：163.

❸ 这里较为复杂的是，20世纪30年代《艺术作品的本源》中对物、纯然物、物性或物因素的分析，在40年代末50年代初，已经有所改变，形成从天地神人四重整体来阐释物的思想，而在60年代对史蒂夫特尔的"物"的阐释中，海德格尔并未明言不同时间段的"物"之差异。但可以肯定的是，物之遮蔽与聚集的特性在其阐释中倒是一贯的。《冰雪故事》中的物也显示出这两个特性，就物之聚集来说，《冰雪故事》把聚集着其间一切具体物的森林描述为物；就遮蔽性来说，《冰雪故事》中的物作为"不显眼者"与寂静之发生。更复杂的是，反过来，有学者甚至认为海德格尔后期从天地神人四重整体阐释物的思想反而是受史蒂夫特尔的影响，如："衮德森（D. Gunderson）认为，'四重一体'思想的核心概念'物'可能是受到了海氏终生推崇的作家斯蒂夫特（A. Stifter）的影响，因为斯蒂夫特在其后期作品中赋予了'物'多重丰富的含义。"参见：张柯. 论海德格尔"四重一体"思想的起源——基于《黑皮笔记》（GA97）的文本分析［J］. 社会科学，2017，（6）：128. 我们确实可以看到，史蒂夫特尔在《冰雪故事》的描述中包含天、地、神（上帝）与人这四个要素。但在这里，海德格尔并未有意将史蒂夫特尔笔下的"物"与其后期思想中的"物"之经验进行明确比较。这一方面似乎是有意为之，另一方面也显示出一种现象学的严谨，即就史蒂夫特尔自述的那句话与其作品中的描述相结合来阐发，尽量避免过多添加。

从物之起作用出发，《冰雪故事》中医生与其仆人对冰雪的遭遇，可置于物之作用下得到重新理解，对物的遭遇也从物之起作用的角度而被描述为"侵袭"与"统摄"。"在这个白天，以及相继而来的夜晚，冰雪茫茫的侵袭不只笼罩了森林，而且也统摄了人的居家，因此，医生回到他的居所，医生在夜里与站在他们各自家外面的邻居的交谈也属于冰雪故事，也属于冰雪故事中的物。"❶ 前面提到的海德格尔对故事两部分内容划分的地点差异，即在途中与在家中对冰雪的遭遇，也因此更深入地切入人的在世方式了。之所以有居家之内外的区别，在于人是栖居在大地上的，居住是人存在的方式。

由此，物之起作用关联到被作用者，即人的存在，确切地说，是故事中的人物与读者。"'冰雪故事必将从深处起作用'，这个故事能使读者切中（treffen）自己此在的基础。"❷ 这是海德格尔第三次引用史蒂夫特尔的这一自述，但这次引用突出对读者的作用，让读者切中自身的基础。值得注意的是句中的"切中"（treffen）一词，与《冰雪故事》中人物对物的"遭遇"（treffen）是同一个词。这意味着，《冰雪故事》中人物在森林中的遭遇或对物的遭遇与读者遭遇自己"此在的基础"有着一致性。正是源自这种"此在的基础"的一致性，海德格尔才不加解释地从人物之被作用过渡到读者之被作用。

### 三、呼唤与聆听：作为起作用方式的语言与一个转折

起作用者与被作用者的澄清，有助于理解起作用的方式。在思考文学如何"起作用"时，语言是无法回避的因素。前面提到的"邻居的交谈"属于"冰雪故事中的物"，实际上已涉及语言与物的关系。邻居之

---

❶ ［德］海德格尔. 思的经验（1910—1976）[M]. 陈春文，译. 北京：人民出版社，2008：172.

❷ ［德］海德格尔. 思的经验（1910—1976）[M]. 陈春文，译. 北京：人民出版社，2008：172. 有改动. HEIDEGGER. Aus der Erfahrung des Denkens [M]. Hrsg.：HEIDEGGER H. Frankfurt am Main：Vittorio Klostermann, 2002：195.

间的交谈是一种言说,这种交谈属于物,也意味着物在交谈中显现,这种显现既可视为物在起作用,也可看作物之起作用的方式。以语言方式起作用涉及言说的本质。"诗人用'作用'这个词怎样起作用?它借由使读者被唤出来而起作用,尤其是对其所说的听中,这就是说,对其在言说中所显示出来的东西的听中。言说的作用是呼唤和显示。"❶ 以语言的方式起作用是将读者"唤出来",是在读者的聆听中"显示"出来,所以言说的作用具体发生为"呼唤和显示"。这也可视为前面提到的遭遇方式的具体化。为了避免误解,海德格尔特意将"呼唤和显示"与其他起作用方式区别开来。词语的作用"并非像机械过程领域中的压与推那样的作用,并非招致、招引意义上的作用"❷。压与推的作用是在物理学意义上而言的,作为招致的作用是在后物理学(形而上学)意义上而言的,而词语的作用与它们不同,具有非形而上学的特征。❸

通过对语言之起作用的初步揭示,便能以前面提到的语言对物的归属性❹为例,具体阐释作为其作用方式的"呼唤与显示"。《冰雪故事》中的词语向何处显示?是处于害怕,害怕一夜之间他们的房屋被茫茫的大雪压垮,害怕人离开他们的家园,流离失所。他们为其居所忧心如

---

❶ [德] 海德格尔. 思的经验(1910—1976)[M]. 陈春文,译. 北京:人民出版社,2008:172. 有改动。HEIDEGGER. Aus der Erfahrung des Denkens [M]. Hrsg.:HEIDEGGER H. Frankfurt am Main:Vittorio Klostermann,2002:196.

❷ [德] 海德格尔. 思的经验(1910—1976)[M]. 陈春文,译. 北京:人民出版社,2008:172.

❸ 德语 Metaphysik,在中文目前有两个译法:形而上学,以及从字面意思上译为后物理学。值得注意的是,海德格尔这里将史蒂夫特尔与形而上学相区分,指的是史蒂夫特尔后期阶段。而早期史蒂夫特尔寻找"物的最终根据",并受自然科学进步论的影响,参见:NEUGE-BAUER K. Heidegger liest Adalbert Stifter. Ereignet sich ein sanftes Gesetz? [G] //Heidegger Studies, Vol 34. Berlin:Verlagsbuchhandlung Duncker & Humblot GmbH,2018:140. 从这一点来看,早期史蒂夫特尔仍然在海德格尔所理解的形而上学的范围内,也在海德格尔所描述的"主导问题"的范围内。

❹ "邻居的交谈也属于冰雪故事,也属于冰雪故事中的物。"参见:[德] 海德格尔. 思的经验(1910—1976)[M]. 陈春文,译. 北京:人民出版社,2008:172.

焚，为其此在忧心如焚。"❶ 在言说之显示作用中的被显示者通过情绪之敞开而起作用。这里提到的情绪是害怕与忧心。忧心（Bangen）一词，在《艺术作品的本源》中，海德格尔描述凡·高的《农鞋》时也用过，它与这里的"害怕"作为一种情绪，均不是主体意义上的情绪，而是从《存在与时间》的经验而来，作为此在之在世的展开。❷ "情绪一向已经把在世作为整体展开了，同时才刚使我们可能向着某某东西制订方向。"❸ 情绪一方面敞开此在的在世整体，即此在之基础，故而《冰雪故事》"能使读者切中自己此在的基础"❹。另一方面为此在经验某物制定了方向，在《冰雪故事》中为人物之间的交谈归属于物开启了方向。《冰雪故事》中医生在与邻居们交谈时告诉他们雪水以及大雪压枝等情况，通过这一交谈"医生把他的视野和邻居的思绪引向这种单纯物，物虽单纯，但却是隐然的实情。这样一来，诗人就把人的思想从令人恐怖的咆哮、呼啸、断裂和轰然倒塌的声音中引开，引向某种寂静而又柔和地起主宰作用的不显眼者"。❺

这两个方面之间形成一种转折关系，即从"此在的基础"（被作用者）转向了"不显眼者"（作用者）。而前面对起作用三个环节的阐发是从物（起作用者）到此在的基础（被作用者），此处的"转折"便显示为一个循环，又从被作用者（此在的基础）循环到了作为单纯物的

---

❶ ［德］海德格尔. 思的经验（1910—1976）［M］. 陈春文，译. 北京：人民出版社，2008：172.

❷ 忧心（Bangen）情调与《存在与时间》中情绪分析的关联可参见：HERRMANN F W v. Heideggers Philosophie der Kunst：Eine systematische Interpretation der Holzwege - Abhandlung "Der Ursprung des Kunstwerkes"［M］. Frankfurt am Main：Vittorio Klostermann，1994：113.

❸ ［德］海德格尔. 存在与时间［M］. 陈嘉映，王庆节，译. 北京：生活·读书·新知三联书店，1999：160.

❹ ［德］海德格尔. 思的经验（1910—1976）［M］. 陈春文，译. 北京：人民出版社，2008：172.

❺ ［德］海德格尔. 思的经验（1910—1976）［M］. 陈春文，译. 北京：人民出版社，2008：173. 译文有改动，"柔静"改为"柔和"，考虑到"和"有聚集的意思。HEIDEGGER. Aus der Erfahrung des Denkens［M］. Hrsg.：HEIDEGGER H. Frankfurt am Main：Vittorio Klostermann，2002：196.

"不显眼者"。在循环中，物被更深地揭示为单纯物——具有遮蔽特征的"不显眼者"。这"不显眼者"具体展开为规则。海德格尔通过引用史蒂夫特尔来揭示"不显眼者"起作用的规则。史蒂夫特尔在其《彩石》序言中认为，"吹拂的风"等日常温和的自然现象是"伟大的"❶，而暴风雨、火山爆发等在日常世界中看来是猛烈凶险的现象反而"更渺小，因为它们只不过是许多更高规则的作用。它们出现在单一的位置，并且只是单一原因引起的单一后果。"❷ 暴风雨等日常的猛烈凶险现象，由于受到因果律的限制，故而比因果律更低，也"更渺小"。而"吹拂的风"之"起作用"是"伟大的"。这是对前文中区别于物理学与形而上学之因果律的具体化，前文只是提出了区别，而这里进一步点明起作用的规则。

史蒂夫特尔将我们的思引向了"不显眼者"，对它的澄清"能更清晰地理解'作用'这一诗性的用语"❸。可是，要弄清通过语言方式起作用的"不显眼者"之规则是何种规则，"我们还要再走上不显眼儿的一步"❹，也就是说，走上的这一步能使"不显眼者"及其"起作用"更深也更清晰地得以经验。

## 四、"不显眼儿的一步"："从深处"与解释学循环

就现象学的事情本身来说，这"不显眼儿的一步"是对"不显眼者"的一种切近。❺ 而就海德格尔走上这"一步"的方法来说，是通过

---

❶ ［德］海德格尔. 思的经验（1910—1976）［M］. 陈春文，译. 北京：人民出版社，2008：173.

❷ ［德］海德格尔. 思的经验（1910—1976）［M］. 陈春文，译. 北京：人民出版社，2008：173. 有改动。HEIDEGGER. Aus der Erfahrung des Denkens［M］. Hrsg.：HEIDEGGER H. Frankfurt am Main：Vittorio Klostermann，2002：196.

❸ ［德］海德格尔. 思的经验（1910—1976）［M］. 陈春文，译. 北京：人民出版社，2008：173.

❹ ［德］海德格尔. 思的经验（1910—1976）［M］. 陈春文，译. 北京：人民出版社，2008：173.

❺ NEUGEBAUER K. Heidegger liest Adalbert Stifter. Ereignet sich ein sanftes Gesetz?［G］// Heidegger Studies，Vol. 34. Berlin：Verlagsbuchhandlung Duncker & Humblot GmbH，2018：143.

解释学循环来实现的。在起作用方式得到揭示之后，"起作用"的三个环节（作用者、被作用者与作用方式）得到完整的呈现，起作用的现象学结构的整体性得以形成，并在起作用方式的描述中又转向了起作用者（不显眼者及其规则），这三个环节在循环中更深更清晰地呈现：就起作用者来说，这"一步"切近了"不显眼者"，经验到其起作用的"柔和的规则"❶；就起作用的方式来说，这一规则的规定要求此在之"应合"，并在起作用方式的呼唤与应合中呈现解释学循环的基本结构。就被作用者来说，已在此在之基础的深处被作用了。在此循环中，"从深处"最终得以澄清。

就起作用者而言，作为规则的"不显眼者"被海德格尔命名为"规定者"。"诗人显现出来的力量与规则本身还只是一种符号。因为力量与规则显示在那种完全不可见的东西中，然而它们却是先于一切的规定一切者。"❷ 在德语中，Bestimmende（规定者）的词干为 stimmen（调谐），它通过情调（Stimmung）调谐思想而起作用，并且与 Stimme（声音、呼声）相关。在上一部分内容对"忧心"与"害怕"的情绪分析中，已经揭示出单纯物的调谐以及其中的循环。此处则更深地显明，不显眼者乃是规定者。不显眼者作为规定者而起作用，发生为规则。

当起作用者被经验为规定者，相应地，也要有被规定者，所以，海德格尔在这里从人之此在的立场，补出了作为起作用方式的"应合"。人聆听呼声而应合着规定者。"人必须从自身此在的基础出发应合于此

---

❶ ARJAKOVSKY P, FÉDIER F, FRANCE‑LANORD H. Le Dictionnaire Martin Heidegger [Z]. Paris: Cerf, 2013: 1257; NEUGEBAUER K. Heidegger liest Adalbert Stifter. Ereignet sich ein sanftes Gesetz? [G] //Heidegger Studies, Vol. 34. Berlin: Verlagsbuchhandlung Duncker & Humblot GmbH, 2018: 143.

❷ ［德］海德格尔. 思的经验（1910—1976）[M]. 陈春文, 译. 北京: 人民出版社, 2008: 173. 有改动. HEIDEGGER. Aus der Erfahrung des Denkens [M]. Hrsg.: HEIDEGGER H. Frankfurt am Main: Vittorio Klostermann, 2002: 197.

一规定一切者，如果人还能栖居于大地的话。"❶ 由此，起作用方式得到完整揭示，即从起作用者（不显眼者、规则）来看，其起作用的方式是规定、调谐与呼声，而从被作用者（此在的基础）的立场，起作用的方式却是应合。而在前一部分中，已经揭示出物之起作用的方式是"呼唤和显示"，以及此在之聆听。两者之间有相同的结构。就起作用者这方面来说有同一的关系，都是指向声音与显示，毕竟，无论是物、单纯物、不显眼者还是规定者，都是对物的不同命名，具有同一性。而在被作用者这方面，聆听、应合以及归属也有着同一性。"这种应合乃是倾听。人倾听，因为人归属于寂静之指令。"❷

至此，可以见出海德格尔的解释学循环的基本结构：一方面是物之显现的呼唤或要求，另一方面是此在的应合。对于这种基本结构，海德格尔在不同时期有相近的命名。在20世纪30年代中期确立的"本有－思想中，海德格尔把自行显示命名为要求"，"现象学作为要求（Anspruch）与应合之关联"。❸ 海德格尔后来也将这个结构命名为"应合/聆听"与"劝说"（Zuspruch）。❹ 而就聆听与归属的一致性而言，这种结构在海德格尔后期代表作《哲学论稿》中也被描述为"归属"与"召唤"。正是透过"归属"与"召唤"之间的转向与反－转，才能揭示出这一结构的循环特征。"转向在呼唤（归属者）与（被召唤者的）归属之间本质性地现身。转向乃是反－转。"❺ 反－转（Wider－kehre）意味

---

❶ ［德］海德格尔. 思的经验（1910—1976）［M］. 陈春文，译. 北京：人民出版社，2008：173. 有改动。HEIDEGGER. Aus der Erfahrung des Denkens［M］. Hrsg.：HEIDEGGER H. Frankfurt am Main：Vittorio Klostermann，2002：197.

❷ ［德］海德格尔. 在通向语言的途中［M］. 孙周兴，译. 北京：商务印书馆，2018：27.

❸ HERRMANN F W v. Heideggers Philosophie der Kunst：Eine systematische Interpretation der Holzwege－Abhandlung "Der Ursprung des Kunstwerkes"［M］. Frankfurt am Main：Vittorio Klostermann，1994：36－37.

❹ HEIDEGGER. Vorträge und Aufsätze［M］. Hrsg.：HERRMANN F W v. Frankfurt am Main：Vittorio Klostermann，2000：194.

❺ ［德］海德格尔. 哲学论稿（从本有而来）［M］. 孙周兴，译. 北京：商务印书馆，2012：432，441.

着在归属与呼唤之间的具有循环特征的回转，此在越归属于呼唤，则呼唤越能起着呼唤的作用，反之亦然。❶ 可见，在海德格尔对《冰雪故事》的阐释中，在起作用者与被作用者之间的解释学循环，其基本结构凝聚在作为起作用方式的呼唤与应合之间。

不显眼者通过应合而作用到此在基础的深处，在此在之基础的深处建基。此在基础的遮蔽维度得以形成，形成此在基础的"深处"。史蒂夫特尔以此把这一基础的深处称为"伟大者"。❷ 伟大者的起作用，也就是"基础之深处"（Tiefe）在起作用，是"从深处"（tief）起作用，即建基为基础的深处。至此，《冰雪故事》"必将从深处起作用"中的"从深处"得以澄清。尽管如此，海德格尔的解释学循环却仍然没有停止。

从此在基础的深处又可以反过来在新的循环中使不显眼者的规则具体展开为"柔和的规则"。伟大者"'都是单纯而柔和的'"。❸ 这种柔和实为物之呼唤的一种深化。"不显眼者"的规则在语言维度显示出的"呼声"是一种静寂之音。不显眼者"寂静而又柔和地起主宰作用"，寂静与柔和作为不显眼者起作用的方式是一致的，因为寂静化"带来柔和"。❹ 所以，这一规则也是"柔和的"，形成"柔和的规则"。故而，

---

❶ SCHÜSSLER I. Le « dernier dieu » et le délaissement de l'être selon les Apports à la philosophie de M. Heidegger［Secondre partie］［G］//Etudes Heideggeriennes, Vol. 26. Berlin：Duncker & Humblot, 2010：149.

❷ ［德］海德格尔. 思的经验（1910—1976）［M］. 陈春文, 译. 北京：人民出版社，2008：173.

❸ ［德］海德格尔. 思的经验（1910—1976）［M］. 陈春文, 译. 北京：人民出版社，2008：173. 有改动。HEIDEGGER. Aus der Erfahrung des Denkens［M］. Hrsg.：HEIDEGGER H. Frankfurt am Main：Vittorio Klostermann, 2002：197.

❹ HEIDEGGER. Zum Wesen der Sprache und Zur Frage nach der Kunst［M］. Frankfurt am Main：Vittorio Klostermann, 2010：153. 此外，寂静作为一种无声之声，不显眼者在"无声"中起作用，这一经验可上承《艺术作品的本源》中"大地的无声召唤"。"大地的无声召唤"是大地在自行锁闭中的显现方式，"大地作为自行锁闭者只能以无声的方式呼唤着地显示出来"。参见：HERRMANN F W v. Heideggers Philosophie der Kunst：Eine systematische Interpretation der Holzwege – Abhandlung "Der Ursprung des Kunstwerkes"［M］. Frankfurt am Main：Vittorio Klostermann, 1994：112.

"伟大者从不显山露水，它只存在，并只存在地作用着"❶。伟大者"不显山露水"，具有遮蔽性，是不显眼者，这在语言维度体现为未被道说者。"未被说者不光光是某种缺乏表达的东西，而是未被道说、尚未被显示、尚未进入显现的东西。"❷ 而在解释学循环的基本结构中，呼唤与应合也是一种语言维度的发生。"让这些未曾被言说的东西进入言说的让听，此一让听的言说便是诗人阿达尔伯特·史蒂夫特尔用'作用着'这个词语的意思。"❸ 当起作用者被澄清为"未被道说者"或"未曾被言说的东西"时，其起作用方式便被明确为一种"让听"。"让听"聚集了前面提到的"柔和"与应合，让人听闻言说中的未曾被言说的东西，从而在语言维度应合那未曾言说的东西。这种让听的道说，最终澄清了史蒂夫特尔"起作用"一词的含义。

## 五、史蒂夫特尔的"必然"与海德格尔的存在历史

海德格尔的阐释以《冰雪故事》"必将从深处起作用"为思路，在澄清"从深处起作用"之后，依然未解释的是：这一"从深处起作用"为何是必然的？这里的情态助动词 müssen 表示必然、必定、必须，中译本译为"必将"突出了其与时间和历史的关联，契合海德格尔的理解，即曾经之物在将来也要起作用。

史蒂夫特尔注意到了自己的创作与历史的关联，故而引用拉丁作家的一句箴言作为《我远祖的行囊》这部作品的座右铭："驻留在祖先的乡土之物，追思地品味古老的词语和作品，思如泉涌。"❹ 出自《我远祖

---

❶ [德] 海德格尔. 思的经验（1910—1976）[M]. 陈春文，译. 北京：人民出版社，2008：174.
❷ [德] 海德格尔. 在通向语言的途中 [M]. 孙周兴，译. 北京：商务印书馆，2018：252.
❸ [德] 海德格尔. 思的经验（1910—1976）[M]. 陈春文，译. 北京：人民出版社，2008：174. 有改动. HEIDEGGER. Aus der Erfahrung des Denkens [M]. Hrsg.：HEIDEGGER H. Frankfurt am Main：Vittorio Klostermann，2002：197.
❹ [德] 海德格尔. 思的经验（1910—1976）[M]. 陈春文，译. 北京：人民出版社，2008：175.

的行囊》的《冰雪故事》也关注"祖先的乡土之物","祖先的乡土之物"也就是曾在之物。由此,《冰雪故事》中的"物"也是从曾在之物的"驻留"而来的。

在海德格尔的存在历史中,这种曾在之物也是第一开端的 φύσις [涌现、自然] 之经验。在史蒂夫特尔的作品中有着人对自然的顺应。❶ 在《冰雪故事》中也能看到作为森林的物与自然的关联:"没有参照物,整个的大地和广阔地带见不到一个人,也没有任何动物出没。只有我和托马斯还有我们的马儿孤悬在这广阔的大自然中。"❷ 海德格尔在阐释中提到的物之"非同凡响"与读者的"惊叹不已",这种描述在《艺术作品的本源》中也指向了古希腊的 φύσις [涌现、自然] 之经验。❸ 海德格尔将古希腊的 φύσις [涌现、自然] 视为存在者之存在或在场者之在场,位于存在历史的第一开端,如是,则"祖先的乡土之物"也是第一开端的存在者之存在的经验。赫拉克利特认为:" φύσις κρύπτεσθαι φιλεῖ [自然喜欢隐藏起来]。"❹ 海德格尔的阐释指向了《冰雪故事》中物的这种遮蔽,从"不显眼者""静寂"到"未曾被言说的东西",均指向一种遮蔽。而海德格尔的现象学方法也保持着自身的严谨与克制,在揭示中也将其遮蔽维度作为遮蔽而保持,并未强行点破史蒂夫特尔的"物"是什么,而是转向了物如何遮蔽着地显现,故而给人造成"兜圈子"❺ 的印象。

从海德格尔的存在历史来看,史蒂夫特尔的伟大者也是"必然之

---

❶ NEUGEBAUER K. Heidegger liest Adalbert Stifter. Ereignet sich ein sanftes Gesetz? [G] // Heidegger Studies, Vol. 34. Berlin: Verlagsbuchhandlung Duncker & Humblot GmbH, 2018: 143.

❷ [德] 海德格尔. 思的经验(1910—1976)[M]. 陈春文, 译. 北京: 人民出版社, 2008: 165.

❸ [德] 海德格尔. 林中路 [M]. 孙周兴, 译. 上海: 上海译文出版社, 2004: 9.

❹ HEIDEGGER. Einführung in die Metaphysik [M]. Hrsg.: JAEGER P. Frankfurt am Main: Vittorio Klostermann, 1983: 122.

❺ "我们所尝试的每一个具体步骤,也都在这种循环之中兜圈子。" [德] 海德格尔. 林中路 [M]. 孙周兴, 译. 上海: 上海译文出版社, 2004: 3.

物"。史蒂夫特尔强调伟大者的"起作用"不同于形而上学的因果律，突出从"不显眼者"到语言维度的"未曾被言说的东西"，而海德格尔则将这种在形而上学中不可能"作为'学说'和'体系'以及诸如此类的被言说之物"，命名为"必然之物"❶，并在历史性的争辩中将必然性带向实行。"历史性的争辩恰恰是一种做法，这种做法不仅把早先的历史回置入它隐蔽的伟大性之中，同样地，同时并且只是如此地，并不是为了比较把它与另一种追问对立起来，而是把它当作对那种伟大性及其必然性的顺从而带向实行。"❷ 这种"遮蔽的伟大性"与史蒂夫特尔的具有遮蔽特征的"伟大者"是相通的。史蒂夫特尔《冰雪故事》中对伟大者之应合，就存在历史来说，即是对"伟大性及其必然性"的"顺从"。

这种必然性会在将来起作用，指向了存在历史的另一开端。故而，海德格尔也将史蒂夫特尔的"柔和的规则"与另一开端的本有（Ereignis）之规则进行对比。本有"是一切规则中最质朴和最柔和的规则，比阿达尔伯特·史蒂夫特尔所看到的'柔和的规则'还要柔和"。❸ 从诗的经验来说，海德格尔视荷尔德林为另一开端的诗人，海德格尔也将史蒂夫特尔与荷尔德林并提。❹ 史蒂夫特尔的"规则"不如本有那么"柔和"，相应地，诗人史蒂夫特尔也与"最具将来性"的诗人荷尔德林有着差距，但仍然可归属于"将来性的诗人"❺。

---

❶ [德]海德格尔. 哲学论稿（从本有而来）[M]. 孙周兴，译. 北京：商务印书馆，2012：441.
❷ [德]海德格尔. 哲学论稿（从本有而来）[M]. 孙周兴，译. 北京：商务印书馆，2012：266.
❸ [德]海德格尔. 在通向语言的途中[M]. 孙周兴，译. 北京：商务印书馆，2018：260. 有改动。HEIDEGGER. Unterwegs zur Sprache [M]. Hrsg.：HERRMANN F W v. Frankfurt am Main：Vittorio Klostermann，1985：248.
❹ HEIDEGGER. Anmerkungen Ⅰ-Ⅴ（Schwarze Hefte 1942—1948）[M]. Hrsg.：TRAWNY P. Frankfurt am Main：Vittorio Klostermann，2015：27.
❺ [德]海德格尔. 哲学论稿（从本有而来）[M]. 孙周兴，译. 北京：商务印书馆，2012：428.

至此，《冰雪故事》之"起作用"的必然性在海德格尔的存在历史中得到揭示。《冰雪故事》"必将从深处起作用"，即在存在历史的第一开端到另一开端的过渡中具有必然性与将来性。"因为，那曾经在场的东西，存活在作用中，经受得住流逝。"❶

## 六、存在论视野中的文学作用论

海德格尔对史蒂夫特尔《冰雪故事》"必将从深处起作用"的现象学阐释，显示出一种基于存在立场的文学作用论。整体上来说，这种文学作品的起作用是作品中的真理之起作用，《冰雪故事》中的真理通过遮蔽与敞开之间的裂隙而发生出来，其遮蔽维度体现在"不显眼者"与语言上的"未被道说者"，而在其敞开中作用于作品人物的此在之基础，同样也作用于文学接受者的此在之基础。接受者在此作用下也被带向了《艺术作品的本源》中的"尚未思想者的缄默无声的源泉领域"❷。这种文学作用论有以下几个特征。

史蒂夫特尔在存有历史中的位置也显示出海德格尔文学作用论的历史性，是在历史中起作用，是"深入到曾在者（das Gewesende）和将来者之中"❸。这里的"曾在者"（das Gewesende）❹ 一词，指的是"曾在

---

❶ ［德］海德格尔. 思的经验（1910—1976）［M］. 陈春文，译. 北京：人民出版社，2008：178.

❷ ［德］海德格尔. 林中路［M］. 孙周兴，译. 上海：上海译文出版社，2004：76.

❸ ［德］海德格尔. 哲学论稿（从本有而来）［M］. 孙周兴，译. 北京：商务印书馆，2012：90.

❹ 海德格尔的这种写法比较特殊，其中"曾在"（Gewesen），是德语存在（Sein）一词的过去分词形式 gewesen（存在的、曾经的、以前的）；而且其词根 wesen（本质、本质现身）又在印欧语系中与存在（Sein）一词的第三种词根"wes（war, gewesen）"有着亲缘性。HEIDEGGER. Einführung in die Metaphysik［M］. Hrsg.：JAEGER P. Frankfurt am Main：Vittorio Klostermann, 1983：76；HEIDEGGER. Apports à la philosophie：De l'avenance［M］. traduction par FÉDIER F. Paris：Gallimard, 2013：98. 更重要的是，海德格尔在这里并未写成 Gewesen，而是写成 Gewesende，其中 wesende 是 wesen 的现在分词，表示正在本现中、正在本质化着的东西。所以，Gewesende 这个写法融合了存在（Sein）一词的过去分词，以及与存在词根有亲缘性的 wesen 一词的现在分词，所表示的恰恰是存在历史中曾在着且一直在着的东西。

着的且一直在的东西"❶，或者"持续着的曾在"❷。海德格尔虽然对史蒂夫特尔的定位有某种模糊性，但基本可以确定其在存在历史的第一开端与另一开端的争辩之中。这也是在作品中通过语言方式发生的起作用者。

文学作品是语言作品，在其中起作用的东西通过语言维度来展开，是"未曾被言说的东西"。虽然海德格尔未明确指出史蒂夫特尔那里"未曾被言说的东西"到底是什么，但有学者指出，海德格尔这种做法恰恰是为了"防止误解"❸。起作用者在语言维度发生，是对此在之基础起作用，这仍然可以归入《艺术作品的本源》中"此－在之建基"❹ 的问题。对此在之基础的作用，不同于通常的文学鉴赏所强调的提高品位、陶冶心灵或寓教于乐等功能，而是对文学接受者的此在的一种建基，作用到文学接受者的存在之中。

对文学接受者的此在之建基作用，要通过情绪开显出来，《冰雪故事》中的害怕揭示了这种发生。可以说，海德格尔将情绪的存在化与存在之作用两方面结合在一起了，既作用到作品中的人物，也作用于作品的接受者。对艺术接受中情绪与情感的重视，在古希腊就开始了。古希腊虽然没有出现"文学"一词，但在这个时期对 ποίησις［制作、诗］的研究中显示出对文学作用或效果的态度。柏拉图《理想国》对 ποίησις［制作、诗］展开了集中批判，重点在两个方面：一是艺术不真实，二是容易引发人的怜悯与感伤癖。尤其是后一个方面，直接涉及艺术接受

---

❶ das Gewesende 一词的解释亦可参见：SCHÜSSLER I. Le système et la fugue：deux modes de penser［C］//MEJÍA E, SCHÜSSLER I. Les Apports à la Philosophie de Heidegger. Frankfurt am Main：Vittorio Klostermann，2009：100.

❷ CORIANDO P L. Der letzte Gott als Anfang：Zur ab‑gründigen Zeit‑Räumlichkeit des Übergangs in Heideggers "Beiträgen zur Philosophie（Vom Ereignis）"［M］. München：Wilhelm Fink Verlag，1998：98.

❸ NEUGEBAUER K. Heidegger liest Adalbert Stifter. Ereignet sich ein sanftes Gesetz？［G］// Heidegger Studies，Vol. 34. Berlin：Verlagsbuchhandlung Duncker & Humblot GmbH，2018：145.

❹ HEIDEGGER. Zu eigenen Veröffentlichungen［M］. Frankfurt am Main：Vittorio Klostermann，2017：536.

中的作用论。柏拉图的批判认为 ποίησις［制作、诗］会作用于人的感性情绪与欲望，从而影响到理智对欲望的控制，造成人的灵魂结构的不平衡，故而提出了要将诗人驱逐出理想国的著名说法。❶ 与柏拉图不同，亚里士多德对诗的感性作用持肯定态度，但在《诗学》中依旧继承柏拉图从感性情绪来阐释诗的作用或效果的做法，认为悲剧"通过引发怜悯和恐惧使这些情感得到卡塔西斯（κάθαρσιν）"❷。柏拉图与亚里士多德文学接受中的情绪分析是在存在者层次展开的，与海德格尔的存在维度的情绪有着区别。

存在在文学作品中对人物以及对作品接受者的起作用，形成一种聚集或会集的效果。海德格尔根据此在的基础而强调作品人物与读者的共同性。这既与海德格尔将阅读视为"会聚"有关，"何谓阅读？负重与引领阅读的是会聚"❸；也与物之聚集的本源含义有关，"德语中的一个古老词语，聚集被叫作'物'"❹。从《冰雪故事》中物对人物的聚集再到对读者的聚集，也就是作品之"起作用"的效果史。《冰雪故事》"从深处"对此在的基础"起作用"，理所当然也对作为此在的读者起作用，显示出作品中的物对作品人物以及作品外读者能共同起作用，这也是一种聚集作用。

文学之 Wirkung（作用、效果）的历史性与会聚特征，在海德格尔的早期弟子加达默尔所提出的著名的"效果历史"（Wirkungsgeschichte）与"视界融合"中也大放异彩。❺ 效果历史也注重作品之效果/作用

---

❶ 这个问题的探讨亦可参见：陈忠梅. 柏拉图诗学和艺术思想研究［M］. 北京：商务印书馆，1999：125 – 128.

❷ ［希］亚里士多德. 诗学［M］. 陈中梅，译. 北京：商务印书馆，1996：63. 原文见亚里士多德：《诗学》，1449b27 – 1449b28。古希腊语单词 κάθαρσις 在汉语中有净化、陶冶、疏泄、卡塔西斯等译法，这里取音译。

❸ ［德］海德格尔. 思的经验（1910—1976）［M］. 陈春文，译. 北京：人民出版社，2008：92.

❹ ［德］海德格尔. 演讲与论文集［M］. 孙周兴，译. 北京：商务印书馆，2018：161.

❺ ［德］加达默尔. 真理与方法［M］. 洪汉鼎，译. 上海：上海译文出版社，2004：387，396 – 397.

（Wirkung）的历史性，"视界融合"突出了作品视界与接受者视界之间的融合，也是一种会聚，只不过在加达默尔的阐发中，无论是在视界还是解释学情境方面，均承认作品与读者之间有某种差异性。而海德格尔强调文学接受中基于存在的会聚之共同性，一定程度上忽略了作品人物与读者之差异性。时至今日，读者的重要地位与多样性早已由兴起于20世纪60年代的接受美学所阐发。以此为参照，可以说，海德格尔虽然从存在立场对文学作品的"作用"及其接受问题作了独到的分析，但在一定程度上也过于简单化了，忽视了其中的复杂性，而这是我们不能忽视的。

此外，就海德格尔对《冰雪故事》的阐释方式而言，其独特性十分鲜明，可以视为20世纪50年代初专论荷尔德林的演讲《……诗意地栖居……》的释诗方式在小说阐释中的运用，即以"一句话"为路径来展开，同时也是一种现象学的阐释。海德格尔为小说解读提供了新的阐释方式，但这种"一句话"式的释读方式有其难度，一方面需要阐释者能够思及作品中的被创作存在，能进行思与诗的对话；另一方面要能通过现象学来把"一句话"贯通到文本之中，需要现象学的操作"手艺"。故而，在海德格尔之后，只在他的少数几个弟子那里看到现象学方法在小说阐释中的运用，如其早期弟子比梅尔对普鲁斯特小说的阐释❶，围绕时间总结出八种重温的方式，但也无法采用以一句话来贯通的方式。至少在目前看来，这种释读方式也有其局限，面对《冰雪故事》这类篇幅不长的作品具有可行性，对于大部头的作品则难以实行。

---

❶ ［德］比梅尔. 当代艺术的哲学分析［M］. 孙周兴，李媛，译. 北京：商务印书馆，2012：7-271.

第四章
# 美学之克服

海德格尔在《哲学论稿》中指出,《艺术作品的本源》关涉克服形而上学的思想任务,这在艺术上体现为"美学之克服"。海德格尔把近代才出现的作为学科的美学置于形而上学的历史性中,在此意义上,美学之克服也归属于形而上学之克服的领域。故而要真正厘清"美学之克服"的问题,需要对"形而上学之克服"的先行揭示。为此,本章梳理出海德格尔克服形而上学的四个向度:以问题为导向的克服、以词源为关联的克服、以壶为例的物之经验的克服、美学之克服。而前三个向度通过不同的角度揭示出了存在的裂隙,为基于存在裂隙的美学之克服提供参照,也从存在自身的裂隙与美的关联中展示了以艺术方式进行的存在之撕裂。

# 第一节 形而上学之克服与基础问题

## 一、存在问题与形而上学之克服

存在之追问几乎成为海德格尔思想的一个标志,也是其克服形而上学的一个向度。《艺术作品的本源》也离不开存在问题。"《艺术作品的本源》全文有意识地、但未予挑明地活动在对存在之本质的追问的道路上。只有从存在问题出发,对艺术是什么这个问题的沉思才能得到完全的和决定性的规定。"❶ 存在之追问与克服形而上学之关联的澄清,也有助于分析《艺术作品的本源》中蕴含的美学之克服的问题,即以美学方式对形而上学的克服。从早期作品中重提存在问题,直到晚年思想中存

---

❶ [德]海德格尔. 林中路[M]. 孙周兴,译. 上海:上海译文出版社,2004:74.

在之问让位于存在之让（lassen），海德格尔漫长思想道路中的存在之追问，较为突出的阶段有两个：第一个阶段是 20 世纪 20 年代中后期，以《存在与时间》为代表的早期思想中的存在之追问，揭示出形而上学中的存在之被遗忘状态；第二个阶段是 30 年代中后期，形成与存有历史第一开端之终结、过渡时代，另一开端分别对应的主导问题、过渡问题和基础问题，并在《哲学论稿》中就主导问题与基础问题之间的比较进行重点阐发，试图在两者的跳跃中克服形而上学。第二个阶段算得上是海德格尔思想中对存在问题进行的最激进的表达，但在 40 年代初，海德格尔在《本有》中认识到了这种表达的形而上学痕迹。

## 二、《存在与时间》的存在问题与形而上学中的存在之被遗忘状态

海德格尔在早期代表作《存在与时间》中提出了存在问题，并揭示出了形而上学中的存在之被遗忘状态。存在问题包含独特的问题结构，分为三个环节："问之所问"（Gefragtes）、"被问及的东西"（Befragtess）与"问之何以问"（Erfragtes）。❶ 具体就存在问题来说，问之所问指存在，被问及的东西是此在，问之何以问则是存在的意义。而只关注存在者及其存在状态的形而上学则遗忘了存在。"存在之被遗忘状态不知道它自己，它误以为〈自己〉寓于存在者、'现实之物'而存在，误以为接近于'生活'、对'体验'有把握。因为它只知道存在者。"❷ 遗忘（vergessen）从词根来说有握住、抓住的意思。❸ 就其词根义而言，遗忘便是将一个东西当成另一个东西抓住，这样的抓住也是一种把握，存在

---

❶ [德] 海德格尔. 存在与时间 [M]. 陈嘉映，王庆节，译. 北京：生活·读书·新知三联书店，1999：6.
❷ [德] 海德格尔. 哲学论稿（从本有而来）[M]. 孙周兴，译. 北京：商务印书馆，2012：121.
❸ DUDENREDAKTION. Duden – Das Herkunftswörterbuch：Etymologe der deutschen Sprache [Z]. Band 7. Berlin · Mannheim · Zürich：Dudenverlag, 2014：892.

之被遗忘状态即是将存在者的存在状态把握为"存有本身之本现"。❶ 由于《存在与时间》并未写完，只完成了此在与时间性的内容，大致从此在的日常存在即非本真样式进入其本真样式，又揭示出时间性的统一，这部分内容可以纳入基础存在论之中。

在海德格尔1936年开始写的《〈存在与时间〉的持续评注》中，与同一年开始写的《哲学论稿》一样，"形而上学之克服"这个论题得到了凸显。在"持续评注"中，海德格尔指出了基础存在论之本质的过渡特征，而对存在论要"通过肯定第一开端来克服"。❷ 与之相似，《哲学论稿》则通过从主导问题回溯到其根基，还原到其在第一开端中的发生，这一过程既是对第一开端的肯定，也是对形而上学中存在之被遗忘状态的见证。

就存在问题来说，《存在与时间》主要展开"被问及的东西"这个环节，而时间作为存在问题的"视域"并未真正展开。以时间来揭示存在的意义，时间作为视域具有优先性，这种优先性成为对存在的限定，与康德所言的"可能性的条件"相类似，具有形而上学的痕迹。这也意味着有必要从其他的方式来揭示存在的意义，不再依托此在的时间性，甚至也不能依托时间本身，而是要从存在自身出发。《哲学论稿》中为了打破这种视域的优先性，海德格尔提出了存有与存在者的"同时性"。按冯·海尔曼的描述，随着《存在与时间》向《哲学论稿》的过渡，《存在与时间》中的存在之开抛作为超越被放弃了，与之一道，"视域也被放弃了"❸。就存在问题来说，这也是向基础问题的过渡，海德格尔在《哲学论稿》中点明，"《存在与时间》乃是向跳跃的过渡（对基础问题

---

❶ HEIDEGGER. Apports à la philosophie: De l'avenance [M]. traduction par FÉDIER F. Paris: Gallimard, 2013: 91 note 1.

❷ HEIDEGGER. Zu eigenen Veröffentlichungen [M]. Frankfurt am Main: Vittorio Klostermann, 2017: 7.

❸ HERRMANN F W v. Transzendenz und Ereignis: Heideggers "Beiträge zur Philosophie (Vom Ereignis)". Ein Kommentar [M]. Würzburg: Königshausen & Neumann, 2019: 82.

的追问)"❶。

由此,《存在与时间》中存在问题与"克服"之关联,可以从主导问题与基础问题进行重新把握。实际上最迟在 20 世纪 30 年代中期,海德格尔便已把存有历史"问题化"了,即把存有历史第一开端之终结、过渡时代、另一开端分别以问题来描述,对应于主导问题、过渡问题和基础问题。1935 年的《形而上学导论》分析了过渡问题即"为什么存在者存在而无不存在",写于 1936—1938 年的《哲学论稿》则重点探讨了主导问题与基础问题及两者之关系,也论及过渡问题。

### 三、《哲学论稿》中的主导问题与基础问题

《存在与时间》中的"问之何以问"(Erfragtes)可以成为《存在与时间》向《哲学论稿》过渡的通道。"在《存在与时间》中唯一被寻求者与问之何以问者(Erfragtes)",亦即"存有本身的道说","这种被寻求者同时是形而上学的克服。"❷ 在《哲学论稿》中,"问之何以问者"更是具体化为存有的真理或存有之本现,这已是从基础问题来把握了,并且,基础问题对"存在的意义"也具有基础意义,为后者建基。海德格尔在《艺术作品的本源》的"附录"中点明,"'存在的意义'(参考《存在与时间》)惟有从本有而来才能得到规定。"❸ 本有作为存有之本现,而基础问题可以视为本有的展开,"存在的意义"要从本有得到规定,也就是从基础问题得到规定。按照海德格尔晚年在"四个讨论班"中的自述,这也是其思想三个阶段的前两个,即从存在的意义到存有的真理,而"问之何以问者"在《存在与时间》中指存在的意义,在《哲学论稿》中表示存有的真理,构成两个阶段之过渡中的"问之所问

---

❶ [德]海德格尔. 哲学论稿(从本有而来)[M]. 孙周兴, 译. 北京: 商务印书馆, 2012: 244.

❷ HEIDEGGER. Zu eigenen Veröffentlichungen [M]. Frankfurt am Main: Vittorio Klostermann, 2017: 394–395.

❸ [德]海德格尔. 林中路[M]. 孙周兴, 译. 上海: 上海译文出版社, 2004: 74.

者",也表明两书都在存在问题的追问之中。而两者的差别在于,在《哲学论稿》中,一方面,"问之何以问者"所指代的内容发生了变化;另一方面,存在问题的结构也发生了变化,不再按照《存在与时间》中的三个环节来展开,在《哲学论稿》中没有了专门作为"被问及的东西"的特定存在者,没有像《存在与时间》中那样以一个特殊的存在者即此在为突破口,而是直接追问存有之本现,并且把存在问题分为主导问题与基础问题。尽管有这种差别,但"问之何以问者"一词也表明两书都是在存在问题的追问之中。

在《哲学论稿》中,海德格尔通过主导问题来对第一开端以来的柏拉图主义进行了整体把握。第一开端可以通过主导问题而得到标识。"从第一开端中,思想开始首先隐含地把自己固定起来,进而特别地被把握为'存在者是什么?'这样一个问题(由此开始的西方形而上学的这个主导问题)。不过,那种想要找到在第一开端中并且作为开端的主导问题的想法,或许是错误的。只是为了大致和初步的指导,第一开端才能借助于在其思想中的'主导问题'而得到标识。"❶ "一旦主导问题对于思想来说成为决定性的,这个开端性因素就隐退到开端的未经追根究底的东西(Ungründete)中了。"❷ 从问题来说,"未经追根究底的东西"也是在主导问题中"未经追问的"基础问题。❸

主导问题在两方面展开,一方面是存在状态作为存在者的本质,另一方面是神作为最高的存在者而规定了所有其他存在者。这样,也形成了对于神的新解释。存在者与存在状态的分离也演变为与意味着神性或

---

❶ [德] 海德格尔. 哲学论稿(从本有而来)[M]. 孙周兴,译. 北京:商务印书馆,2012:186-187.
❷ [德] 海德格尔. 哲学论稿(从本有而来)[M]. 孙周兴,译. 北京:商务印书馆,2012:187.
❸ [德] 海德格尔. 哲学论稿(从本有而来)[M]. 孙周兴,译. 北京:商务印书馆,2012:244.

神的"在场之彼岸"的分离。❶ 由于主导问题将存在状态作为存在者的本质,思想试图将存在把握为"持续者"(Beständige)或持续的在场状态,"神被确保为最为持续不变的(beständigste)在场者",所以,在亚里士多德那里,"神已经被弄死了","神已经在第一开端的终结中被弄死了"。❷ 由存在的这种持续的在场状态而来,神立身为"最为持续不断的、最先的与最终的根据"。❸ 同神成为最高存在者与最终的根据一致,"对存在者之为存在者的追问(在主导问题意义上),即存在学因此必然地是神-学"❹。而一种神的发生事件、神之发生的"运动因素"与神的"出自遮蔽之急难"的显现,在神的这种"持续"之"站立"(Stand)中,不再成为可思的,而是成为与这种站立"相反"(gegen)的东西了❺,是"在存在之离弃状态中的神之离弃状态"。❻ 神的这种最具持续性的站立已不同于第一开端中诸神之在场的立身与 φύσις [自然]之作为涌现的"带向持立"。这不同的站立与立身方式见证了第一开端的第一终结。

另一开端则显示为对存有之真理进行追问的基础问题,这是不同于主导问题的"另类"或"另一种"问题。"这另一种追问规定一个另一

---

❶ [德]海德格尔. 哲学论稿(从本有而来)[M]. 孙周兴, 译. 北京:商务印书馆, 2012:222.

❷ MÜLLER C. Der Tod als Wandlungsmitte:Zur Frage nach Entscheidung, Tod und letztem Gott in Heideggers "Beiträgen zur Philosophie" [M]. Berlin:Duncker & Humblot, 1999:314.

❸ MÜLLER C. Der Tod als Wandlungsmitte:Zur Frage nach Entscheidung, Tod und letztem Gott in Heideggers "Beiträgen zur Philosophie" [M]. Berlin:Duncker & Humblot, 1999:314.

❹ [德]海德格尔. 哲学论稿(从本有而来)[M]. 孙周兴, 译. 北京:商务印书馆, 2012:222.

❺ MÜLLER C. Der Tod als Wandlungsmitte:Zur Frage nach Entscheidung, Tod und letztem Gott in Heideggers "Beiträgen zur Philosophie" [M]. Berlin:Duncker & Humblot, 1999:313 - 314.

❻ MÜLLER C. Der Tod als Wandlungsmitte:Zur Frage nach Entscheidung, Tod und letztem Gott in Heideggers "Beiträgen zur Philosophie" [M]. Berlin:Duncker & Humblot, 1999:309.

开端的时代。"❶ 另一种问题也相当于对主导问题而言的基础问题。存有在基础问题中成为最值得追问者是通过抑制情调来调谐的。"抑制是与存有相关联的基本情调，在那一关联中存有之本质现身的遮蔽状态成为最值得追问者。"❷

由此，由抑制来调谐的基础问题之追问便是对存有之拒予的切近。在基础问题的"探问中为存有开放出场所——也许是一个为存有所要求的场所，假如存有之本质现身当是一种拒予，而对于这种拒予来说，不充分的追问也还是唯一适合的切近"❸。基础问题的追问既是对形而上学的克服，也是对存有之拒予的切近，还是一种解放。"追问乃是向着隐蔽的强制者的解放。"❹ 在这种切近与解放中发生着第一开端与另一开端之间的传送之架桥。

主导问题不能直接通达基础问题。而从存有历史来把握，这样一个过渡时代本身，在第一开端之终结与另一开端之间，乃是一个离-基深渊。故而，从主导问题到基础问题需要一种跳跃，以越过两者之间的深渊。基础问题"直接地起源于存在之离弃状态的急难的必然性"，并且"跳回到存有之真理的思想的原始基本经验之中"。❺

这是海德格尔在20世纪30年代中后期以问题为导向而克服形而上学的最激进的尝试。海德格尔在写于40年代初的"秘密手稿"《本有》中进行了自我批判，《哲学论稿》有着对"'存在问题'内部的'基础问题'与'主导问题'之区别"的合理"借鉴"，而这种存在问题自身

---

❶ HEIDEGGER. Grundfragen der Philosophie：Ausgewählte "Probleme" der "Logik" [M]. Hrsg.：HERRMANN F W v. Frankfurt am Main：Vittorio Klostermann，1984：197.
❷ HEIDEGGER. Grundfragen der Philosophie：Ausgewählte "Probleme" der "Logik" [M]. Hrsg.：HERRMANN F W v. Frankfurt am Main：Vittorio Klostermann，1984：2.
❸ [德] 海德格尔. 哲学论稿（从本有而来）[M]. 孙周兴，译. 北京：商务印书馆，2012：103-104.
❹ [德] 海德格尔. 哲学论稿（从本有而来）[M]. 孙周兴，译. 北京：商务印书馆，2012：11.
❺ [德] 海德格尔. 哲学论稿（从本有而来）[M]. 孙周兴，译. 北京：商务印书馆，2012：243.

仍然是"在形而上学的风格中被把握的"。❶ 这也意味着,《哲学论稿》通过主导问题与基础问题相比较来展开对形而上学之克服的描述仍然有形而上学的痕迹。而在30年代末期,海德格尔已经在"秘密手稿"中开始了以词源为关联来展开形而上学之克服的探讨。

## 第二节 以词源为关联的克服:"形而上学之克服"的三环节

为了摆脱以问题为导向的"克服"所具有的形而上学色彩,海德格尔在"秘密手稿"《形而上学之克服》❷ 中做出了一种转变,转入了以词源学关联来展开的"克服",并形成了克服形而上学的三环节:剥夺、经受与克服。这三个词的共同词根具有回旋的含义,三个环节共同构成回旋的环形运动,实际上基于"本有中的转向",并在整体上归属于本有事件的发生。这也见证了海德格尔所言的,形而上学之克服并非思想家的成就,而是事情本身的转向。

### 一、形而上学之克服的三环节及其整体关联

无论是作为海德格尔早期代表作的《存在与时间》,还是作为后期代表作的《哲学论稿》,对形而上学的把握,均以问题为导向。《存在与时间》以重提存在问题来揭示形而上学中的存在之被遗忘状态,作为

---

❶ HEIDEGGER. Das Ereignis [M]. Hrsg.: HERRMANN F W v. Frankfurt am Main: Vittorio Klostermann, 2009: 4.

❷ 海德格尔写于1938—1939年的《形而上学之克服》,与《虚无主义的本质》(1946—1948)合在一起作为《海德格尔全集》第67卷《形而上学与虚无主义》出版。《形而上学之克服》被归入其"秘密手稿"系列,在《形而上学与虚无主义》中占了大半篇幅,可称为"半卷秘密手稿"。值得一提的是,《形而上学与虚无主义》中的部分笔记被摘录出来,在《海德格尔全集》第7卷《演讲与论文集》中以《形而上学之克服》为题出版,与"半卷秘密手稿"同名,两者内容上有一些重合,但"秘密手稿"中的《形而上学之克服》阐述得更彻底。

"秘密手稿"之框架的《哲学论稿》试图通过主导问题向基础问题的跳跃来克服形而上学。但海德格尔后来在"秘密手稿"《本有》中承认，主导问题与基础问题的这种区别与比较，仍带有形而上学的风格特征。这表明，以问题为导向的形而上学之克服，仍然带有形而上学的痕迹。

从 20 世纪 30 年代末到 40 年代初，海德格尔从"秘密手稿"中的《形而上学之克服》开始，从"问题"之导向转入词源学上的关联，从而消除了以问题为导向的"克服"中所隐含的形而上学痕迹，也更为纯粹地去思索形而上学之克服，从词源学上揭示了形而上学之克服的三个环节：剥夺（Entwindung）、经受（Verwindung）与克服（Überwindung）。这三个基本词语有共同的词根 windung（回旋、盘旋），三个环节也因之都含有一种基本的回旋之环形运动。

海德格尔在《本有》中以一句话概括了这三个环节的整体关联："回响显示出形而上学之克服，克服从剥夺之经受出发自行居有。"❶ 在《哲学论稿》中，回响是存有之拒予的回响，也是存有之本现。存有不属于形而上学，而是在形而上学之外的他者，从这种他者而来才能克服形而上学，否则在形而上学内部哪怕以反形而上学的名义唱反调，本质上仍然还属于形而上学，作为柏拉图主义之颠倒的尼采便是这样的例子，在此意义上，存有之回响便能显示出形而上学之克服。在存有之回响的基础上，海德格尔把形而上学之克服的三环节从整体上十分精练地概述为："克服从剥夺之经受出发自行居有。"不妨以这句话为思路来阐发克服之过程，第一环节是剥夺，形成第二环节即剥夺之经受，而第三环节克服是"从剥夺之经受出发"的，三个环节的整体发生是"自行居有"（sich ereignet），亦即本有事件（Ereignis）的发生。

---

❶ HEIDEGGER. Das Ereignis [M]. Hrsg.：HERRMANN F W v. Frankfurt am Main：Vittorio Klostermann，2009：75.

## 二、剥夺与挣脱

形而上学之克服的第一个环节为剥夺，海德格尔描述 Entwindung（剥夺）时，也用了该词反身动词的形式 sich entwinden（挣脱），故而，第一个环节可以从挣脱与剥夺这两个方面来阐发，挣脱对应于存有历史过渡时代的形而上学之经验，而剥夺则对应于存有历史第一开端中的形而上学之发生的根源。

挣脱指的是存有"挣脱存在者的优势地位"❶。存有历史的过渡时代具有双重性，一方面是形而上学处于终结阶段，另一方面是存有之真理还未真正建基。在形而上学的终结阶段，存在者仍然处于优势的统治地位。这种挣脱发生于惊恐的情调中，如同人或动物受到惊吓往往会后退一样，在惊恐中有一种后退，从存在者的熟悉状态回行到存有之遮蔽的敞开状态中，从而经验到存在者的存在之离弃状态。存在之离弃发生于存有历史第一开端，这是克服形而上学的一种实行，如《哲学论稿》所言的，"形而上学的克服并不是对传统哲学的排斥，而是跃入哲学的第一开端"❷。

存有历史的第一开端有着剥夺的发生。第一开端以 Φύσις（涌现、自然）与 ἀλήθεια（真理、无蔽）及其相互关系为特征。《形而上学之克服》从 ἀλήθεια（真理、无蔽）的词源分析入手，该词由表否定的前缀 ἀ- 与词根 Λήθη（遮蔽、遗忘）构成，是对 Λήθη（遮蔽、遗忘）的一种否定与消除，这也就是剥夺的发生，《本有》中提到，真理是"在其剥夺中作为揭蔽"❸ 的。同样，Φύσις（自然）之涌现也是在无蔽中发生，故而，

---

❶ HEIDEGGER. Metaphysik und Nihilismus [M]. Hrsg.：FRIEDRICH H J. Frankfurt am Main：Vittorio Klostermann，1999：8.

❷ [德] 海德格尔. 哲学论稿（从本有而来）[M]. 孙周兴，译. 北京：商务印书馆，2012：532.

❸ HEIDEGGER. Das Ereignis [M]. Hrsg.：HERRMANN F W. v. Frankfurt am Main：Vittorio Klostermann，2009：30.

涌现也是对遮蔽维度的一种剥夺。由此，遮蔽者在此剥夺中转身而去，"剥夺出自仍不可经验的转向"❶。如果说，无蔽与涌现作为在场还与遮蔽者构成一种在场与不在场的关联的话，那么，"形而上学从首次剥夺中离开"❷，进而转入在场者或在场状态的优先地位中，就丧失与遮蔽者的关联了。标志着形而上学形成的柏拉图-亚里士多德哲学，便把在场解释为在场状态，把存在把握为存在状态，从而掩盖了第一开端中本源性的在场及其与遮蔽维度的关联。可以说，形而上学是在剥夺的基础上的再次剥夺。

## 三、经　受

经受是"剥夺之经受"，剥夺从过渡时代与第一开端两个方面展开，经受是剥夺之经受，故而也涉及这两方面的内容。

就剥夺在过渡时代显示为存有对存在者统治地位的挣脱而言，经受在这一挣脱中经验到存有在过渡时代的显现，体现为对"过渡之未被建基的东西与粗略结构（Ungefüge）"❸的经受。这里的 Ungefüge（粗略结构）是针对 Gefüge（构造、结构）而言的，海德格尔视 Gefüge 为 Fügung（接缝）之集合，通过对存有之真理的自由接合才能实现，而在存有历史的过渡时代，并不能做到这一点，故而只是经受到粗略结构。由此，经受也就是经受到存有在过渡时代挣脱了存在者的统治地位而本现的粗略结构，这体现在作为"过渡时代的思想作品"❹ 的《哲学论

---

❶ HEIDEGGER. Das Ereignis [M]. Hrsg.：HERRMANN F W v. Frankfurt am Main：Vittorio Klostermann，2009：69.

❷ HEIDEGGER. Das Ereignis [M]. Hrsg.：HERRMANN F W v. Frankfurt am Main：Vittorio Klostermann，2009：137.

❸ Ungefüge 这个词较为特殊，一方面它来自形容词形式 ungefüge，表示笨拙的、粗笨的；另一方面，又可以理解为由名词 Gefüge（构造、结构）加否定前缀 Un-构成，在此意义上可译为"非结构"。考虑到这两方面的含义，这里译为粗略结构。HEIDEGGER. Metaphysik und Nihilismus [M]. Hrsg.：FRIEDRICH H J. Frankfurt am Main：Vittorio Klostermann，1999：6.

❹ [德] 海德格尔. 哲学论稿（从本有而来）[M]. 孙周兴，译. 北京：商务印书馆，2012：90.

稿》中，该书主体部分是由六个裂隙构成的结构，但其后又被海德格尔在"秘密手稿"《存有的历史》中予以纠正，认为《哲学论稿》"仍然是框架，而不是结构"❶。海德格尔在1936年《谢林：论人类自由本质》讲稿中把框架视为形而上学的体系与另一开端中的"结构"之间的中间形态或过渡形态，这表明，框架相当于粗略结构，两者都是存有在过渡时代的一种呈现样式。

而就剥夺在第一开端中的发生而言，经受也是对存有历史第一开端的"开端事件"（Anfangnis）之经受❷，亦即，经受到第一开端中无蔽与涌现对遮蔽维度的剥夺，并通过这种剥夺而经验到无蔽与涌现所源出的遮蔽维度，亦即存有之自行遮蔽。经受以此方式从形而上学之剥夺的根源处经验到了存有的自行遮蔽。

这样，经受从过渡时代的当下处境出发，经由第一开端中发生的剥夺事件而经受到了存有之遮蔽维度，这实际上是一种回转：遮蔽者在剥夺中转背而去，在经受之切近中又转过来。经受与存有之遮蔽的背转而去又转回来的旋转运动相关联，形成"经受与（本有）之环圈（Gewind）"❸的关联。因为就第一开端与形而上学的发生过程来说，恰恰是从存有之遮蔽维度到其被剥夺而发生为在场，而后又是在场被遗忘而产生汲汲于在场者及其在场状态的形而上学，是与经受相反的路径。但这种相反的路径要在第一开端中的遮蔽者得以经受时方可见证，或用胡塞尔的说法，才能得到"明见"，如果没有对遮蔽者的经受，又如何能经验到无蔽与在场对于遮蔽者的剥夺？在此意义上，剥夺又出自经

---

❶ HEIDEGGER. Die Geschichte des Seyns [M]. Hrsg.：TRAWNY P. Frankfurt am Main：Vittorio Klostermann, 1998：5.

❷ HEIDEGGER. Metaphysik und Nihilismus [M]. Hrsg.：FRIEDRICH H J. Frankfurt am Main：Vittorio Klostermann, 1999：35.

❸ HEIDEGGER. Das Ereignis [M]. Hrsg.：HERRMANN F W v. Frankfurt am Main：Vittorio Klostermann, 2009：137.

受,"剥夺从仍未被居有的、然而隐蔽的经受中跃出"。❶ 并且,剥夺也以此通过经受而与存有之遮蔽相关联,亦与存有之遮蔽的环绕运动建立起联系,故而海德格尔在《全集》第 73 卷《通向本有 – 思想》中说道:"经受把剥夺(形而上学式地)在其根基中与环形(Kranz)联结起来。"❷

## 四、克 服

剥夺与存有之遮蔽的转背而去相关联,而经受则与其转来相关,克服"从剥夺之经受出发"便是从此种遮蔽者之转去又转来的回转运动中出发了。在克服中,三个环节的词根"回旋"的含义才得到直接揭示,也使遮蔽者在剥夺中的转去与经受中的转来得以合在一起而回旋。海德格尔十分贴切地以绞盘的转动来形容这种旋转。

海德格尔在《形而上学之克服》中描述了"克服"中的绞盘之盘旋运动:"'克服'(Überwindung)应该作为存有历史性的词语被道说,它把回旋(Windung)思为绞盘(Winde)的盘旋。绞盘往上升——同时把自身撑在基础中。盘旋作为到另一种(存有历史性的)本质中的上升同时乃基础之启 – 基。"❸ 绞盘既把上升与下行统一起来,绞盘的启 – 基便是往下开启基础,并且,在上升的同时也是下行,这实际上相当于把剥夺与经受统一起来了:剥夺在第一开端中也发生为 Aufgang,海德格尔用该词翻译 Φύσις,Aufgang 除涌现的含义外,也表示上升,而经受作为对存有之遮蔽的经受,随着形而上学从首次剥夺出发而离开(Fortgang),存有之遮蔽也进入深渊而下行(Untergang),经受建立起与这种下行的关联,这也使存有之遮蔽作为基础而得以在另一开端中启 – 基。

---

❶ HEIDEGGER. Das Ereignis [M]. Hrsg.: HERRMANN F W v. Frankfurt am Main: Vittorio Klostermann, 2009: 56.

❷ HEIDEGGER. Zum Ereignis – Denken [M]. Frankfurt am Main: Vittorio Klostermann, 2013: 42.

❸ HEIDEGGER. Metaphysik und Nihilismus [M]. Hrsg.: FRIEDRICH H J. Frankfurt am Main: Vittorio Klostermann, 1999: 14.

由此,"克服从剥夺之经受出发"也就是从上升中所经受到的下行出发,这相当于绞盘的旋转了。至此,"克服"作为存有历史性的词语,在绞盘之盘旋中揭示出存有历史中的上升与下行之间的回旋运动。

正是在这种回旋或盘旋运动中,形而上学才得以克服:"盘旋(Windung)是一种旋转与转变(Wendung);只要绞盘被安置到形而上学自身的本质中——只要形而上学从其遮蔽的基础到来(存有),形而上学就被提升到存有之澄明中并(作为曾在者)被建基。"❶ 三个环节之回旋的环形运动作为绞盘,安置到形而上学的本质中,也就是形而上学进入上升与下行的回旋运动中,这里的上升即存有之澄明,而下行即建基到作为存有之遮蔽的基础中。形而上学进入绞盘的盘旋而建基于存有之中,这种盘旋也是一种转运,使形而上学转到存有之本现中。后者体现在克服(Überwindung)一词的前缀 Über-(越过)中。"克-服说的是那种回旋,它转运(überführt)到不再是形而上学的东西之中:回旋作为存有之本现。"❷ 至此,形而上学通过剥夺、经受与克服这三环节的回旋运动而从存有之本现被克服了。

## 五、三环节的回旋与本有中的转向

在《哲学论稿》中,存有之本现即是本有,三环节的回旋运动作为存有之本现实际上归属于本有。故而,剥夺、经受与克服这三环节也被海德格尔描述为"克服从剥夺之经受出发自行居有",自行居有(sich ereignet)亦即本有(Ereignis)的发生,这也意味着,三环节的回旋运动实为本有事件的发生。本有事件的发生本身就包含转向,回旋运动根本上基于本有中的转向。海德格尔《哲学论稿》在以"在本有中的转

---

❶ HEIDEGGER. Metaphysik und Nihilismus [M]. Hrsg.: FRIEDRICH H J. Frankfurt am Main: Vittorio Klostermann, 1999: 14-15.

❷ HEIDEGGER. Metaphysik und Nihilismus [M]. Hrsg.: FRIEDRICH H J. Frankfurt am Main: Vittorio Klostermann, 1999: 15.

向"为题的这一节中提到:"本有中本质性地现身的转向,乃是所有其他转向、循环和圆圈的隐蔽基础——即那些从属的、具有幽暗来源的、依然未经追问的、本身容易被看做'最后者'的转向、循环和圆圈的隐蔽基础。"❶

由此,"克服从剥夺之经受出发自行居有"也从整体上得到揭示,即剥夺、经受与克服这三环节的回旋运动基于"在本有中的转向"之运作,绞盘的盘旋根本上也是本有中的转向之发生。从本有之转向来说,"形而上学的克服不是思想家的一个'成就'(Leistung)"❷,而只是思想对于本有之转向的一种顺应。这也照应了海德格尔对理查德所问的转向问题的回答:"转向在事态本身中运作。这种转向既不是我发明的,也不是仅仅涉及我的思想。"❸

海德格尔在"秘密手稿"中对形而上学之克服三环节的描述,借用《哲学论稿》的副标题来说,是"从本有而来"的发生。形而上学从存有之本现来克服,实际上也是"从本有而来"而被克服的。相较于作为海德格尔六卷半"秘密手稿"之框架的《哲学论稿》,从词源学关联展开的形而上学之克服的三环节结构,比过渡时代思想作品的框架或粗略结构也更纯粹,是这个粗略结构中较为纯粹的"存有之道说"。

## 第三节　思想之物与形而上学之克服:
## 以壶的四次阐释为例

海德格尔晚年在演讲《物》中对壶(Krug)的阐释已成为经典例

---

❶ 海德格尔. 哲学论稿(从本有而来)[M]. 孙周兴,译. 北京:商务印书馆,2012:431.
❷ HEIDEGGER. Das Ereignis [M]. Hrsg.: HERRMANN F W v. Frankfurt am Main: Vittorio Klostermann, 2009: 168.
❸ [德]海德格尔. 同一与差异[M]. 孙周兴,陈小文,余明锋,译. 北京:商务印书馆,2011:112-113.

子。壶见证了四元整体世界与物的关系,也以此显示了一条迥异于形而上学之物的经验,提供了一条通过对物的阐释来克服形而上学之物并以此克服形而上学的路径。壶作为例子,在海德格尔作品中并不突兀,其思想道路上具有路标意义的壶之阐释至少有四次。四次释壶也展示了海德格尔思想从世地神人四元整体到天地神人四重整体世界的一种转变历程❶。

海德格尔在早期作品中多次提到了壶,无论是作为现成存在者还是人工产品,并无多少特别之处。直到20世纪30年代,在《艺术作品的本源》中数次提到壶,视之为物的一种,作为用具而与斧头、鞋子并列,具有日常观念中质料与形式相统一的结构。但这种日常观念中的用具结构得以突破而跳入物之存在,在《艺术作品的本源》中不是以壶为例,而是以"鞋子"为例,是通过凡·高的油画《农鞋》来实行的。农鞋的存在敞开了农妇的世界,在农妇穿上鞋子劳作于田间地头时也带出了大地,世界与大地共同构成农妇的在"此"(Da)。而壶在《艺术作品的本源》中虽已出场,却未如农鞋那般实行了此种跳跃,还未在"此"中展开,直到在《哲学论稿》中才被选中成为"此"之敞开状态的例子。

## 一、《哲学论稿》对壶的阐释

《艺术作品的本源》中的"农鞋"与"神庙"虽未明言但已在整体上揭示出了世界、大地、神与人这四元,以至于有一部分学者将其视为海德格尔晚年天地神人四重整体思想的起源。而在《哲学论稿》中,世地神人四元整体以一个图表直接标示出来,这四元整体构成了"此"。为了描述"此"之敞开状态,海德格尔以一个敞开者为例子来谈论,这

---

❶ 这里在表述上对四元整体与四重整体略作区分:世地神人这四者名为四元整体,天地神人这四者名为四重整体。本书采用了四元整体与四重整体这两种表述,在行文中根据具体语境而选择其中一种表述。

也是《哲学论稿》中极少数的几个例子之一。海德格尔选择作为例子的敞开者，便是壶。

从日常用具来打量壶，是由其材料与壶的形式共同构成的，但海德格尔的解释摆脱了作为形式与质料之统一的用具结构，重在壶的"空洞中心"与壶壁以及两者之间的关联，壶的"空洞中心"反而成了壶壁的"赋形者和承受者"❶。简言之，壶作为敞开者是从空洞中心到壶壁的构形。"此"之敞开状态也是从虚空来展开的。"此"作为时间-游戏-空间，在时间上发生为存有之曾在的"不再"与将来的"尚未"，"不再"与"尚未"构成了当前之无化与虚空；虚空与空间相互游戏，在迷移中经验到存有之遮蔽在空间上的切近，这种切近也是空间的具体生成，而遮蔽在切近中仍保持为遮蔽，保持遮蔽也就发生为一种疏远，在切近中又疏远，造成一种"颤动"，亦即作为存有之本现的"本有的颤动"，这也是本有的"设置空间"。因而，"此"之敞开状态便能与壶相类比，"此"之虚空对应于壶的空洞中心，而"此"之"环绕支撑"（Umhalt）或"本有的颤动"也相当于壶壁的赋形。"这个'此'的有所围绕的内壁并不是什么物性的现成之物"，而"是自行遮蔽之暗示中的本有的颤动"❷。壶之虚空与壶壁的这种阐发，为其后的壶之阐释打下了基础。

## 二、《乡间小路上的谈话》对壶的阐释

《哲学论稿》中的壶，作为敞开者，揭示了世地神人四元构成的"此"之敞开状态，但海德格尔并没有对壶与这四元的关系进行直接阐发。1945 年的《乡间小路上的谈话》才真正展开对壶的具体分析，揭示出天、地、神、人四元在壶中的运作。与《哲学论稿》中作为敞开者

---

❶ [德] 海德格尔. 哲学论稿（从本有而来）[M]. 孙周兴，译. 北京：商务印书馆，2012：360.

❷ [德] 海德格尔. 哲学论稿（从本有而来）[M]. 孙周兴，译. 北京：商务印书馆，2012：360-361.

的壶之"空洞中心"相比较，这里的壶之虚空已作为敞开-地带来把握了。两者一致之处在于，均从虚空出发，并都保持了空间的内涵。

《乡间路上的谈话》并没有完整地阐释天地神人四元及其内在关系，在描述中有着分散性，较为突出的是通过聚饮显示出天地人三元在壶中的逗留。"饮料逗留于聚饮中。聚饮指的是欢饮时提供饮料的可饮者与可饮的被饮者的共属一体。聚饮乃是饮料和欢饮。可饮的提供欢饮者包括美酒等。饮者是人。作为提供欢饮的东西，聚饮逗留于美酒中，美酒逗留于葡萄中，葡萄逗留于大地上，逗留于天空的赠礼中。"❶ 而神的出场则通过庆典带出。尽管《乡间路上的谈话》还未从整体上直接阐述天地神人四重整体，但整体上把握这些分散的论述，还是能像瓦莱加-诺伊（Vallega-Neu）那样作一个补充性的总结："在从陶壶之虚空中出现的敞开-地带中，大地、天空、人（与神圣者）逗留于节日中。"❷ 从《哲学论稿》到《乡间小路上的谈话》这两次对壶的阐释，在海德格尔思想中大致实现了从世地神人到天地神人四元的过渡。

## 三、《注释Ⅰ-Ⅴ（黑色笔记1942—1948）》对壶的阐释

《注释Ⅰ-Ⅴ（黑色笔记1942—1948）》作为《海德格尔全集》第97卷于2015年出版，梳理其中写于1946—1948年的内容，可以发现其与《乡间小路上的谈话》中壶之阐释的承接关系。海德格尔在该书中虽然并没有对壶的具体描述，而只是简略地提及，"壶的本质形象归属于'区分'"❸。从区分来把握壶，是海德格尔释壶走向成熟的必要环节。

《注释Ⅰ-Ⅴ（黑色笔记1942—1948）》对"区分"作了多重阐发，最终从作为存有之无化的区分过渡到世界之区分。从世地神人四元到天

---

❶ [德]海德格尔. 乡间路上的谈话[M]. 孙周兴, 译. 北京：商务印书馆, 2018：123.
❷ VALLEGA-NEU D. Heidegger's Poietic Writings: From Contributions to Philosophy to The Event[M]. Bloomington: Indiana University Press, 2018: 178-179.
❸ HEIDEGGER. Anmerkungen Ⅰ-Ⅴ (Schwarze Hefte 1942—1948)[M]. Hrsg.: TRAWNY P. Frankfurt am Main: Vittorio Klostermann, 2015: 195.

地神人四重整体世界，一个重要的变化便是前面四元之中的世界，其位置在后面四重整体中由"天空"取代，而且世界又被赋予新的含义，作为天地神人四重的整体。海德格尔在写于1946年的笔记中完成了这个转变。最迟在1946年年初，开始把"此"与世界之世界化并列，"此－有（Da－seyn）作为存有是世界的世界化"。❶ 这里的世界已经升格为四元的整体，与存有并列了。而对区分的论述也转变为世界之区分："在存有中无化着的东西是区－分"❷，这一区分从空间维度显示为存有的地方性，"存有的地方性乃区分"❸，而"地方性作为世界"❹，由此，区分便演化为世界的区分。海德格尔进一步点明，"世界命名区分之被遮掩了的本质"。壶所归属的"区分"也就成了世界的区分。可见，壶与四重整体世界之区分的关联最迟在1948年就基本形成了。

### 四、《物》对壶的阐释

在前面三次释壶的基础上，海德格尔终于能够在1949年年底的演讲《物》中直接宣告天地神人四重整体世界与壶的具体关联了。壶之阐释也在这第四次描述中获得其成熟形态：天地神人四重整体世界与作为壶的物之区分或分解（Austrag）。

在《物》的演讲中，壶的虚空之聚集已经从四重整体的栖留来经验，在壶之容纳与倾注中，聚集了天地神人四重整体。"在倾注之赠品中，逗留着大地与天空、诸神与终有一死者。这四方（Vier）是共属一体的，本就是统一的。它们先于一切在场者而出现，已经被卷入一个惟

---

❶ HEIDEGGER. Anmerkungen Ⅰ－Ⅴ（Schwarze Hefte 1942—1948）［M］. Hrsg.：TRAWNY P. Frankfurt am Main：Vittorio Klostermann，2015：68.

❷ HEIDEGGER. Anmerkungen Ⅰ－Ⅴ（Schwarze Hefte 1942—1948）［M］. Hrsg.：TRAWNY P. Frankfurt am Main：Vittorio Klostermann，2015：401.

❸ HEIDEGGER. Anmerkungen Ⅰ－Ⅴ（Schwarze Hefte 1942—1948）［M］. Hrsg.：TRAWNY P. Frankfurt am Main：Vittorio Klostermann，2015：202.

❹ HEIDEGGER. Anmerkungen Ⅰ－Ⅴ（Schwarze Hefte 1942—1948）［M］. Hrsg.：TRAWNY P. Frankfurt am Main：Vittorio Klostermann，2015：336.

一的四重整体（Geviert）中了。"❶ 四重整体的世界在壶的虚空之聚集中逗留，并与壶构成一种区分。回顾前三次壶之阐释，不难发现其内在的脉络：在《哲学论稿》中，壶的虚空由作为内壁的本有之颤动所环绕；在《乡间路上的谈话》中，壶之虚空与敞开地带中有着天地神人四元的逗留；在《注解Ⅰ-Ⅴ（黑色笔记1942—1948）》中，壶的本质形象归属于世界之区分；最终在《物》中，壶之虚空中逗留的乃是天地神人四重整体世界，而壶与世界的关联也演变为四重整体世界与作为壶的物之区分或分解——就各自自身的运作来说，可以分为"物物化"与"世界世界化"，就相互之间的贯通来说，"物物化世界"，世界化让物生成。❷

值得注意的是，在成熟的四重整体世界的表述中，世界的映射游戏发生为"居有之圆舞"，而圆舞乃是"起环绕作用的圆环"，世界因此显示为一种"环化"❸，在这里，仍然可以看出《哲学论稿》中壶之虚空中心与环形壶壁之关联的影响。

海德格尔对壶的四次阐释，见证了从世地神人四元整体到天地神人四重整体世界的形成过程，也构成这一思想道路上的路标。海德格尔的这种努力也表明，其天地神人四重整体思想并非简单地受到荷尔德林的影响而产生，更是在自身思想道路的努力探寻中逐步走向成熟的。

对于美学之克服而言，以壶为例的物之经验，也瓦解与克服了日常概念中形式与质料相统一的用具结构，因为后者构成美学的概念图式。"质料与形式的区分，而且以各种不同的变式，绝对是所有艺术理论和美学的概念图式。不过，这一无可争辩的事实却并不能证明形式与质料的区分是有充足的根据的，也不证明这种区分原始地属于艺术与艺术作

---

❶ 海德格尔. 演讲与论文集［M］. 孙周兴，译. 北京：商务印书馆，2018：186.《物》之演讲的最早版本在《海德格尔全集》第79卷《不莱梅和弗莱堡演讲》，这里采用了《演讲与论文集》中《物》之演讲的论述.

❷ 对世界与物及其关联的论述，参见：［德］海德格尔. 演讲与论文集［M］. 孙周兴，译. 北京：商务印书馆，2018：189-192.

❸ 对圆舞、圆环与环化的描述，参见：［德］海德格尔. 演讲与论文集［M］. 孙周兴，译. 北京：商务印书馆，2018：195.

品的领域。"❶ 形式与质料相统一的概念机制，实际上基于对存在者现成状态的把握，在西方哲学中，这对概念机制可以梳理出一条从亚里士多德到康德的路径。"甚或把主体－客体关系与形式－质料这对概念结合在一起"❷，这里不点名地提到了康德的做法。而通过作为物的壶之阐释，已经从根基处揭示了一种既非质料－形式的物之结构，也非主体－客体的人－物关系。故而，壶之阐释，既瓦解了形而上学美学中的概念图式，也呈现了壶本身的形象，从而也为美学之克服提供了帮助。

## 第四节 《艺术作品的本源》与"美学之克服"

前述三种克服形而上学的向度：以问题为导向、以词源为关联、以思物为路径，均在不同方面有助于把握《艺术作品的本源》中未明言但已蕴含的"美学之克服"的问题。就存在之追问来说，前文已经交代，《艺术作品的本源》实际上仍然活动在存在之追问的道路上；以词源为关联而展开的克服形而上学的三环节（剥夺、经受、克服）可被借用到对美学之克服的分析上；而以对壶的四次阐释为路径所揭示的天地神人四重整体思想的形成历程，本身便是从《艺术作品的本源》出发的。壶的成熟形态的阐释，作为一种物之思的经验，简言之，作为一种思物的经验，对于美学或艺术中的物之存在——或简称美物——的把握，可资借鉴。

### 一、"美学之克服"的提出

美学作为一门学科，通过鲍姆嘉通的命名而在近代诞生，这本身便是一个近代形而上学的事件。在1942年夏季学期课程"荷尔德林的颂

---

❶ ［德］海德格尔. 林中路［M］. 孙周兴，译. 上海：上海译文出版社，2004：12.
❷ ［德］海德格尔. 林中路［M］. 孙周兴，译. 上海：上海译文出版社，2004：12.

诗《伊斯特河》"中，海德格尔提到了形而上学对美学的奠基。"美学是美及艺术之形而上学的、亦即近代形而上学的本质界定的方法类型（Art）。美的这种近代的－形而上学的解释在尼采的形而上学中达到其完成。"❶ 海德格尔把美学与形而上学的关联纳入其存有历史来把握，尼采思想是形而上学的完成，美学也在尼采形而上学中完成，美学之形而上学解释与形而上学的完成有着一致性。

与之相应，美学之克服与形而上学之克服也有一致性。在《哲学论稿》中，《艺术作品的本源》所包含的克服美学的任务被挑明。"有关艺术作品之本源的追问，并不是要达到一种关于艺术作品之本质的永远有效的断言，后者同时可以充当对艺术史的历史学回顾和说明的引线。这种追问最紧密地联系于一项克服美学的任务，而这项任务同时也是要克服某种有关作为对象性地可表象之物的存在者的理解。对美学的克服又必然地起于与形而上学本身的历史性争辩。形而上学包含着西方式的关于存在者的基本态度，因而也包含着西方艺术及其作品的迄今为止的本质的基础。形而上学之克服意味着开放出存在之真理的问题相对于任何一种'理想的'、'因果的'、'先验的'和'辩证的'存在者说明的优先地位。"❷ 这里正式提出了美学之克服的任务。而"在公开发表的'艺术作品的本源'中，海德格尔也未曾明言此点——虽然其中已经包含了这项思想任务"❸。克服美学的任务同时也是要克服对存在者的对象性把握，后者即是形而上学对存在者的基本态度，故而，克服美学同时也要克服形而上学。而对于形而上学中的存在者优先地位的克服，要"开放出存在之真理的问题"，《艺术作品的本源》通过艺术中发生的真

---

❶ HEIDEGGER. Hölderlins Hymne "Der Ister" [M]. Frankfurt am Main：Vittorio Klostermann，1993：109.

❷ ［德］海德格尔. 哲学论稿（从本有而来）[M]. 孙周兴，译. 北京：商务印书馆，2012：532.

❸ ［德］海德格尔. 哲学论稿（从本有而来）[M]. 孙周兴，译. 北京：商务印书馆，2012：532 译注.

理之揭示，实行了此种"开放"，已是处于对形而上学的克服之中了。

实际上，除了《哲学论稿》中的简述之外，海德格尔集中对"美学之克服"问题的探讨，在其对《艺术作品的本源》重读重释而写的《〈艺术作品的本源〉提示》中，后者被收录于《海德格尔全集》第82卷《论自己的问世之作》，该书直到2017年才出版，比1989年出版的《哲学论稿》晚了近30年。这个文本构成论述"美学之克服"的重要依据，但在思路上，也可以借鉴形而上学之克服的"三环节"（剥夺、经受与克服）进行描述，以此更清楚地显示美学之克服的脉络。

## 二、美学之克服的三环节

海德格尔把美学之克服与形而上学的历史性相关联，后者指从存有历史来把握形而上学，按照前文论述的从词源关联来展开的形而上学之克服三环节（剥夺、经受与克服），也可以用于美学之克服。与形而上学的历史性相一致，海德格尔显然也从存有历史来把握美学的历史性，无论是在深度还是广度上都超出了鲍姆嘉通所确立的美学学科的领域。海德格尔认为，在 ἀλήθεια［无蔽、真理］崩塌、τέχνη［技艺］也"没有作为 ἀλήθεια［无蔽］之开动"的地方，"美学的东西（Aesthetische）得以开始"，这在美学的东西（Aesthetische）"这个概念与词语成为主宰之前很久"就已发生。❶ 在美学学科或近代美学所命名的美学之物出现前很久，美学的东西就已经发生了，这个阶段实际上也是存有历史第一开端的终结即形而上学的形成阶段，同时也是前文论述过的主导问题的形成阶段，亦即形而上学之克服中的剥夺这一环节的发生，即形而上学作为从首次剥夺中的离开，其中的后果是美学之物的形成。

这种"美学的东西"在存有历史中具体发生于形而上学的开端处，亦即柏拉图的哲学中。海德格尔在1942—1943年冬季学期讲座课"巴

---

❶ HEIDEGGER. Zu eigenen Veröffentlichungen [M]. Frankfurt am Main: Vittorio Klostermann, 2017: 536.

门尼德"中更具体地回顾了这一过程。"关于'艺术'的话题所关注的视角是，艺术品自身如何让存在显现，将其带入无蔽状态中。如此的追问距离形而上学对艺术的思考很遥远，因为后者'美学地'进行思考。这意味着：作品在其对人及其体验的效果中被考虑。但是只要作品自身被考虑，它就被当作一个创作的作品，这种'创作'又表达了一种'经验冲动'。所以，即使人们考虑艺术品自身，也是将它作为一个创造的或再现的体验的'对象'和'产品'，也就是说，时时处处都是从人的主体性的感知（αἴσθησις）出发。对艺术和艺术品的美学考虑恰恰始于形而上学的开始处，因为这是本质必然的。这意味着：同艺术的美学关系开始于这个时刻：当ἀλήθεια［无蔽、真理］的本质转变为ὁμοίωσις［相似］，变成觉知、表象和描述的适合和正确。这种转变在柏拉图的形而上学中开始。"❶ 这段话有几个地方值得注意：（1）海德格尔把形而上学对艺术的思考方式视为美学，即美学地思考；（2）在形而上学以美学方式进行的思考中，形成了人与作品的体验关系，这是从人的主体性感知出发的，而不是从作品出发的，是在"与（作为创作着的与享受着的）感受状态之关联中的（艺术的）美之思考"❷，其出发点恰恰是主体的创作与享受，两者对应于体验论的创作与接受，而《艺术作品的本源》从作品出发，可视为一种矫正；（3）这种对艺术与艺术品的美学考察出现于形而上学的开始处，从形而上学的来源来说，也即第一开端的终结与形而上学之发生的交汇处，这开始于柏拉图的形而上学中；（4）形而上学美学的这种转变实为真理本质的转变，即从ἀλήθεια［无蔽、真理］转为ὁμοίωσις［相似］，也就是从无蔽之真理转入了符合论的真理，故而本源意义上与无蔽一体的"美仍然比在定律、正确性与命题意义上

---

❶ ［德］海德格尔. 巴门尼德［M］. 朱清华，译. 北京：商务印书馆，2018：169-170. 句中后面两个古希腊词语补出了中文含义. HEIDEGGER. Parmenides［M］. Hrsg.：FRINGS M S. Frankfurt am Main：Vittorio Klostermann，1982：170-171.

❷ HEIDEGGER. Zu eigenen Veröffentlichungen［M］. Frankfurt am Main：Vittorio Klostermann，2017：535.

的，以及逻辑上的思想意义上的真理更本源"❶。这也表明，在海德格尔看来，美学的形成在柏拉图那里实质上就已经开始了，从形而上学之克服的剥夺环节来说，美学的形成也是基于剥夺的发生。

真理的转变在美学的形成中起到关键作用，存有历史第一开端中的无蔽与美是统一的。"美作为在本源意义（ἀλήθεια［无蔽］）上的真理之形象。"❷ 随着形而上学的发生而形成的美学，也出现了美与真理的分离，所以，美学之克服，也要克服此种美与真的分离。海德格尔在1935年的《形而上学导论》中指出，"在希腊人看来，ὄν〈存在着的〉和καλόν〈美的〉说的是一回事［在场就是纯粹的闪现］"。❸

在这里，可以从美学之克服的立场重新思考《艺术作品的本源》中古希腊神庙与美的关联，这种关联实为重新恢复美与真理的统一。古希腊神庙揭示了自然的涌现，这种涌现也是无蔽之发生。"这种被嵌入作品之中的闪现（Scheinen）就是美。美是作为无蔽的真理的一种现身方式。"❹ 并且，无蔽之真理作为美也嵌入了艺术作品，成就了美的形象。"作品的被创作存在意味着：真理之被固定于形象中。"❺ 由此，通过艺术作品返回到第一开端的存在者之存在的经验，美与无蔽相统一。

在形而上学之克服的三环节中，通过剥夺之来源可以经验到从遮蔽到无蔽的发生，而经受乃是对无蔽中的遮蔽维度的经受。对古希腊神庙的分析，其涌现与遮蔽的关联并未突出，却通过演化为世界与大地的争执而明确化。《艺术作品的本源》对遮蔽的经受，借助于凡·高的画

---

❶ HEIDEGGER. Zu eigenen Veröffentlichungen [M]. Frankfurt am Main：Vittorio Klostermann，2017：535.

❷ HEIDEGGER. Zu eigenen Veröffentlichungen [M]. Frankfurt am Main：Vittorio Klostermann，2017：535.

❸ ［德］海德格尔. 形而上学导论 [M]. 王庆节，译. 北京：商务印书馆，2015：151.

❹ ［德］海德格尔. 林中路 [M]. 孙周兴，译. 上海：上海译文出版社，2004：43.

❺ ［德］海德格尔. 林中路 [M]. 孙周兴，译. 上海：上海译文出版社，2004：51. 译文略异。HEIDEGGER. Holzwege [M]. Hrsg.：HERRMANN F W v. Frankfurt am Main：Vittorio Klostermann，2003：51.

《农鞋》来打通，"农鞋"所展示的世界与大地的争执作为存在者的真理，触及了作为其来源的原始争执，即澄明与遮蔽共构的存在真理，也就是本源意义上的非－真理。由此，形而上学之克服中的剥夺与经受的关联，在美学之克服中也通过艺术作品来实现了。

而就形而上学之克服的第三个环节"克服"而言，最终通过"绞盘之旋转"的比喻而"转运"到存有之本现即本有中，在美学之克服中，最终通过存在或存有之真理维度中的美之发生来实现了此种"移置"。如同形而上学之克服的三环节是从词源关联来展开的，海德格尔对移置的分析也借助了词源学上的关联：移置（Verrückung）由移离（Entrückung）与迷离（Berückung）构成，后两者的"统一乃是本源的移－置"❶。"迷移与移离的统一是美的本质；但这种本质的本现是真理自身的最本源性的发生事件，——而这种真理被把握为存在自身的澄明与遮蔽；存在自身是裂隙（Riß），这种裂隙撕裂开（aufreiße）作为存在的存在。"❷迷移与移离的统一既构成移置，也是美的本质，故而，移置也就是美的本质。这种美的移置最终把形而上学的美移置到了存有之本现中，作为存有之真理的发生事件，亦即本有的发生事件。本有在存有历史中作为另一开端而发生，在移置中发生的美，也是存有历史的另一开端的美。与第一开端中美与真理的统一相一致，另一开端中的美与真理也是统一的。另一开端中的真理是存有的真理，亦即《艺术作品的本源》已经触及的澄明与遮蔽之原始争执，美最终在此获得其根基，在存在自身的裂隙中实现了"美学之克服"。

这种原始争执出自存在自身或存有的裂隙，这种裂隙也撕裂开

---

❶ HEIDEGGER. Zum Ereignis－Denken [M]. Frankfurt am Main：Vittorio Klostermann，2013：74. 移离与迷离的统一也被海德格尔描述为同时一起的发生："移离与迷离的同时一起（Zumal）便是美的本质。" HEIDEGGER. Erläuterungen zu Hölderlins Dichtung [M]. Hrsg.：HERRMANN F W v. Frankfurt am Main：Vittorio Klostermann，1996：54.

❷ HEIDEGGER. Zum Ereignis－Denken [M]. Frankfurt am Main：Vittorio Klostermann，2013：74.

（aufreiße）存在本身。Aufreißen 一词有撕开、打开、勾画、描绘等意思。这种撕裂开来，也可以指以艺术方式进行的勾画与描绘，在此意义上，也就是艺术的创作。这里，可以回应海德格尔晚年为《艺术作品的本源》所作的补注："艺术：在本有中被使用的自行遮蔽之澄明的 Her‑vor‑bringen（带上‑前‑来/创‑作）——进入构‑形（Ge‑bild）之庇护。"❶ 艺术把自行遮蔽的澄明创作出来，从裂隙之撕裂来说，是把遮蔽与澄明的裂隙带入构‑形（Ge‑bild）的形象（Gebilde）中，是以艺术方式撕裂开作为存在的存在。艺术也就成了从存在自身而来的"撕裂的艺术"。

---

❶ ［德］海德格尔. 林中路［M］. 孙周兴，译. 上海：上海译文出版社，2004：2 "作者边注". 有改动. HEIDEGGER. Holzwege［M］. Hrsg.：HERRMANN F W v. Frankfurt am Main：Vittorio Klostermann, 2003：1.

结　语
# 撕裂的艺术与裂隙的美学

《艺术作品的本源》作为《林中路》的第一篇，既是对作为困境的林中路的本源经验，也以艺术方式提供了走出困境的可能，并克服基于形而上学的传统美学。对《艺术作品的本源》中裂隙及撕裂的分析，揭示了被形而上学及其美学所遗忘、掩盖与伪装的存在之裂隙，而艺术作品所显示的物之存在的裂隙，也是对形而上学及其终结阶段的物或存在者的拯救。

海德格尔在《艺术作品的本源》中描述了存在者在西方历史中呈现不同面貌的三个阶段："每当存在者整体作为存在者本身要求那种进入敞开性的建基时，艺术就作为创建而进入其历史性本质之中。在西方，这种作为创建的艺术最早发生在古希腊。那时，后来被叫作存在的东西被决定性地设置入作品中了。进而，如此这般被开启出来的存在者整体被变换成了上帝的造物意义上的存在者。这是在中世纪发生的事情。这种存在者在近代之初和近代之进程中又被转换了。存在者变成了可以通过计算来控制和识破的对象。上述种种转换都展现出一个新的和本质性的世界。每一次转换都必然通过真理之固定于形态中，固定于存在者本身中而建立了存在者的敞开性。每一次转换都发生了存在者之无蔽状态。无蔽状态自行设置入作品中，而艺术完成这种设置。"❶ 在古希腊的存在者之存在的经验中，存在者之无蔽及其形象与裂隙还能得以显现，而在中世纪成为上帝的被造物并在近代成为主体之对象的阶段，存在者的形象与裂隙也被扭曲了，并且随着存在者在现代被技术的统治进一步掌控，陷入被海德格尔先后命名的谋制（Machenschaft）与集置（Ge-stell）中，存在者更是成为丧失表象的原料或成分。撕裂的艺术重新维护存在在存在者中的闪现及其裂隙，以此对技术掌控中的存在者或物进

---

❶ ［德］海德格尔. 林中路［M］. 孙周兴，译. 上海：上海译文出版社，2004：64-65.

行了一种"拯救"❶。

由此，《艺术作品的本源》在艺术作品、艺术创作与艺术接受中展示的裂隙之感性经验，也是对艺术领域所经验到的存在本身与存在者自身之观看。这种观看不同于古希腊感性的肉眼之看，也不同于其超感性的灵魂之看，如柏拉图那里所作的区分。撕裂的艺术提供的观看是一种超越形而上学中的感性与超感性之分的海德格尔式的观看，整合了存在理解与感性的维度。这种艺术上的观看与海德格尔思想上的存在之观看相呼应。后者尽管受到胡塞尔的影响，却不同于胡塞尔的直观，而是海德格尔在早期思想中就出现的另一种直观——对存在的看。

海德格尔在 1919—1920 年冬季学期的早期弗莱堡讲座《现象学的基本问题》中，便将现象学的直观与理解统一起来，实际上也是把存在理解视为直观，"理解 - 作为直观"，而直观在展开中也包含先与后的环节，即"在具有过程性质的同行意义上——直观着的先行 - 把握与往后 - 把握"❷。这里的先行 - 把握、往后 - 把握与同行也同理解的时间性相关。海德格尔在《存在与时间》中直接点明了存在之观看与世界的关联，为了与胡塞尔的直观相区别而使用了"视"一词，把存在理解与世界都整合在一起。"理解以其开抛特征在生存论上构成我们命名为此在之视的东西。"❸ 这种存在理解式的"视"在《存在与时间》中指向世界的展开。"操劳活动的寻视［Umsicht］、操持的顾视［Rücksicht］以及对存在本身——此在一向为这个存在如其所是地存在——的视［Sicht］，这些都已被标明为此在存在的基本方式。同样源始地依照这些基本方式，此在乃是在生存论上随着此的展开一道存在着的视。那个首要地和整体

---

❶ 关于艺术对现代技术中的存在者之救赎的问题，可参见：ESPINET D，KEILING T. Heideggers Ursprung des Kunstwerks: Ein kooperativer Kommentar［M］. Frankfurt am Main: Vittorio Klostermann，2011: 37 - 41，43 - 45.

❷ HEIDEGGER. Grundprobleme der Phänomenologie［M］. Frankfurt am Main: Vittorio Klostermann，1993: 185.

❸ HEIDEGGER. Sein und Zeit［M］. Hrsg.: HERRMANN F W v. Frankfurt am Main: Vittorio Klostermann，1977: 146.

地关涉到生存的视，我们称之为透视［Durchsichtigkeit］。"❶ 这里提到的寻视、顾视与透视分别对应于周围世界、共同世界与自我世界，是世界化的视；尤其是其中的自我世界之透视，区别于胡塞尔反思式的自我认识。

在1929年的《德国观念论与当前哲学的困境》中，海德格尔把《存在与时间》中的这种"视"描述为另一种直观方式。"《存在与时间》只是表明了一个原初的问题格局，与这个问题格局相关联的当然是另一种直观方式，这种直观方式以往在下面这个意义上是很常见的，即它根本上不是被建筑于形而上学与哲学之上，而是运行于某种深渊之中"。❷ 另一种直观方式是针对胡塞尔的直观而言的，也区别于形而上学中存在者层次上的观看，这种直观运行其间的深渊，在《存在与时间》既指此在的"深渊状态"（Abgründigkeit）❸，也是存在意义的深渊。这种直观是与形而上学所遗忘的存在问题相关联的，由此，海德格尔的另一种直观在根本上指向了存在本身或存有之观看。

在《艺术作品的本源》中，海德格尔把这种观看与知道相联系，"希腊文的 τέχνη［技艺］这个词毋宁说是知道（Wissen）的一种方式。知道意味着：已经看到"。❹ 知道是一种已经看到，看到了存在者之无蔽，而艺术创作的技艺作为知道，也是已经看到存在者之无蔽而进行的。"作为已经看到，知道乃是一种决心，是置身于那种已经被作品嵌入裂隙的争执中去。"❺ 决心也仍然是存在理解的一种本真样式的发生，海德格尔在《哲学论稿》中深化了这种存在理解，"〈存在理解意味着〉

---

❶ 海德格尔. 存在与时间［M］. 陈嘉映，王庆节，译. 北京：商务印书馆，2016：209.
❷ ［德］海德格尔. 德国观念论与当前哲学的困境［M］. 庄振华，李华，译. 赵卫国，校. 西安：西北大学出版社，2016：380.
❸ ［德］海德格尔. 路标［M］. 孙周兴，译. 北京：商务印书馆，2001：203.
❹ ［德］海德格尔. 林中路［M］. 孙周兴，译. 上海：上海译文出版社，2004：40.
❺ ［德］海德格尔. 林中路［M］. 孙周兴，译. 北京：商务印书馆，2015：60.

与在敞开状态中开启自身者（自行遮蔽者）相关联"。❶ 由此，海德格尔前期思想中无论是作为存在理解的直观，还是整合了存在理解的"视"，甚或"另一种直观"，以此均能与敞开状态中的自行遮蔽者建立起关联。这为对存有之遮蔽维度的观看提供了可能，最终演化为海德格尔晚年对存有的 Einblick（观入、看破、洞察），亦即观入存有之真理的原始争执中，看破存在自身的裂隙。

存有之真理作为自行遮蔽的澄明，是澄明与遮蔽之间最内在裂隙的发生。对存有的观看也要切入澄明与遮蔽的裂隙中。就澄明而言，在技术之危险的转向中，"存有之本质的澄明突然照亮自身。这种突然的照亮乃是闪烁（das Blitzen）。它把自身带入那携带来的和被引进的本己光亮中。当存有之真理在危险之转向中闪烁时，存有之本质便照亮自身。于是，存有之本质的真理就转投矣"❷。存有之澄明发生为闪烁，存有之本质在闪烁中照亮自身，这也是存有之真理的发生，即真理转投了。这只是澄明与闪烁的观看，而观看与存有之遮蔽的关联，海德格尔通过闪烁（das Blitzen）-目光（Blick）-观看（Blicken）之间的词源学关联建立起来。"按照词语和实事来看，'闪烁'乃是观看。在目光（Blick）中并且作为目光，本质进入它本己的闪耀（Leuchten）之中。贯穿着其闪耀之要素，目光将它所看到的东西重新庇护到观看（Blicken）中去。而同时，观看在其闪耀中又把其来源之遮蔽着的黑暗作为未被照亮的东西保存下来。存有之真理的闪烁的转投乃是观入。"❸ 目光保存了闪耀之要素，闪耀之要素中有着遮蔽维度的发生，在观看中作为曾在的东西而带入闪耀并在闪耀中又保持为其遮蔽状态，这样，观看就在存有之澄明与

---

❶ ［德］海德格尔. 哲学论稿（从本有而来）［M］. 孙周兴, 译. 北京：商务印书馆, 2012：320.

❷ ［德］海德格尔. 不莱梅和弗莱堡演讲［M］. 孙周兴, 张灯, 译. 北京：商务印书馆, 2018：90.

❸ ［德］海德格尔. 不莱梅和弗莱堡演讲［M］. 孙周兴, 张灯, 译. 北京：商务印书馆, 2018：91.

闪烁的关联中经验到了存有之遮蔽并让其保持为遮蔽，这两个方面的观看在"同时"中相整合，观看到存有之澄明与遮蔽的裂隙及其统一，也就是观入存在着的东西，在此观入中，存有之真理得以闪烁地转投进来，亦即"存有之真理的闪烁的转投乃是观入"。

在这一观入存有中，人也发生了转变，"当观入发生的时候，人类就是为存有之目光所击中而进入自身本质中的东西。人类是在观入中被观看者"❶。观入存有之真理，人成为被观看者，亦即进入了存有之本现中。人的这种转变在本有的"原初意义"中也能得到揭示。"'本有'（Ereignis）一词源于那种发育好的语言。'本－有'的原初意义是：er－äugen，即看见，在观看中唤起自己，据有（an－eignen）。"❷海德格尔在这里仍然通过词源上的关联来思考，把 Er－eigenis（本－有）的原初意义追溯到 er－äugen（看见），其词根 äugen 指看、注视，后者在德语中是单词 Auge（眼睛）的派生词。❸ 这种词源上的关联揭示出本－有自身蕴含了看的意思，就其与眼睛的关联来说，这种本有意义上的看见（er－äugen）算得上是本有之"眼"（Auge）的看，也唤起自己转本到本有之中，为本有所据－有。从《哲学论稿》的经验来说，这也是人从过渡时代的主体转入此－在之中的发生。

这种思想上的存有之真理的观入或本有之看，从本有作为存有之本现来说，也是对存有之本现亦即其最内在的裂隙之洞察（Einblick）。这种裂隙之看破（Einblick）也把人带入此－在中。就《艺术作品的本源》中存有的裂隙及其撕裂的经验来说，无论是作品中的存有之裂隙，还是艺术接受中的下行之路所通向的存有之裂隙，均把人带入此－在中并作

---

❶ ［德］海德格尔. 不莱梅和弗莱堡演讲［M］. 孙周兴，张灯，译. 北京：商务印书馆，2018：93.

❷ ［德］海德格尔. 同一与差异［M］. 孙周兴，陈小文，余明锋，译. 北京：商务印书馆，2011：47.

❸ DUDENREDAKTION. Duden－Das Herkunftswörterbuch：Etymologe der deutschen Sprache［Z］. Band 7. Berlin·Mannheim·Zürich：Dudenverlag, 2014：138.

用到此－在的基础，亦即通过艺术方式来实现"此－在之建基"。❶ 在此意义上，海德格尔那里的思想上的看与艺术上的看可谓殊途同归。

撕裂的艺术所带来的存有之观入或看破，与思想上的观入仍有一个区别，便是前者之看破存有的裂隙，也是一种美的发生。对于世界与大地的争执之裂隙形成的无蔽之美，《艺术作品的本源》已有论述，而实际上，在存有之真理作为移离与迷移的统一而发生时，恰恰形成了美的本质。"迷移与移离的统一是美的本质；但这种本质的本现是真理自身的最本源性的发生事件，——而这种真理被把握为存在自身的澄明与遮蔽；存在自身是裂隙，这种裂隙撕裂开作为存在的存在。"❷ 本书前面在对音乐作品中发生的时间－游戏－空间进行描述时论及了移离与迷离之统一对聆听者的打动，实际上便是存在自身的裂隙之撕裂开来而发生的美感经验。

只是，这种源自存有之遮蔽的美感经验在一种非形而上学的观入与聆听中运作，也超越了形而上学的感性与超感性之区别，是一种融合了存在理解的美感，是一种新的美感经验，而其所经验的存有之遮蔽要在另一开端才真正建基，并在过渡时代的深渊中正在到来，这也是撕裂的艺术在根本上所立足的另一开端。❸ 在此意义上，撕裂的艺术所展示的观看与美感，就其先行的经验来说，已经具有一种未来美学特征；而就其在过渡时代的当前而言，也在为一种未来的美学做准备了，在呼唤一种未来美学的到来。

---

❶ HEIDEGGER. Zu eigenen Veröffentlichungen [M]. Frankfurt am Main：Vittorio Klostermann，2017：536.

❷ HEIDEGGER. Zum Ereignis－Denken [M]. Frankfurt am Main：Vittorio Klostermann，2013：74.

❸ "酝酿着'艺术'的另一个本源的非－同寻常者和非－自然者（das Un－gewöhnliche und Un－natürliche），那就是：一种隐蔽历史的开端，即诸神和人类的一种对峙（一种朝向离基深渊的对峙）的隐瞒之隐蔽历史的开端。"[德] 海德格尔. 哲学论稿（从本有而来）[M]. 孙周兴，译. 北京：商务印书馆，2012：534. 译文略异。HEIDEGGER. Beiträge zur Philosophie (Vom Ereignis) [M]. Hrsg.：HERRMANN F W v. Frankfurt am Main：Vittorio Klostermann，1989：506.

从撕裂的艺术与未来的美学之关联来说，这种在撕裂的艺术中得到见证的未来美学是对裂隙的一种美感经验，即在艺术作品中展现的存在者之存在的裂隙以及存在自身之裂隙的美感经验。这种基于裂隙之美感经验的美学可以名之为裂隙的美学或裂隙的感性学。裂隙的美学作为未来美学的一种预先在艺术作品中得到经验的样式，未必就是未来美学的唯一样式或整体形态，但至少应该能成为未来美学大家庭中的一员。

# 参考文献

## 一、德文参考文献

［1］HEIDEGGER. Sein und Zeit［M］. Hrsg.：HERRMANN F W v. Frankfurt am Main：Vittorio Klostermann, 1977.

［2］HEIDEGGER. Heraklit［M］. Hrsg.：FRINGS M S. Frankfurt am Main：Vittorio Klostermann, 1979.

［3］HEIDEGGER. Parmenides［M］. Hrsg.：FRINGS M S. Frankfurt am Main：Vittorio Klostermann, 1982.

［4］HEIDEGGER. Einführung in die Metaphysik［M］. Hrsg.：JAEGER P. Frankfurt am Main：Vittorio Klostermann, 1983.

［5］HEIDEGGER. Grundfragen der Philosophie：Ausgewählte "Probleme" der "Logik"［M］. Hrsg.：HERRMANN F W v. Frankfurt am Main：Vittorio Klostermann, 1984.

［6］HEIDEGGER. Unterwegs zur Sprache［M］. Hrsg.：HERRMANN F W v. Frankfurt am Main：Vittorio Klostermann, 1985.

［7］HEIDEGGER. Beiträge zur Philosophie (Vom Ereignis)［M］. Hrsg.：HERRMANN F W v. Frankfurt am Main：Vittorio Klostermann, 1989.

［8］HEIDEGGER. Grundprobleme der Phänomenologie［M］. Frankfurt am Main：Vittorio Klostermann, 1993.

［9］HEIDEGGER. Hölderlins Hymne "Der Ister"［M］. Frankfurt am Main：Vittorio Klostermann, 1993.

［10］HEIDEGGER. Bremer und Freiburger Vorträge［M］. Hrsg.：JAEGER P. Frankfurt am Main：Vittorio Klostermann, 1994.

［11］HEIDEGGER. Zollikoner Seminare［M］. Hrsg.：BOSS M. Frankfurt am Main：

Vittorio Klostermann, 1994.

[12] HEIDEGGER. Erläuterungen zu Hölderlins Dichtung [M]. Hrsg.: HERRMANN F W v. Frankfurt am Main: Vittorio Klostermann, 1996.

[13] HEIDEGGER. Nietzsche I [M]. Frankfurt am Main: Vittorio Klostermann, 1996.

[14] HEIDEGGER. Besinnung [M]. Hrsg.: HERRMANN F W v. Frankfurt am Main: Vittorio Klostermann, 1997.

[15] HEIDEGGER. Der Satz vom Grund [M]. Hrsg.: JAEGER P. Frankfurt am Main: Vittorio Klostermann, 1997.

[16] HEIDEGGER. Die Geschichte des Seyns [M]. Hrsg.: TRAWNY P. Frankfurt am Main: Vittorio Klostermann, 1998.

[17] HEIDEGGER. Metaphysik und Nihilismus [M]. Hrsg.: FRIEDRICH H J. Frankfurt am Main: Vittorio Klostermann, 1999.

[18] HEIDEGGER. Reden und andere Zeugnisse eines Lebensweges [M]. Hrsg.: HEIDEGGER H. Frankfurt am Main: Vittorio Klostermann, 2000.

[19] HEIDEGGER. Vorträge und Aufsätze [M]. Hrsg.: HERRMANN F W v. Frankfurt am Main: Vittorio Klostermann, 2000.

[20] HEIDEGGER. Zu Hölderlin – Griechenlandreisen [M]. Hrsg.: HERRMANN F W v. Frankfurt am Main: Vittorio Klostermann, 2000.

[21] HEIDEGGER. Sein und Wahrheit [M]. Hrsg.: TIETJEN H. Frankfurt am Main: Vittorio Klostermann, 2001.

[22] HEIDEGGER. Aus der Erfahrung des Denkens [M]. Hrsg.: HEIDEGGER H. Frankfurt am Main: Vittorio Klostermann, 2002.

[23] HEIDEGGER. Holzwege [M]. Hrsg.: HERRMANN F W v. Frankfurt am Main: Vittorio Klostermann, 2003.

[24] HEIDEGGER. Seminare [M]. Hrsg.: OCHWADT C. Frankfurt am Main: Vittorio Klostermann, 2005.

[25] HEIDEGGER. Über den Anfang [M]. Hrsg.: CORIANDO P L. Frankfurt am Main: Vittorio Klostermann, 2005.

[26] HEIDEGGER. Übungen für Anfänger: Schillers Briefe über die ästhetische Erziehung

des Menschen [M]. Marbach am Neckar：Deutsche Schillergesellschaft，2005.

[27] HEIDEGGER. Zur Sache des Denkens [M]. Hrsg. ：HERRMANN F W v. Frankfurt am Main：Vittorio Klostermann，2007.

[28] HEIDEGGER. Seminare（Übungen）1937/38 und 1941/42 [M]. Frankfurt am Main：Vittorio Klostermann，2008.

[29] HEIDEGGER. Das Ereignis [M]. Hrsg. ：HERRMANN F W v. Frankfurt am Main：Vittorio Klostermann，2009.

[30] HEIDEGGER. Zum Wesen der Sprache und Zur Frage nach der Kunst [M]. Frankfurt am Main：Vittorio Klostermann，2010.

[31] HEIDEGGER. Seminare：Hegel – Schelling [M]. Frankfurt am Main：Vittorio Klostermann，2011.

[32] HEIDEGGER. Zum Ereignis – Denken [M]. Frankfurt am Main：Vittorio Klostermann，2013.

[33] HEIDEGGER. Überlegungen XII – XV（Schwarze Hefte 1939—1941）[M]. Hrsg. ：TRAWNY P. Frankfurt am Main：Vittorio Klostermann，2014.

[34] HEIDEGGER. Anmerkungen I – V（Schwarze Hefte 1942—1948）[M]. Hrsg. ：TRAWNY P. Frankfurt am Main：Vittorio Klostermann，2015.

[35] HEIDEGGER. Zu eigenen Veröffentlichungen [M]．Frankfurt am Main：Vittorio Klostermann，2017.

[36] HEIDEGGER. Vorträge：Teil 2：1935 bis 1967 [M]. Frankfurt am Main：Vittorio Klostermann，2020.

[37] HEIDEGGER. Vigiliae und Notturno：Schwarze Hefte 1952/53 bis 1957 [M]. Frankfurt am Main：Vittorio Klostermann，2020.

[38] PETZET H W. Auf einen Stern zugehen [M]. Frankfurt am Main：Societäts – Verlag，1983.

[39] LÖWE G. Schüler – Duden：Lateinisch – Deutsch [M]. Berlin · Mannheim · Zürich：Dudenverlag，1986.

[40] NIETZSCHE. Also sprach Zarathustra [M]. Hrsg. ：COLLI G，MONTINARI M. Berlin · New York：Walter de Gruyter，1988.

[41] NIETZSCHE. Die Geburt der Tragödie [M]. Hrsg.: COLLI G, MONTINARI M. Berlin·New York: Walter de Gruyter, 1988.

[42] HERRMANN F W v. Heideggers Philosophie der Kunst: Eine systematische Interpretation der Holzwege – Abhandlung "Der Ursprung des Kunstwerkes" [M]. Frankfurt am Main: Vittorio Klostermann, 1994.

[43] HERRMANN F W v. Wege ins Ereignis: Zu Heideggers «Beiträgen zur Philosophie» [M]. Frankfurt am Main: Vittorio Klostermann, 1994.

[44] RITTER J, GRÜNDER K. Historisches Wörterbuch der Philosophie [M]. Band 9. Basil: Schwabe, 1995.

[45] CORIANDO P L. Der letzte Gott als Anfang: Zur ab – gründigen Zeit – Räumlichkeit des Übergangs in Heideggers "Beiträgen zur Philosophie (Vom Ereignis)" [M]. München: Wilhelm Fink Verlag, 1998.

[46] MÜLLER C. Der Tod als Wandlungsmitte: Zur Frage nach Entscheidung, Tod und letztem Gott in Heideggers "Beiträgen zur Philosophie" [M]. Berlin: Duncker & Humblot, 1999.

[47] DUDENREDAKTION. Duden – Das große Wörterbuch der deutschen Sprache in 10 Bänden [Z]. Berlin·Mannheim·Zürich: Dudenverlag, 1999.

[48] HELTING H. Heideggers Auslegung von Hölderlins Dichtung des Heiligen: Ein Beitrag zur Grundlagenforschung der Daseinsanalyse [M]. Berlin: Duncker & Humblot, 1999.

[49] FIGAL G. Heidegger Lesebuch [M]. Frankfurt am Main: Vittorio Klostermann, 2007.

[50] GRANZ H. Die Metapher des Daseins – Das Dasein der Metapher [M]. Frankfurt am Main: Internationaler Verlag der Wissenschaften, 2007.

[51] BUCHHEIM T. Was interessiert Heidegger an der φύσις? [G] //STEINMANN M. Heidegger und die Griechen. Frankfurt am Main: Vittorio Klostermann, 2007.

[52] ESPINET D, KEILING T. Heideggers Ursprung des Kunstwerks: Ein kooperativer Kommentar [M]. Frankfurt am Main: Vittorio Klostermann, 2011.

[53] DUDENREDAKTION. Duden – Das Herkunftswörterbuch: Etymologe der deutschen

Sprache［Z］. Band 7. Berlin · Mannheim · Zürich：Dudenverlag, 2014.

［54］VETTER H. Grundriss Heidegger：Ein Handbuch zu Leben und Werk［M］. Hamburg：Felix Meiner Verlag, 2014.

［55］PÖLTNER G. Mozart und Heidegger：Die Musik und der Ursprung des Kunstwerkes［G］//Heidegger Studies, Vol. 34. Berlin：Duncker & Humblot, 2018.

［56］NEUGEBAUER K. Heidegger liest Adalbert Stifter. Ereignet sich ein sanftes Gesetz?［G］//Heidegger Studies, Vol. 34. Berlin：Verlagsbuchhandlung Duncker & Humblot GmbH, 2018.

［57］HERRMANN F W v. Transzendenz und Ereignis：Heideggers "Beiträge zur Philosophie (Vom Ereignis)". Ein Kommentar［M］. Würzburg：Königshausen & Neumann, 2019.

## 二、英文参考文献

［58］AGAMBEN G. Means without End：Notes on Politics［M］. London：University of Minnesota Press, 2000.

［59］HEIDEGGER. Off the Beaten Track［M］. Cambridge：Cambridge University Press, 2002.

［60］VALLEGA-NEU D. Heidegger's Contributions to Philosophy：An Introdution［M］. Bloomington：Indiana University Press, 2003.

［61］VALLEGA-NEU D. Heidegger's Poietic Writings：From Contributions to Philosophy to The Event［M］. Bloomington：Indiana University Press, 2018.

［62］FIGAL G, D'ANGELO D, KEILING T, et al. Paths in Heidegger's Later Thought［G］. Bloomington：Indiana University Press, 2020.

## 三、法文参考文献

［63］FÉDIER F. L'art en liberté［M］. Paris：Agora Pocket, 2006.

［64］MEJÍA E, SCHÜSSLER I. Les Apports à la Philosophie de Heidegger［C］. Frankfurt am Main：Vittorio Klostermann, 2009.

［65］SCHÜSSLER I. Le « dernier dieu » et le délaissement de l'être selon les Apports à la philosophie de M. Heidegger [Secondre partie] [G] //Etudes Heideggeriennes, Vol. 26. Berlin：Duncker & Humblot, 2010.

[66] HEIDEGGER. Apports à la philosophie：De l'avenance [M]. traduction par FÉDIER F. Paris：Gallimard, 2013.

[67] ARJAKOVSKY P, FÉDIER F, FRANCE – LANORD H. Le Dictionnaire Martin Heidegger [Z]. Paris：Cerf, 2013.

## 四、中文参考文献

[68] [德] 海德格尔. 存在与时间 [M]. 陈嘉映, 王庆节, 译. 北京：生活·读书·新知三联书店, 1999.

[69] [德] 海德格尔. 路标 [M]. 孙周兴, 译. 北京：商务印书馆, 2001.

[70] [德] 海德格尔. 荷尔德林诗的阐释 [M]. 孙周兴, 译. 北京：商务印书馆, 2002.

[71] [德] 海德格尔. 尼采 [M]. 孙周兴, 译. 北京：商务印书馆, 2003.

[72] [德] 海德格尔. 林中路 [M]. 孙周兴, 译. 上海：上海译文出版社, 2004.

[73] [德] 海德格尔. 思的经验（1910—1976）[M]. 陈春文, 译. 北京：人民出版社, 2008.

[74] [德] 海德格尔. 同一与差异 [M]. 孙周兴, 陈小文, 余明锋, 译. 北京：商务印书馆, 2011.

[75] [德] 海德格尔. 演讲与论文集 [M]. 孙周兴, 译. 北京：生活·读书·新知三联书店, 2011.

[76] [德] 海德格尔. 哲学论稿（从本有而来）[M]. 孙周兴, 译. 北京：商务印书馆, 2012.

[77] [德] 海德格尔. 林中路 [M]. 孙周兴, 译. 北京：商务印书馆, 2015.

[78] [德] 海德格尔. 形而上学导论 [M]. 王庆节, 译. 北京：商务印书馆, 2015.

[79] [德] 海德格尔. 德国观念论与当前哲学的困境 [M]. 庄振华, 李华, 译. 赵卫国, 校. 西安：西北大学出版社, 2016.

[80] [德] 海德格尔. 根据律 [M]. 张柯, 译. 北京：商务印书馆, 2016.

[81] [德] 海德格尔. 巴门尼德 [M]. 朱清华, 译. 北京: 商务印书馆, 2018.

[82] [德] 海德格尔. 不莱梅和弗莱堡演讲 [M]. 孙周兴, 张灯, 译. 北京: 商务印书馆, 2018.

[83] [德] 海德格尔. 从思想的经验而来 [M]. 孙周兴, 杨光, 余明锋, 译. 北京: 商务印书馆, 2018.

[84] [德] 海德格尔. 讨论班 [M]. 王志宏, 石磊, 译. 孙周兴, 杨光, 校译. 北京: 商务印书馆, 2018.

[85] [德] 海德格尔. 乡间路上的谈话 [M]. 孙周兴, 译. 北京: 商务印书馆, 2018.

[86] [德] 海德格尔. 演讲与论文集 [M]. 孙周兴, 译. 北京: 商务印书馆, 2018.

[87] [德] 海德格尔. 在通向语言的途中 [M]. 孙周兴, 译. 北京: 商务印书馆, 2018.

[88] 谢大任. 拉丁语汉语词典 [Z]. 北京: 商务印书馆, 1988.

[89] [希] 亚里士多德. 诗学 [M]. 陈中梅, 译. 北京: 商务印书馆, 1996.

[90] [俄] 巴赫金. 文本、对话与人文 [M]. 白春仁, 晓河, 周启超, 等译. 石家庄: 河北教育出版社, 1998.

[91] 陈忠梅. 柏拉图诗学和艺术思想研究 [M]. 北京: 商务印书馆, 1999.

[92] [希] 柏拉图. 柏拉图的《会饮》[M]. 刘小枫, 译. 北京: 华夏出版社, 2003.

[93] [德] 加达默尔. 真理与方法 [M]. 洪汉鼎, 译. 上海: 上海译文出版社, 2004.

[94] [美] 汉娜·阿伦特. 马丁·海德格尔80岁了 [G] //贡特·奈斯克, 埃米尔·克特琳. 回答——马丁·海德格尔说话了. 陈春文, 译. 南京: 江苏教育出版社, 2005.

[95] [俄] 巴赫金. 巴赫金全集 (第一卷) [M]. 晓河, 贾泽林, 张杰, 等译. 石家庄: 河北教育出版社, 2009.

[96] [美] 瓦莱加-诺伊. 海德格尔《哲学献文》导论 [M]. 李强, 译. 上海: 华东师范大学出版社, 2010.

[97] 叶本度. 朗氏德汉双解大词典（修订版）[Z]. 北京：外语教学与研究出版社，2010.

[98] [德] 尼采. 悲剧的诞生 [M]. 孙周兴，译. 北京：商务印书馆，2012.

[99] [德] 比梅尔. 当代艺术的哲学分析 [M]. 孙周兴，李媛，译. 北京：商务印书馆，2012.

[100] 张汝伦.《存在与时间》释义 [M]. 北京：生活·读书·新知三联书店，2012.

[101] 赵登荣，周祖生. 杜登德汉大词典 [Z]. 北京：北京大学出版社，2013.

[102] [美] 迈耶·夏皮罗. 艺术的理论与哲学 [M]. 沈语冰，译. 南京：江苏凤凰美术出版社，2016.

[103] 张柯. 论海德格尔"四重一体"思想的起源——基于《黑皮笔记》（GA97）的文本分析 [J]. 社会科学，2017（6）.

[104] 宋聪聪. 凡高的第九双鞋——走出农鞋阐释罗生门的一个尝试 [J]. 文艺研究，2020（3）.

# 索　引

## A

阿波罗 80
阿伦特 88，109
埃里乌盖纳 81
安提戈涅 34
暗示 38，46，165

## B

巴赫金 34，80，81，82
巴门尼德 26，73，172
摆置 65，69，98
保存 13，14，44，87，110，111，114，115，116，117，118，120，124，125，182
保存方式 115
保存者 89
鲍姆嘉通 169，171
报纸科学 98
悲剧 3，29，31，33，34，35，36，37，39，40，79，80，113，122，144
被创作者 83
被抛 18，107

被抛状态 33，83
本己 44，94，182
本现 9，30，32，47，52，62，83，96，101，103，105，109，118，119，120，123，125，142，151，152，153，157，159，162，163，165，174，183，184
本源 7，8，9，11，12，13，18，25，27，32，40，60，61，63，65，66，67，69，71，74，76，77，89，92，93，94，97，98，99，101，102，103，104，105，106，107，108，109，110，111，114，119，121，124，170，172，173，174，179，184
本有 18，29，30，32，33，36，48，49，52，54，62，75，83，87，89，96，99，105，108，110，117，119，120，125，137，138，141，152，156，157，160，162，163，165，168，174，175，183
本真 87，116，126，127，151，181
本质 9，14，17，22，23，30，41，43，44，48，51，52，54，59，71，74，

75，76，91，93，94，96，97，98，99，103，104，105，108，115，116，118，119，120，122，123，124，129，133，142，149，151，153，154，155，161，162，166，167，170，172，174，179，182，183，184

本质性的 35，70，97，109，179

庇护 32，46，62，75，77，117，121，124，175，182

彼特拉克 39

边界 70

表达 19，20，49，73，74，98，139，172

表象 67，71，72，75，89，90，94，95，96，97，98，99，100，101，106，107，108，119，170，172，179

宾语第二格 6，59

柏拉图 10，48，67，79，81，121，122，143，144，159，171，172，173，180

柏拉图主义 102，153，157

"不"的现象 100

不可避免的 89，90，95，100，107，108，109

不可通达 38，88

不显眼者 126，131，134，135，136，137，138，139，140，141，142

不在场 11，18，159

## C

曾在 26，52，53，140，142，143，162，165，182

常人 90，91，92，93，94，95，96，104，107，108，116，119

敞开 16，18，23，28，31，32，38，43，44，45，46，52，53，54，58，70，102，106，116，117，119，120，125，134，142，158，164，165，166，168，179，182

场所 103，112，123，155

沉默 82，104

陈述 101，114

澄明 3，9，16，17，18，30，31，32，33，45，47，50，53，57，59，60，61，62，70，74，75，83，104，105，117，118，119，125，162，174，175，182，183，184

持存 98

尺度 17，42，43，58，59

筹划 57，58，60，61，83，129

出发点 4，6，8，20

创建 46，47，76，124，125，179

创作 20，40，46，54，57，58，59，60，61，62，65，69，70，73，75，79，80，81，82，83，84，89，99，105，111，114，115，116，118，139，145，172，173，175

创作者 89

词源学 78, 156, 157, 163, 174, 182

此 31, 180

此在 18, 25, 26, 60, 78, 83, 91, 92, 93, 94, 95, 107, 116, 126, 129, 130, 132, 134, 136, 137, 138, 142, 143, 144, 150, 151, 153, 180, 181

此－在 18, 32, 100, 121, 125, 143, 183, 184

存有 3, 4, 7, 8, 9, 10, 11, 12, 28, 29, 30, 32, 33, 34, 36, 37, 38, 39, 40, 45, 47, 48, 49, 52, 53, 54, 57, 61, 62, 67, 70, 71, 74, 76, 77, 83, 84, 87, 96, 99, 102, 103, 104, 105, 106, 108, 109, 110, 114, 117, 118, 119, 120, 121, 122, 123, 124, 125, 126, 142, 150, 151, 152, 153, 154, 155, 157, 158, 159, 160, 161, 162, 163, 165, 166, 167, 170, 171, 173, 174, 181, 182, 183, 184

存有的拓扑学 45

存有的真理/存有之真理/存有真理 9, 29, 30, 32, 33, 47, 53, 54, 61, 62, 70, 83, 117, 118, 119, 121, 123, 125, 152, 154, 155, 158, 159, 174, 182, 183, 184

存有之痛 33, 34, 36, 37, 38, 39

存在 3, 4, 7, 8, 9, 10, 11, 12, 13, 14, 15, 16, 17, 18, 20, 21, 22, 23, 24, 25, 26, 27, 28, 29, 30, 31, 33, 34, 35, 36, 38, 44, 45, 47, 50, 51, 53, 57, 58, 59, 61, 62, 63, 65, 67, 68, 70, 71, 72, 73, 74, 75, 76, 77, 78, 81, 84, 87, 89, 91, 92, 94, 95, 96, 97, 98, 101, 103, 104, 106, 107, 108, 110, 111, 112, 114, 115, 116, 117, 118, 119, 120, 121, 123, 125, 126, 127, 129, 132, 139, 141, 142, 143, 144, 145, 149, 150, 151, 152, 153, 154, 155, 156, 158, 159, 164, 169, 170, 172, 173, 174, 175, 179, 180, 181, 182, 183, 184, 185

存在本身 3, 29, 57, 59, 82, 83, 101, 108, 119, 120, 175, 180, 181

存在的真理/存在之真理 8, 9, 29, 30, 44, 45, 47, 48, 57, 63, 74, 75, 76, 77, 104, 117, 118, 170

存在方式 91, 94, 95, 96, 104

存在理解 14, 180, 181, 182, 184

存在论 4, 14, 77, 78, 87, 93, 126, 151

存在论差异 120

存在问题 77, 78, 128, 149, 150, 151, 152, 153, 155, 156, 181

存在者 3, 4, 8, 10, 11, 12, 15, 16, 17, 18, 19, 20, 22, 23, 26, 27, 31, 36, 37, 38, 39, 44, 46, 50,

51，57，59，60，65，68，70，71，72，73，78，79，87，93，94，97，98，104，113，115，116，117，119，120，121，140，144，150，151，152，153，154，158，159，164，169，170，173，179，180，181，185

存在者的真理/存在者之真理/存在者真理，3，8，9，12，16，17，18，19，20，23，29，30，44，51，57，60，62，63，64，66，68，69，70，74，75，77，87，110，114，115，117，118，119，120，125，129，174

存在之被遗忘状态 24，25，78，95，108，150，151，156

存在之离弃状态 10，36，38，108，154，155，158

存在状态 4，10，67，71，103，150，151，153，154，159

## D

大地 8，12，13，14，15，16，17，21，22，23，24，27，28，30，31，32，33，39，51，57，60，61，62，63，67，68，69，70，74，75，76，83，104，114，115，116，117，118，129，132，137，138，140，164，166，167，173，174，184

单纯物 134，135，136，137

道路 13，14，16，24，30，31，35，40，67，82，87，88，89，90，93，94，96，97，103，104，109，110，121，122，126，149，150，164，168，169

道说 20，21，22，59，72，84，124，139，142，152，161，163

狄奥尼索斯 80

笛卡儿 6，10，97

地方 10，29，31，32，45，47，88，90，97，129，167

第一开端 4，7，8，9，12，23，24，26，28，31，36，39，49，58，67，71，75，76，78，103，114，140，142，143，150，151，152，153，154，155，158，159，160，161，171，172，173，174

第一性作者 80，81，82

第二性作者 80，81，82

雕塑 3，29，43，44，45，46，47，48，112，113

丢勒 7，33，58

冬夜 39，40

动词 21

逗留 116，123，166，167，168

斗争 9，16，35

读者 63，87，89，90，91，92，93，94，95，96，97，100，106，107，108，109，110，115，117，126，132，133，134，140，144，145

度量 41，42

对立 5，6，35，64，82，141

对象 10，19，20，22，25，51，67，71，73，74，93，97，98，99，113，114，115，131，170，172，179

## E

俄狄浦斯 3，29，33，34，35，36，37，38，39

二重性 117，120

## F

发生事件 18，62，84，117，154，174，184

凡·高 3，4，8，12，13，14，16，18，21，22，28，31，42，75，112，134，164，173

反映 84

菲加尔 25，26

分解 39，167，168

缝隙 49

否定 9，11，30，96，97，100，101，102，103，104，106，107，108，158

符合论 20，67，75，87，110，112，113，114，172

赋格 49，51

## G

感性 98，113，144，180，184

感性学 185

感知 73，98，113，172

告别 24，36，37，38

歌德 33，47

格奥尔格 38，39，40

根据 133，154

构思 57，58，60，61，83

古希腊 7，16，24，26，27，34，35，37，57，59，61，63，65，67，68，69，71，72，74，75，77，79，97，116，121，122，123，124，140，144，179，180

古希腊语 65，66，73，119，122，144

观入 182，183，184

规则 135，136，137，138，141

归属 13，14，15，17，27，33，38，41，76，96，120，121，129，137，138，156，166

## H

害怕 133，134，136，143

荷尔德林 3，25，29，30，31，40，41，42，43，45，60，112，113，141，145，168，169

赫拉克利特 16，26，122，140

黑格尔 4，5，6，7，10，12，67，73

黑色笔记 120，166，168

后置 62，63，71，72，73，74，75，77

壶 149，163，164，165，166，167，

168，169

胡塞尔 24，81，160，180，181

还原 4，13，20，21，46，75，78，102，128，151

涣散 93

回响 109，157，

回忆 53

绘画 8，12，18，21，50，58

## J

基本裂隙 8，17，40，41，43，59

基本情调 26，122，123，155

基础问题 149，150，151，152，153，154，155，156，157

急难 38，87，109，117，154，155

计算 97，179

技术 24，72，97，98，179，180，182

技艺 24，59，65，67，72，171，181

寂静 52，53，104，131，134，137，138

加达默尔 144，145

鉴赏 113，143

鉴赏家 113

建基 9，18，30，32，50，76，77，121，124，125，138，143，152，158，162，179，184

建筑 12，24，28，50，67，78，112，113

将来 52，53，139，141，165

将来者 53，123，142

绞盘 125，161，162，163，174

接缝 7，49，61，79，83，84，87，159

接受 72，87，111，113，125，145，172

接受者 111，114，119，120，122，125，142，143，144，145

节日 14，41，94，103，166

解说 89，90，93，94，95，96，97，98，99，100，101，106，107，108

界限 17，58，59，70，71

惊恐 36，37，38，131，158

惊讶 26

精神 5，67，98

经受 156，157，159，160，161，162，163，169，171，173，174

酒神 80

聚集 15，39，42，43，44，46，52，53，131，134，144，167，168

拒绝 9，10，11，44，47，104

拒予 9，11，38，52，103，104，105，155，157

决断 16，49，109，123

## K

开端 9，32，38，76，105，120，124，125，140，153，160

开裂 9，32，33，49，59，61，83，105

开抛 18，33，57，58，60，61，83，

84，151，180

看破 182，183，184

科学 25，98，108，133

可靠性 14，15，44

可能性 52，53，54

克服 8，9，17，30，109，115，149，150，151，152，155，156，157，158，161，162，163，168，169，170，171，173，174，179

空间 43，44，45，46，47，48，50，51，52，53，165，166

跨度 4，7，8，9，11，12

## L

拉丁语 72，73

莱布尼兹 10

理念 10，67，72，81

历史性 36，60，63，74，75，76，77，83，97，98，99，100，105，122，123，141，142，144，145，161，171，179

历史学 98，99，170

裂缝 17，33，49

裂开 61，62，84，174，175，184

裂隙 3，4，6，7，8，9，10，11，12，17，18，21，22，23，24，28，29，32，33，34，37，38，39，40，41，42，43，45，47，48，49，54，57，58，59，60，61，62，70，75，76，77，79，83，84，87，104，109，114，116，117，119，121，123，126，142，149，160，174，175，179，180，181，182，183，184，185

林中路 88，89，90，108，109，110，125，126

聆听 47，48，49，51，54，82，132，133，136，137，184

另一开端 4，7，8，9，11，12，29，32，38，39，49，75，76，78，103，105，122，124，125，141，142，143，150，152，154，155，160，161，174，184

罗马喷泉 3，12，18，19，20，21，22，23，24，29，33，50

## M

迈耶尔 3，12，18，22

美 17，23，24，27，28

美学 13，17，24，74，98，111，113，114，149，168，169，170，171，172，173，174，179，184，185

迷移 52，53，165，174，184

秘密手稿 10，34，35，36，103，155，156，157，160，163

明见 8，24，78，160

命运 31，39

摹仿 18，19，20，24，63，65，72，74，79，80

莫扎特 54

没落 122, 123, 124

**N**

尼采 10, 12, 34, 67, 76, 79, 80, 102, 109, 124, 157, 170

宁静 13, 20, 21, 22, 23, 71

农鞋 3, 4, 8, 11, 12, 13, 14, 15, 16, 17, 18, 21, 22, 23, 28, 29, 31, 50, 75, 112, 134, 164, 174

**P**

批评家 113

平均状态 92, 95

**Q**

栖居 41, 42, 43, 44, 45, 100, 128, 132, 137, 145

嵌入 23, 38, 83, 87, 116, 117, 121, 126, 173, 181

切近 44, 47, 48, 51, 95, 96, 109, 112, 113, 129, 135, 136, 155, 160, 165

亲密性 15, 17, 32, 124

倾听 54, 137

情调 26, 122, 123, 134, 136, 155, 158

情绪 36, 37, 38, 123, 134, 136, 143, 144

区分 6, 21, 37, 38, 39, 40, 120, 121, 166, 167, 168

区-分 37, 39, 167

劝说 137

缺席 8, 44, 101, 123

**R**

让发生 63, 64, 70, 75, 83

让在场 115

日常 4, 12, 37, 38, 50, 51, 52, 91, 93, 94, 95, 107, 108, 112, 113, 115, 116, 131, 135, 151, 164, 165, 168

日常状态 91, 94, 115, 119

日神 80

柔和的 136, 138, 141

**S**

闪亮 26

闪现 9, 106, 173, 179

闪耀 16, 17, 23, 65, 182

上升 87, 110, 121, 122, 125, 161, 162

上手 15

设立 45, 46, 51, 120

设置 12, 16, 17, 19, 20, 23, 44, 45, 46, 47, 48, 51, 53, 57, 62, 63, 64, 65, 66, 67, 68, 69, 70, 71, 73, 74, 75, 76, 77, 78, 79,

83，115，116，165，179

深处 106，123，126，128，130，132，135，136，138，139，142，144

深渊 32，36，37，38，49，50，105，121，123，124，125，155，161，181，184

神庙 3，12，16，24，26，27，28，29，30，31，50，67，75，76，78，164，173

神圣者 3，29，30，31，40，41，42，43，45，166

生存论 180

声音 49，51，52，134，136，137

诗 3，19，20，21，40，65，70，72，115，124，126，127

诗歌 3，12，18，19，23，33，39，40，41，50，60，87，126，127，128

诗人 31，70，79，82，89，113，122，128，130，133，134，136，139，141，144

诗意 13，19，22，33，34，37，41，42，45，50，57，60，61，83，84，89，115，118

时机 99，110，123

时间 44，52，53，54，94，95，97，123，127，139，151，180

时间-游戏-空间 50，52，53，165，184

史蒂夫特尔 87，113，126，127，128，130，131，132，133，135，138，139，140，141，142，143

事态 108，163

世界 8，12，13，14，15，16，17，21，22，23，24，25，28，30，31，32，34，38，39，40，41，44，51，57，60，61，62，63，67，68，69，70，74，75，76，80，82，83，92，93，97，98，100，104，106，114，115，116，117，118，129，135，164，166，167，168，173，174，180，181，184

视域 151

手前 15

熟悉 42，91，112，158

思想 7，8，11，18，24，25，26，27，29，30，33，40，44，48，49，50，54，59，67，70，71，72，73，75，78，82，89，90，94，95，101，103，105，108，120，121，131，134，136，137，142，149，150，152，153，155，163，164，166，168，170，180，184

撕裂 3，4，5，6，7，8，9，10，12，17，33，39，57，58，59，60，61，62，70，84，149，174，175，179，180，183，184，185

索福克勒斯 34，35

苏格拉底 24，78

**T**

体验 73，74，87，98，99，100，101，110，113，119，125，150，172

体验论 18，20，63，72，73，74，98，99，112，113，119，125，172

天 28，30，31，34，39，40，41，42，43，45，100，131，164，165，166，167，168，169

痛苦 34，35，36，37，38，39，40

**W**

无蔽 9，10，16，17，20，23，24，25，26，27，30，31，35，36，37，44，47，57，59，60，61，62，65，66，67，68，69，71，72，75，77，78，103，104，113，114，115，116，117，120，122，158，159，160，171，172，173，179，181，184

无－蔽 61

无化 37，38，102，105，106，107，165，166，167

无声的 13，89，90，94，95，96，97，100，101，102，104，105，106，107，116，119，138，142

物 12，13，15，21，22，23，34，39，40，43，44，46，50，51，69，70，78，108，126，129，130，131，132，133，134，135，137，139，140，141，144，163，164，165，167，168，169，170，171，179

**X**

西塞罗 72

牺牲 70，123

戏剧 33，87，126，127

夏皮罗 14，18，22

下行 87，110，121，122，123，124，125，126，161，162，183

现成的 5，26，88，93，112

现身方式 23，119，173

现象学 3，4，5，12，20，21，26，48，77，94，102，111，112，126，128，131，135，136，137，140，142，145，180

想象 18

小说 33，87，113，126，127，130，145

谢林 7，73，160

欣喜 36，37，38

形而上学 4，7，8，9，10，11，12，25，30，35，38，49，62，63，67，71，73，74，75，77，78，79，99，102，103，104，108，117，133，135，141，149，150，151，152，153，155，156，157，158，159，160，161，162，163，164，169，170，171，172，173，174，179，180，181，184

形式 13，17，21，22，42，92，164，

168，169

形态 17，70

形象 28，34，42，58，62，70，80，81，114，169，173，175

虚空 46，47，48，165，166，167，168

虚无 37，109

## Y

亚里士多德 10，24，34，35，65，67，72，80，122，144，154，159，169

眼 35，37，39，180，183

移离 52，53，174，184

移置 38，53，72，117，174

遗忘 9，24，25，30，61，77，78，95，103，108，119，122，150，151，156，158，160，179，181

抑制 123，155

意识 6，11

艺术 7，8，12，13，17，19，24，27，29，32，33，40，43，48，50，51，53，54，57，58，59，62，63，65，67，68，69，70，71，72，73，74，75，76，77，78，79，80，87，89，94，96，98，99，100，101，110，111，112，113，114，115，118，124，126，127，129，144，149，168，169，170，171，172，175，179，180，184

艺术创作 55，57，58，61，72，79，99，111，116，180，181

艺术行业 99，113

艺术家 12，18，57，65，69，74，79，80，82，83，89，110，111，112，128

艺术接受 85，87，110，111，112，113，118，119，120，121，122，125，126，143，180，183

艺术享受 99，113

艺术作品 1，3，12，13，14，16，18，24，29，33，43，45，46，50，51，53，57，59，68，69，70，75，76，77，79，89，98，110，111，112，113，114，115，116，117，119，121，125，128，129，170，173，174，179，180，185

音乐 3，29，48，49，50，51，52，53，54，113，184

隐藏 7，22，33，58，59，72，140

隐瞒 32，37，82，105，122，124，184

应合 136，137，138，139，141

涌现 7，8，12，17，19，23，24，25，26，27，28，34，35，36，58，59，63，64，65，66，67，68，72，78，97，103，140，154，158，159，160，161，173

用 87，117，119，120，125

用具 13，14，15，43，112，113，133，164，165，168

忧心 133，134，136

油画 3，12，13，14，16，18，23，31，

50，112，113，164

有用性 14，15

源泉 6，89，90，94，95，96，97，98，99，100，101，102，103，104，105，106，107，108，109，119，142

原始争执 3，9，29，30，31，32，47，61，74，84，104，117，174，182

## Z

在场 5，7，28，46，52，65，72，73，103，111，114，115，118，120，131，140，142，154，159，160，173

在场化 115

在场者 62，65，72，73，119，120，140，154，159，160，167

在场状态 52，103，154，159，160

遭遇 4，113，130，131，132，133

遭受 123

增补 10，11，12，71，74，99

召唤 13，15，104，116，120，137，138

遮蔽 3，9，10，11，16，18，22，23，25，30，31，32，33，37，38，41，42，43，45，47，50，53，54，57，60，61，62，66，69，70，74，75，77，78，82，83，87，102，103，104，105，106，107，108，110，114，117，118，119，121，122，123，124，125，131，135，138，139，141，142，154，155，158，159，160，161，162，165，173，174，175，182，183，184

真理 8，9，10，12，16，17，18，19，20，23，25，26，27，28，30，31，32，33，35，44，45，48，50，51，63，66，67，68，69，70，71，72，75，76，77，78，79，92，97，103，106，113，114，115，116，117，120，121，122，123，124，125，126，129，142，158，171，172

真－理 61

争执 3，8，9，12，15，16，17，21，22，23，28，29，30，31，32，33，47，58，59，60，61，63，67，68，69，70，74，75，76，84，104，114，115，116，117，118，129，173，174，181，182，184

挣脱 158，159

知道 14，59，116，181

知觉 98，99，113

直观 12，82，111，180，181，182

质料 13，164，165，168，169

制成 21，118

制造 15，68，69，115

制作 57，59，64，65，72，143，144，

钟声 47，48

主体 5，6，18，20，25，30，49，60，64，67，71，73，78，92，93，96，97，98，113，116，125，131，134，

169，172，179，183

主客体关系 18，73，93，125

主客二分 97

主语第二格 6，59

主导问题 133，150，151，152，153，154，155，156，157，171

转渡 72，73

转向 24，25，26，34，137，156，159，162，163，182

自然 7，8，22，24，25，26，27，28，29，31，33，34，35，36，43，58，59，63，64，65，66，67，68，71，72，78，79，80，81，97，103，124，135，140，154，158，173，184

自然物 15，26

自我意识 5，6

自由 44，45，70，159

作诗 23，41

作品存在 13，14，15，17，50，57，59，68，110，111，114，115

作者 18，22，51，79，80，81，82，89，110，128，130

作者形象 80